실전 야생화 재배관리 매뉴얼

실내 화분 재배관리
화단·노지 재배관리

실전 야생화 재배관리 매뉴얼

초판인쇄 · 2016년 5월 4일
초판발행 · 2016년 5월 13일

지 은 이 · 박노복·정연옥
펴 낸 이 · 고명흠
펴 낸 곳 · 푸른행복

출판등록 · 2010년 1월 22일 제312-2010-000007호
주   소 · 경기도 고양시 덕양구 통일로 140(동산동) 삼송테크노밸리 B동 329호
전   화 · (02)3216-8401 / FAX (02)3216-8404
E-Mail · munyei21@hanmail.net
홈페이지 · www.munyei.com

I S B N · 978-11-5637-041-3 (13520)

ⓒ 박노복·정연옥, 2016

* 저자와의 협의에 의하여 인지는 생략합니다.
* 이 책의 내용을 저작권자의 허락 없이 복제, 복사, 인용, 무단전재하는 행위는 법으로 금지되어 있습니다.
* 잘못된 책은 바꾸어 드립니다.
* 이 도서의 국립중앙도서관 출판예정도서목록(CIP)은 서지정보유통지원시스템 홈페이지(http://seoji.nl.go.kr)와 국가자료공동목록시스템 (http://www.nl.go.kr/kolisnet)에서 이용하실 수 있습니다. (CIP제어번호: 2016010818)

실전 야생화 재배관리

실내 화분 재배관리
화단·노지 재배관리

매뉴얼

박노복·정연옥 공저

푸른행복

머리말

    야생화 하면 산과 들에 피어나는 들꽃이 연상되고 우리 삶의 정서를 가장 잘 느끼게 한다. 우리나라는 사계절이 뚜렷하고 해안지대로부터 지리산, 한라산, 백두산 등 높은 고산지대에 이르기까지 다양한 식물종이 분포하고 있으며, 봄과 가을에는 일교차가 심하여 색이 선명한 아름다운 꽃을 피우고 있다.

    기후적으로 겨울 추위의 혹독한 환경이나 한여름의 고온과 태풍의 길목에서도 종을 보존하기 위한 야생화의 질긴 생명력은 한편으로는 애처롭고 또한 경이롭기까지 하다.

    야생화는 예로부터 민간요법의 약재로 많이 이용되었으며, 한방에서도 우리의 야생화를 이용하여 한약재를 만들어서 사용하고 있다.

    야생화는 관상으로 재배되고 있는 수많은 꽃들 중에서 우리나라 기후 풍토에 가장 잘 적응되어 있고 재배하기도 비교적 쉽다. 그래서 선진 외국에서는 자기 나라 식물을 연구하는 많은 단체들이 있고, 우리나라에서도 많은 야생화 애호가들이 활동하고 있다.

    야생화가 취미 원예에서 본격적으로 상업화되기 시작한 것은 서울올림픽을 치르고 난 이후라고 생각된다. 처음에

는 잘 모르고 키우기 시작하였지만, 이제는 제법 많은 곳에서 체계적으로 야생화를 재배하고 있는 것이 현실이다.

하지만 안타까운 것은 식물의 정확한 생육 조건과 재배 환경을 알지 못하고 재배하는 문제가 있다는 것이다. 그래서 재배하는 야생화들이 해마다 없어지고, 가정에서 키우는 야생화들은 한철 보고 끝나는 꽃으로 전락해 버리는 것이다.

이는 야생화가 가진 특성과 재배적 환경을 정확히 이해하지 못하는 것에서 기인된 일이라 할 수 있다. 그래서 어떻게 하면 보다 쉽게 야생화를 재배할 수 있을까 고민하다가 화분용과 묘종으로 대량 생산되고 있는 야생화의 특성과 재배 조건, 관리 방법, 병충해에 관해서 체계적으로 정리하고, 직접 관찰한 야생화 사진을 바탕으로 이 책을 엮게 되었다.

세계적으로 이슈화되고 있는 자원식물들의 고유종에 대한 종의 보존과 신물질 개발이 이루어지고 있는 것만 봐도 야생화가 가진 유용성은 대단할 것으로 생각된다.

이 책이 우리 꽃인 야생화의 특성을 이해하는 데 도움이 되고, 나아가 야생화를 재배하여 어떻게 상품화하고 보급할 것인가에 대한 해답과 더불어 우리꽃 재배의 길잡이가 되었으면 하는 바람이다.

전주 모악산 자락에서
저자 대표 박노복

머리말 _4

야생화 재배

제1장 야생화의 정의

1. 야생식물의 특성 _13
2. 야생식물 재배 시 고려 사항 _15
3. 야생화의 분류 _16
4. 우리나라의 야생식물 생산 동향 _18
5. 관상 가치 및 상업성이 높은 야생식물 _19

제2장 야생화의 재배 환경

1. 광(Light) _22
2. 온도(Temperature) _23
3. 수분(Water) _23
4. 식물의 군락 _24
5. 군락 내의 재군락 _24
6. 기후와 식물 _25
7. 식물 생육 환경과 생육 형태 _25

제3장 야생화 심는 법

1. 노지심기 _28
2. 화분에 심기 _31
3. 포기심기 _38

제4장 물주기와 비료 시비법

1. 식물과 토양 속의 물 _39
2. 식물에 소용되는 물 _40
3. 물주기의 포인트 _41
4. 노지에서 물주기 _43
5. 화분 식물의 물주기 _43

제5장 식물에 필요한 양분

1. 필수 다량 원소 _46
2. 필수 미량 원소 _46
3. 비료 _47
4. 비료의 작용 _48
5. 비료의 종류와 특성 _50
6. 시비의 기본 _51
7. 야생화의 비료 주는 법 _53

제6장 옮겨심기

1. 옮겨심기의 목적 _54
2. 옮겨심기의 시기와 방법 _55

제7장 식물의 번식법

1. 실생 번식 _57
2. 삽목 번식 _59
3. 삽목의 적기 _60
4. 삽목용토 _60
5. 삽수의 준비 _61
6. 삽목 방법 _61
7. 포기나누기 _62
8. 포기나누기의 적기 _62

제8장 식물의 생육과 환경 요인

1. 온도와 생육 _65
2. 호흡작용에 의한 소모 _67
3. 고온과 식물 생육 _69
4. 광과 생육 _70
5. 차광과 생육 _73
6. 월동과 건조 피해 _74
7. 저온의 해 _75
8. 결빙의 해 _76

제9장 토양과 식물 생육

1. 토양의 역할 _78
2. 좋은 토양 조건 _82
3. 이상적인 토양 _82
4. 화분 토양의 선택 _83
5. 야생화에 적합한 토양 _84
6. 토양의 종류와 특성 _85
7. 분의 종류와 선택 _88

제10장 사계절의 손질과 관리

1. 봄 관리 _92
2. 여름 관리 _93
3. 가을 관리 _95
4. 겨울철 관리 _96

제11장 병해충 방제

1. 병해 발생과 대책 _100
2. 충해와 그 대책 _102

제12장 식물의 보존과 보호

1. 천연기념물 _104
2. 희귀식물 _112
3. 멸종위기 야생식물 _114
4. 야생화의 생육 특성 _125
5. 야생화 규격 및 가격 _128

야생화 화분 재배

01 골무꽃 _146
02 구절초 _150
03 금낭화 _154
04 노루오줌 _159
05 돌단풍 _163
06 동의나물 _167
07 두루미꽃 _172
08 둥굴레 _176
09 물매화 _180
10 미나리아재비 _182
11 바위솔 _186
12 병아리난초 _190
13 보춘화 _194
14 산마늘 _197
15 새우난초 _202
16 석곡 _207
17 세뿔석위 _210
18 쑥부쟁이 _213
19 앵초 _216
20 용담 _220
21 우산나물 _224
22 윤판나물 _228
23 은방울꽃 _231
24 자란 _235
25 조개나물 _240
26 족도리풀 _243
27 지네발란 _247
28 천남성 _250
29 콩짜개덩굴 _254
30 큰꽃으아리 _258
31 투구꽃 _262
32 패랭이꽃 _266
33 풀솜대 _270
34 하늘매발톱 _274
35 할미꽃 _277
36 해국 _282
37 홀아비꽃대 _285

야생화 화단·노지 재배기술

01 감국 _290
02 곰취 _293
03 구절초 _297
04 기린초 _301
05 꽃창포 _304
06 맥문동 _307
07 배초향 _313
08 백리향 _316
09 벌개미취 _319
10 범부채 _322
11 부처꽃 _325
12 붓꽃 _328
13 비비추 _331
14 산수국 _334
15 삼백초 _338
16 석곡 _341
17 석산 _345
18 섬기린초 _348
19 섬초롱꽃 _352
20 수선화 _354
21 수크령 _357
22 쑥부쟁이 _360
23 옥잠화 _363
24 원추리 _366
25 참나리 _369
26 창포 _373
27 층꽃나무 _376
28 털머위 _378
29 하늘매발톱 _381

야생화 재배

제1장 야생화의 정의

지구상에 분포하는 식물 총수는 균류를 포함하여 약 40만 종이며, 그 중에서 종자식물류와 양치식물류는 약 27만 종에 이르고 있다. 우리나라에서는 약 4,500여 종의 식물이 자생하고 있는데 임산자원, 약용작물, 식량작물, 화훼작물 등으로 다양하게 개발되어 왔고, 지금도 계속하여 체계적으로 폭넓게 개발되고 있다.

야생식물은 변화무쌍한 자연 환경에 적응하기 위하여 생육 촉진과 억제 조작을 자신의 힘으로 수행해 가는 능력을 갖고 있다. 자연 속에서 생명 유지에 필요한 모든 것을 얻고 있다고 할 수 있다.

야생화의 사전적 의미는 산이나 들에서 스스로 나고 자라는 식물로, 일명 '들꽃'이라고 한다.

야생식물의 범주는 우리 산야에 특별히 심지 않아도 스스로 자라나는 식물로서, 원산지는 외국이지만 토착화된 귀화 식물까지 포함하며, 야생화는 야생식물 가운데 특히 꽃이 아름다워 관상 가치가 있는 식물을 말한다. 자생식물(native plant)은 야생식물 중 귀화 식물을 제외하고 우리 산과 들에서 자라는 식물을 말한다.

야생식물들은 토양으로부터 공급되는 물과 양분을 흡수하고 공기 중에서 CO_2와 O_2를 얻어 광합성 작용과 호흡을 한다. 또한 광이나 온도를 민감하게 받아들여 싹을 틔우고 꽃을 피워 자손을 남기는 life cycle을 갖고 있다.

식물은 동물과 달리 이동할 수가 없기 때문에 스스로 살아남기 위해서는 가장 좋은 생육 환경을 찾아 정착을 하기도 하며, 그 환경에 적응하면서 생명을 유지해 가며 자연생태계에서는 집단 자생 지역, 식물 군락 형성 등으로 나타난다.

이렇듯 야생식물을 재배 식물화하기 위해서는 자생지와 비슷한 환경을 만드는 것이 무엇보다도 중요하며, 보다 쉽게 재배하기 위해서는 식물의 생육 특성과 자생지의 환경 조사를 해야 한다. 대부분의 재배 식물은 인간이 꽃, 열매, 잎 부분을 식용 또는 관상용으로 이용하기 때문에 필요한 기관만 이상적으로 발달한 것이 특징이지만, 야생식물은 자연 조건에 따라 조직이 발달한 것이 특징이다.

1. 야생식물의 특성

1) 종자의 탈락성이 있다

식물이 성숙하게 되면 자손을 남기기 위해 자가수분이나 타가수분(벌, 나비 등)에 의해 종자를 생성한다. 이렇게 생성된 종자는 성숙하면 자연히 탈락하고, 그 후 생육에 적당한 시기에 싹을 틔워 또 다른 개체로 성장한다.

따라서 종자의 탈락성은 식물종의 존속을 위해서 불가피하나, 곡류 작물(벼, 보리 등)에서는 인간에게 치명적인 타격이 되므로 탈락성이 상실되도록 육종 선발해야 하며, 채종 시기를 예측하여 서둘러 행하도록 해야 한다.

2) 휴면성이 있다

일년생 식물의 종자, 목본성 식물의 눈, 다년생 식물의 뿌리 등은 추운 겨울이나 고온 건조한 여름을 넘기기 위해서는 일정 기간 동안 휴면을 한다.

휴면은 종자식물의 발아를 어렵게 하며, 이러한 식물들은 일정 기간의 저온을 지나야만 발아한다. 이 밖에 종자의 종피가 물이나 산소의 흡수를 방해하거나 종자에 함유된 발아 억제 물질에 의한 것 등이 있으나, 어느 것이든 식물종의 존속을 유지하기 위한 하나의 수단이라 할 수 있다.

3) 감온 및 감광성이 있다

야생 상태의 식물들은 꽃이 피어 열매를 맺는 적기가 될 때까지 일장과 온도를 감지하면서 생육을 조절하고 있다.

반면, 재배 식물들은 사람들에 의해 재배 적기에 파종되고 생육도 조절된다. 한 예로, 가을 국화는 차광과 전조재배로 촉성 및 억제재배를 하여 개화기를 조절할 수 있다.

4) 개체군을 스스로 조절한다

한 곳에 너무 많은 종자가 뿌려지고 성장을 계속하게 되면 자연히 물과 양분이 부족하게 된다. 주어진 공간에서 수분, 양분, 광이 서로 경합하면서 약한 것은 도태된다. 그 장소에 자랄 수 있을 만큼의 개체만이 살아남는 일종의 솎음질 현상을 볼 수 있다. 식물에 따라서는 한 곳에 많은 종자가 뿌려지는 것을 피하기 위해 여러 가지 방법으로 파종량을 조절하는 종도 있다(초본류 : 민들레, 백선, 깽깽이풀, 끈끈이주걱 등. 목본류 : 단풍나무 등).

식물은 인접된 포기의 잎과 서로 접촉되는 정도의 공간적 여유를 갖는 것이 기본이며, 밀식했을 경우 햇볕이 생육의 제한 요인이 되기 때문에 생육 장해가 일어난다.

5) 연작과 병충해에 대한 저항성에 강하다

재배 식물은 한 곳에 계속해서 재배하면 연작(連作, 한 장소에서 동일한 품종을 계속 심는 것) 장해와 병충해 발생이 많아 재배하기 어려운 데 비해, 야생 상태의 식물은 많은 종류가 모여서 물과 양분을 흡수하면서 공생공존의 관계를 이루며 생육한다. 또한 환경과 기후에 변화하며 조직을 변화하기 때문에 연작 장해도 적고 병해충에 대한 저항력도 강하다.

2. 야생식물 재배 시 고려 사항

1) 생태적 특성을 알아야 한다

식물의 특성을 이해하기 위해서는 그 식물의 생육지의 광 조건, 토양 조건, 관수량, 일장 등에 관한 사항을 조사하여 재배 시 활용하여야 한다.

예를 들면, 새우난초는 낙엽이 두껍게 퇴적한 부드러운 토양과 습기가 있는 산 중턱의 늪 지역에 걸쳐서 자생하는 반면, 보춘화(=춘란)는 비교적 건조한 소나무 주변에 자생하고 있다. 시골길 주변에 많았던 할미꽃은 지금은 많이 없어지고 어디에서 자라고 있을까? 하는 의문이 드는데, 식물의 생육이 예전과 달라져 지금은 묘지 주변에서 많이 보인다. 그럼 왜 묘지 주변에서 살아가는 것일까?

할미꽃은 생태적으로 햇볕을 좋아하는 양지 식물이고, 뿌리가 직근성(直根性, 땅 아래로 굵은 뿌리가 뻗어내려 가는 것을 말함.)이어서 묘지 주변이 가장 잘 자랄 수 있는 생태적 환경 특성을 지녔기 때문이다. 또한 재배 작물은 원산지가 있으며 원산지를 아는 것이 중요하다. 튤립은 지중해 연안이 원산이나, 가을에서 겨울에 걸쳐 물을 좋아하는 성질 때문에 네덜란드로 건너가 오늘날 네덜란드의 국화(國花)가 되었다.

2) 환경을 조절해야 한다

기후적으로 월동이 필요한 야생식물은 비닐하우스나 온실에서 관리해야 하며, 여름에 고온을 싫어하는 종류는 한냉사나 차광망 등으로 차광을 해 주어야 한다. 배양토는 물리성, 화학성, 보수력, 보비력 등을 고려하여 만들어 주어야 하며, 적기 방제를 하여 병해충에 대한 예방에도 관심을 기울여야 한다.

3) 기술적으로 통달해야 한다

야생식물을 재배 식물화하는 데는 재배 기술이 필요하며, 재배 기술은 경험으로 체득해야 한다. 무엇보다도 유사 식물에 덧붙여 자신만의 재배 기술을 확립해야 한다.

4) 끊임없이 관찰해야 한다

식물 자체의 특성과 생육 양상을 끊임없이 관찰해야 하며, 생육과 병해충에 관한 사항을 기록하는 것도 좋은 방법이라 할 수 있다.

3. 야생화의 분류

모든 야생화는 이름을 가지고 있다. 우리말 이름 이외에 지방에 따라 달리 부르는 향명이 있으며, 식물 분류학적으로는 세계 공통으로 사용되는 학명이 있다. 식물 분류학에서는 유연관계 식물들끼리 묶어 구분하는데, 가장 큰 분류 단위부터 나열하면 계, 문, 강, 목, 과, 속, 종으로 나누어진다.

예를 들면, 원추리, 애기원추리, 각시원추리, 왕원추리, 노랑원추리 등은 각각 '종(種)'에 해당되며, 이들은 모두 원추리 '속(屬)'에 속하고 다시 다른 속들과 함께 모여 '백합과'에 포함되는 것이다. 또한 종의 돌연변이 형질이 나타나서 후대에 고정이 되었을 때는 변종, 고정이 되지 않을 경우에는 품종이 된다. 그러나 원예식물을 포함하여 인위적으로 만들어 낸 변이종은 품종이지만 'Cultivar'로 취급하며, 생육 특성에 따른 분류는 다음과 같다.

- **한해살이풀(1년초)** : 종자에서 싹이 터서 꽃을 피우고 결실 후 죽기까지 1년이 되는 식물
- **두해살이풀(2년초)** : 종자 혹은 발아 후 휴면에 있다가 이듬해 성장하여 결실하는 식물
- **여러해살이풀(다년초)** : 겨울에도 뿌리 등 식물의 일부가 살아남아 있는 식물로 국화, 원추리 등 대부분의 식물이 이에 속한다.
- **목본류** : 겨울철에 지상부가 살아 있으며 줄기에 목질이 있는 식물
- **구근류** : 다년생 식물에 속하며, 줄기나 뿌리와 같은 식물체의 일부 기관이 특별히 비대해진 식물로 나리류, 상사화류 등이 이에 포함된다.
- **다육식물** : 식물체에 수분이 많은 유조직이 발달한 식물체로 바위솔, 기린초 등이 이에 포함되며 건조에 특별히 강한 특징이 있다.
- **난초과 식물** : 난초과에 속하는 식물을 총칭하며, 관상용으로 널리 이용되는 식물군이다. 진화된 꽃의 구조를 가지며 착생, 지상 등

다양한 생육 특성이 있다.
- **양치식물** : 고사리, 고비류와 같이 종자가 아닌 포자로 번식하는 원시적인 식물군이다. 꽃은 피지 않지만 독특한 관상적 가치가 있다.
- **수생 식물** : 물에서 자라는 식물로, 물 위에 떠서 자라는 부유성 식물을 포함하여 뿌리는 땅에 박고 잎만 떠서 자라는 식물을 가리킨다. 주변에 자라는 식물 등으로 구분할 수 있으며, 최근 연못 및 수변지의 생태적 복원 등의 이용으로 관심이 높아지고 있다.

4. 우리나라의 야생식물 생산 동향

식물도감에 우리나라에 자생하는 식물 총수는 4,500여 종으로 나와 있으나, 아직 연구 개발은 미미한 실정이다.

일제 강점기 때는 한국 특산인 울릉도 섬말나리와 중부지방에 자생하는 하늘나리가 일본으로 반출된 적이 있고, 60년대에는 제주 수선화, 70년대에는 잔디 씨앗, 최근에는 원추리, 옥잠화, 리코리스 구근류 등이 반출된 바 있다.

80년대부터 난 애호가에 의해 자생 난에 대한 수집, 조사, 연구가 많이 이루어져 제주한란, 석곡, 풍란 등은 조직배양에 의한 대량 증식으로 상업화가 이루어지기도 하였다.

야생화에 대한 연구는 1963년부터 원예 시험장 화훼과를 중심으로 한 야생식물의 수집과 특성 조사로 나리류, 철쭉류 등의 16속 28종의 식물이 관상 가치가 높아 개발 가치가 있다고 보고 있으며, 1978년 서울대학교 '염도의' 교수는 개발 가능 유망 야생식물을 144속 700여 종으로 분류하였다.

최근 들어 경제적 성장에 따른 꽃에 대한 기호성이 다양화되어 가는 추세에 따라 야생화의 기호성도 점차 증가하고 있으며, 한국자생식물협회와 지역적으로 많은 단체들이 야생식물에 대한 애착을 갖고 활동과 연구를 하고 있다. 연도별 야생화 재배 동향은 다음 표 1과 같다.

표 1. 연도별 야생화 통계

연도	면적(ha)	판매량(백만분)	판매금액(백만원)
2012	42	11	3,890
2013	39	8	3,306
2014	38	8	2,944

표 2. 수출 유망 야생 화훼류

구 분	종 명
난 류	춘란, 한란, 풍란, 새우난초, 복주머니란, 자란
구 근 류	수선화, 나리류, 리코리스류
숙 근 초	원추리, 옥잠화, 비비추, 맥문동, 할미꽃
화 목 류	철쭉류, 미선나무, 수수꽃다리, 조팝나무, 백량금

5. 관상 가치 및 상업성이 높은 야생식물

관상 가치가 높은 야생화로 봄에 피는 흰색 꽃 종류로는 둥굴레, 남산제비꽃, 노루귀 등이 있으며, 노란색 꽃 종류로는 복수초, 노랑매미꽃, 양지꽃, 붉은색과 보라색 꽃 종류로는 조개나물, 각시붓꽃, 큰앵초 등이 있다.

여름에 피는 흰색 꽃 종류로는 갯기름나물, 누룩취, 꿩의다리 등이 있으며, 노란색 꽃 종류로는 원추리, 물레나물, 좁쌀풀, 바위채송화 등이 있고, 붉은색 꽃 종류로는 상사화, 범부채 등이 있다.

가을철에 피는 흰색 꽃 종류로는 구절초, 물매화, 바위솔 등이 있고, 노란색 꽃 종류로는 감국, 털머위, 미역취 등이 있으며, 붉은색 꽃 종류로는 석산, 꽃향유, 산비장이 등이 있다.

표 3. 계절별 개화 시기 및 꽃 색상에 따른 야생화 분류

꽃색 계절	흰색	노란색	붉은색(보라)
봄	둥굴레, 남산제비꽃, 노루귀, 돌단풍, 홀아비꽃대, 애기나리, 작약, 은방울꽃, 광대수염, 바위취 등	복수초, 매미꽃, 양지꽃, 동의나물, 노랑제비꽃, 민들레, 돌나물, 피나물, 씀바귀, 괭이밥, 뱀딸기, 금붓꽃 등	섬초롱꽃, 부채붓꽃, 큰앵초, 패랭이, 앵초, 벌깨덩굴, 깽깽이풀, 하늘매발톱, 자란, 금낭화 등
여름	갯기름나물, 누룩취, 꿩의다리, 삽주, 약모밀, 까치수염, 승마, 부추, 터리풀, 장구채 등	원추리, 물레나물, 좁쌀풀, 바위채송화, 돌양지꽃, 곰취, 벌노랑이, 기린초, 금불초 등	꽃창포, 상사화, 범부채, 노루오줌, 분홍바늘꽃, 석잠풀, 하늘나리, 땅나리, 부처꽃, 참나리 등
가을	구절초, 물매화, 바위솔, 뚝갈, 천궁, 톱풀, 참취 등	감국, 털머위, 미역취, 산국, 감국 등	석산, 쑥부쟁이, 꽃향유, 용담, 층꽃나무, 두메부추, 해국 등

상업적으로 많이 거래되고 있는 야생화 종류는 다음과 같다.

감국	벌개미취	일월비비추
갯버들	범부채	자란
곰취	복수초	자주억새
구절초	부들	제비붓꽃
금낭화	부채붓꽃	제주양지꽃
금불초	부처꽃	조릿대
깽깽이풀	붓꽃	좀비비추
꼬리조팝나무	비비추	주걱비비추
꼬리진달래	산마늘	줄사철나무
꽃창포	산수국	진노랑상사화
노랑꽃창포	삼백초	참나리
노루오줌	삼지구엽초	창포
담쟁이덩굴	새우난초	층꽃나무
돌단풍	석산	큰꿩의비름
동의나물	석창포	왕원추리
두메부추	선이질풀	털머위
둥굴레	섬기린초	털부처꽃
땅나리	서향	털중나리
띠	섬초롱꽃	팔손이나무
마삭줄	속새	패랭이꽃
맥문동	송악	풍란
무릇	수크령	하늘매발톱
물레나물	술패랭이꽃	한라구절초
물억새	쑥부쟁이	할미꽃
미선나무	앵초	해국
바위취	옥잠화	흰붓꽃
백량금	원추리	흰줄갈풀
백리향	은방울꽃	갈대

제2장 야생화의 재배 환경

1. 광(Light)

녹색식물은 광 에너지를 얻어 생명을 유지하며, 한편으로는 식물체 내에 함유된 피토크로뮴이라는 광 수용체 색소 작용으로 광을 받아서 바뀌어 가는 계절에 적응한다.

식물 광합성에 필요로 하는 광의 강도는 식물의 종류에 따라 다르며, 강한 광을 필요로 하는 식물을 양지 식물이라고 하고, 약한 광을 좋아하고 강한 광에서는 생육할 수 없는 식물을 음지 식물이라고 한다.

양지 식물이 약광으로 생육할 수 없게 되는 점을 최소 수광량이라고 하고, 반대로 음지 식물이 강광하에서 생육할 수 없게 되는 점을 최대 수광량이라고 한다.

산림 속 벌채 등에 의한 급격한 환경 변화는 야생식물의 생육 환경 파괴로 나타나는데, 이는 식물의 최대 수광량을 넘었기 때문이다.

야생식물의 화분 재배 시 화분 둘 곳을 정할 때에는 식물의 강도를 파악하여 가장 알맞은 환경에서 관리하는 것이 무엇보다도 중요하다고 할 수 있다.

2. 온도(Temperature)

온도는 식물의 분포와 생육에 깊은 관계가 있으며, 온도가 올라감에 따라 광합성과 호흡 작용이 왕성해진다. 온도가 일정하게 되면 광합성 속도는 떨어지는데, 이는 호흡 작용에 의한 소모 쪽이 광합성에 의한 생산량을 상회하기 때문이며, 이와 같은 상태가 장기간 계속되면 식물은 차츰 쇠약해져 나중에는 고사하게 된다.

고지대에서 생육하는 식물을 평지의 고온에서 재배했을 경우 생육이 불량한 것은 주간의 고온과 야간의 고온이 가장 큰 원인이다. 많은 식물은 저온에서 폭넓게 적응하지만 고온에는 약하다. 일반적으로 산은 1,000m를 오를 때마다 5.5℃씩 온도가 떨어진다. 위도 쪽으로는 위도가 1도 높아짐에 따라 1℃씩 온도가 떨어진다. 인간은 등산할 때 추워지면 내려오면 된다. 그러나 식물은 이동할 수 없기 때문에 자연 환경에 적응해서 생존해야 한다. 높은 산이나 추운 지역일수록 내한성이 강한 식물이 자생하고 있다.

3. 수분(Water)

자생지의 물이 많고 적음은 식물 생육에 큰 영향을 준다. 물은 식물의 뿌리를 통해 흡수되며 생육에 관계되는 중요한 요인으로, 대부분 토양이 함유하고 있다. 식물이 생육하는 곳의 물의 다소에 따라 사막, 초원, 산림 등으로 군락이 형성된다. 건조 지역에서의 식물은 줄기나 잎에 물을 저장하며, 지상부에 비하여 뿌리와 외피 조직의 발달로 증산을 억제시켜 생존한다.

구근 식물류는 휴면하여 여름을 넘기고 물이 공급되는 가을에 생육을 개시하며, 물이 많은 연못이나 습지에서 생육하는 식물은 잎에서 뿌리에 산소를 보내는 조직 등을 발달시키기도 한다.

4. 식물의 군락

식물은 어느 특정 환경하에서 몇 가지 종류가 모여서 하나의 집단으로 생육하는 일이 많다. 서로 비슷한 부류의 식물이 닮은 환경하에서 생육하기도 하며 공존하기도 한다. 큰 나무가 그늘을 만들고 그 아래에서 음지 식물이 생육하며, 생태형이 비슷한 것끼리 군락을 이루기도 한다.

5. 군락 내의 재군락

삼림이나 초원은 하나의 복합 군락지이다. 그곳에서는 많은 식물이 몇 개의 층을 이루어 생활한다. 이들 층은 몇 종류의 식물로 구성되어 각자의 공간 배열에 의해 광을 효율적으로 이용하고 있다.

삼림 군락 내의 광 조사는 10~20%가 반사되며, 70~80% 정도는 수관층에 흡수되고 삼림에 도달하는 경우는 2~3% 정도이다.

반면에, 초지에서는 중앙이나 하층에 흡수되는 비율이 대단히 크게 된다. 식물 중에는 시간적으로 나누어 생육하는 경우도 있는데, 온대 지역의 광엽 수림하에서 자라고 있는 모데미풀, 산자고, 복수초 등은 상층부 수관의 잎이 피기 전 약간의 기간에 충분한 광을 받아 생장하여 열매를 맺는 식물에 속한다.

6. 기후와 식물

한국의 기후는 제주도 남부 해안 지역의 따뜻한 기후부터 한라산, 지리산, 설악산 등 1,500m 이상의 고산에 이르기까지 다양한 기후 특성을 가지고 있으며, 이런 기후적 특성은 식물 분포를 다양하게 하여 종류가 많고 복잡하다.

7. 식물 생육 환경과 생육 형태

식물은 잎이나 뿌리 등의 영양 기관 또는 생활양식 등 모양을 바꾸어 가며 환경에 적응하고 있다. 적응하는 형태는 일정한 환경에서 생활하고 있는 것에서, 종류가 다르더라도 비슷한 생육 양상을 나타내는 것도 있다.

1) 해안 식물
바닷가 해안 지역에서 생육하며, 대부분 내염성이 강한 종류로 양지바르고 바람이 강한 곳에서도 적응한다.

예) 갯메꽃, 섬말나리, 섬초롱꽃, 갯패랭이, 해국, 모래지치, 갯기름나물, 갯완두, 해당화, 황근, 참골무꽃

해국

2) 수생 식물

연못 주변이나 물속에서 자라는 식물로 일조, 습도, 물이 많은 지역에 생육한다.

예) 연꽃류, 부들, 부처꽃, 마름, 물질경이, 매화마름, 땅귀개, 물달개비

수련

3) 마을 식물

인간과 깊은 인연을 갖고 있으며, 양지바르고 비옥한 땅을 좋아하는 식물이다.

예) 할미꽃, 돌나물, 냉이, 꽃다지, 닭의장풀, 무릇, 엉겅퀴, 배초향, 사상자, 오이풀, 애기똥풀

4) 초원 식물

산불의 발생으로 형성된 양지바르고 통풍이 잘 되는 대형 초원에 생육하는 식물이다.

예) 잔디, 이질풀, 도라지

5) 잡목림 식물

자연림의 벌채 뒤에 형성된 2차 삼림으로 참나무류, 밤나무류 등이 주류를 이룬다.

참나무

밤나무

제3장 야생화 심는 법

　우리나라에 자생하는 야생식물 중에는 숙근초가 대단히 많다. 숙근초는 생육에 충분한 온도 조건이 되고 비가 많이 오는 지방에 분포한다.
　우리나라의 기후는 숙근초의 생육에 적합하다고 할 수 있다. 이 책에서 취급한 일년초, 이년초를 포함한 많은 야생화는 우리나라가 자생지이기 때문에 그 재배가 극히 간단하다고 할 수 있으며, 많은 종류들이 산과 들에서 왕성하게 자라고 있다. 그러나 종류에 따라서는 간단하게 자라지 않는 것도 있다. 같은 기후대에서 자생한다고는 하나, 위도나 고도 또는 자생지의 기상 조건에 따라서 알맞은 환경에 적응해 살고 있어 식물의 생태적 특성이 다르게 나타난다. 그러므로 야생화를 평지에서 재배하려면 식물의 종류와 특성에 따라 환경의 조절과 적절한 관리가 필요하게 된다. 야생화의 재배에는 노지심기, 화분에 심기 외에 석부작이나 포기심기 등이 있다.

1. 노지심기

　노지심기는 인건비가 많이 들지 않으며 야생화 재배에 안전한 방법이기는 하나, 넓은 장소를 필요로 한다든지 환경의 조절이 불가능한 식물도 있는 것을 고려하여야 한다. 넓은 장소를 확보하고 있을 때에는 노지심기가 좋으나, 장소가 부족하다든지 노지심기로는 관리가 어려운 식물은 화분에 심어 재배하는 것이 좋다.

야생화를 재배하려면 재배할 장소에 적합한 종류의 식물을 고르는 것이 중요하다. 야생화를 쉽게 재배하고 감상하기 위해서는 자생지의 환경 조건을 만들어 주는 것이 중요하다.

1) 심는 장소

야생화는 대부분 다소 경사진 지형으로 양지바르고 석양빛이 닿지 않으며 통풍은 되나 강풍이 닿지 않는 곳에서 잘 자란다. 또한 보수와 배수가 좋고 토심이 깊고 적당히 비옥한 곳이 이상적이다. 그러나 자연 조건에서는 야생화가 생육하기에 알맞은 조건을 갖춘 장소를 찾기란 매우 힘들다. 그렇기 때문에 인공적으로 재배하기 위해서는 작은 돌을 토양에 넣어서 배수를 좋게 한다든지 부엽토를 틈새에 넣어 주는 것이 좋다. 점토나 모래를 객토하여 토양을 개량하고 필요한 조건을 인공적으로 만들어 주는 것도 좋은 방법이다. 토양을 개량하는 것 외에 토양을 쌓아 올려 비탈을 만드는 등 여러 가지 방법이 있으나 많은 제약과 한계가 있다.

또 집안 정원에 심을 때에는 수목 아래를 이용하는 일이 많지만, 이 경우 수종이 낙엽수인지 상록수인지에 따라 심는 조건도 달라진다. 수종에 따라서 토양이나 광 조건이 달라지기 때문에 야생화의 생육에 영향을 준다. 이러한 이유로 장소에 적응할 수 있는 종류를 골라야 하는 것이다. 그러나 한나절 정도의 광을 받는 곳이면, 높은 산의 암석이나 연못 주변에 자생하여 여름 더위에 견디기가 곤란한 종이나 착생 난, 수생 식물 등을 제외하고는 거의 모든 야생식물은 집안 정원에 심을 수가 있다.

2) 심는 방법

앞에는 작은 식물 뒤에는 키가 큰 식물을 배식한다. 사계절을 통하여 꽃을 즐길 수 있다면 가장 좋다고 할 수 있다. 심을 구덩이는 줄기에서 뿌리가 달린 부분보다 크게 깊이 파고 부엽토와 비료를 잘 섞어 위에서 가볍게 눌러 준다. 그 위에 토양을 심을 높이만큼 되묻는다. 토양을 되묻는 깊이는 각기 뿌리의 형태에 따라 정한다. 일반적으로 줄기가 있는 것이라면 줄기의 땅에 닿는 부분이 약간 지상으로 나오는 정도의 깊이로 한다.

부엽토를 넣지 않을 경우는 토양 표면과 비슷하게 해도 좋다. 뿌리를 넓히고 뿌리 사이에 토양을 잘 넣어 준다. 토양을 1/3 정도 넣은 후에 포기 밑을 위아래로 움직이거나 또는 손으로 토양을 움직여 주면 토양은 뿌리 둘레에 잘 다져진다. 토양을 평평하게 고른 후 가볍게 위에서 눌러 주고 포기 밑에서 떨어진 곳에 둥글게 얕은 구덩이를 만든다. 이 구덩이에 충분한 관수를 하며, 관수 후에는 절대로 밟아서는 안 된다. 물이 빠진 후에 둘레의 토양을 포기 밑에 채우고 정리하는데, 이때 포기 밑이 주변보다 다소 높게 토양을 쌓는다.

낙엽을 엷게 덮어 주면 건조한 토양이 튀어오르는 것을 막아 준다. 나리, 산자고 등과 같이 구근으로 되어 있으면서 깊게 심어야 하는 품종은 좀 깊게 심는다. 지상부가 시들은 것은 싹의 위치를 확인하는데, 일반적으로는 포기 밑이 겉 토양 가까이 되도록 심고 표시물을 세워 주면 좋다. 야생화는 비료를 적당하게 주는 편이 좋으며, 비료를 많이 주는 것은 피하는 것이 좋다. 심을 때 밑거름을 주면 돌볼 일이 없으나, 생육하는 모습을 보면서 주는 편이 무난하다.

옮겨 심는 시기는 휴면이나 생육 전에 하는 것이 가장 좋으나, 생육기에 불가피하게 이식해야 할 경우도 있다. 이때에는 뿌리가 상하지 않게 이식하도록 한다. 꽃망울이나 꽃이 붙어 있으면 제거하고 잎도 절반 정도로 자른다. 옮겨 심는 시기에는 잠시 햇볕을 가려 주면 좋다. 자라고 있는 상태에서 옮겨 심을 때에는 뿌리가 완전히 내린 후에 비료를 준다. 옮겨 심은 후에는 반드시 물을 충분히 주어야 하는데, 과습은 피해야 한다.

2. 화분에 심기

야생화 중에는 초장이 너무 크다든지 넝쿨이 너무 길게 자라서 화분에 심어 관리하기에 부적합한 것도 있다. 식물에 따라서는 집안 정원에 심으면 잘 자라나 화분에 심으면 잘 자라지 않는 것도 있다. 그러나 이 점

은 재배 과정에서 해결할 수 있다. 화분에 심을 것인가 집안 정원에 심을 것인가는 재배하는 방법에 따라 결정하면 좋다.

화분에 심을 때에는 적절한 흙의 선택, 관수나 비료의 조절과 이용, 햇볕이 드는 양과 바람이 잘 통하는지 여부 등을 고려해야 한다. 그러나 재배 과정에서 복구가 불가능한 경우도 있으므로 주의해야 한다.

1) 적절한 흙의 선택

비교적 고지대에서 자라는 야생화에는 물빠짐이 좋은 자갈과 물을 잘 함유하는 산모래, 개울이나 천(川)에 있는 모래를 주로 이용한다. 습지나 고도가 낮은 지대의 야생화에는 물을 오래 보관할 수 있게 하기 위하여 부엽토, 점토, 수태, 인공토 등을 준비한다. 착생 난, 야생 난 등에는 부처손의 뿌리나 해고 부스러기, 오스만다, 산이끼, 수태 등을 준비한다.

야생화를 심을 때 사용하는 흙은 식물의 종류에 따라서도 다르나 입자가 고와 물빠짐이 좋지 못한 점토(입자 0.002㎜)를 빼고 쓰는 것이 일반적이다. 흙의 종류는 조립, 중립, 세립의 3단계 정도로 나눈다. 화분 바닥쪽에서 대·중·세립으로 채울 때나 식물의 종류나 화분의 종류 등에 따라 쓰는 경우에 편리하다.

고도가 낮은 지대에서 자라는 성질이 있는 것에는 밭 토양에 부엽토를 섞어서 쓰는 일이 많다. 황토를 구워 만든 하이드로볼의 외관은 낱알로 구성되어 뭉쳐 있어도 물을 주면 풀려 버리는 것도 있다. 심기 전에 2~3호 화분에 절반 정도 넣고 화분 구멍을 손가락으로 막고 물을 부어 주고 7번 정도 좌우로 흔들어 토양이 가라앉은 후에 손가락을 구멍으로부터 조금 떼어 본다. 물이 쑥 빠지는 정도이면 이상적이고, 빠지지 않는 토양은 화분 흙으로 적합하지 않다. 모래는 수생 식물 등을 심을 때 많이 쓰는 편이다.

2) 심는 방법

화분 크기 결정은 식물체의 크기에 의해서 정하나, 식물체 크기에 비하여 다소 작은 듯한 화분이 좋다.

- 화분의 바닥에서 벌레가 들어오는 것을 막기 위하여 방충망을 잘라 화분 밑구멍을 막아 준다.
- 망 위에 지름 1㎝ 정도의 모래, 크레이볼, 마사토, 바크 등 부서지지 않는 화분 용토를 넣는다. 이것은 물빠짐과 공기의 순환을 좋게 하기 위해서이다. 부서진 분을 잘게 부순 것을 사용해도 좋다. 넣는 두께는 화분 깊이의 1/3~1/4 정도가 좋다.
- 화분에 흙을 넣는다. 화분에 넣을 흙의 양은 포기 밑이 화분의 약간 경사진 곳에서 1~2㎝ 정도 아래 위치한 곳에 토양이 뿌리에 닿을 정도로 한다.
- 중앙이 높게 된 토양에 뿌리가 걸치도록 사방으로 벌려 토양을 포기 밑에 넣는다. 이렇게 하면 토양은 화분 가장자리에서 1~2㎝ 낮게 심게 된다. 이 공간은 water space라고 하여 물 줄 때 물이 흘러나가지 않도록 해 주는 역할을 한다.

이상은 일반적으로 심는 방법이나, 식물에 따라서는 다음 사항에 주의한다.

① 싹이 지표면 가까이 있다든지 줄기가 지표를 포복하는 것은 얕게 묻는다.
  예) 초롱꽃, 양지꽃, 꿀풀, 기린초, 부처손 등

② 나리, 무릇, 산자고 등 구근류나 둥굴레 등과 같이 지하경이 발달하여 얕게 심었을 때 생육이 떨어지는 것은 깊게 심는다.

3) 수태를 이용하여 심는 방법

석곡, 풍란 등은 수태로 분식한다. 석곡의 경우 뿌리가 살짝 들어갈 정도이거나 다소 작은 화분에 심는다.

- 화분 바닥에는 1/3 정도의 두께로 화분 조각을 넣는다.
- 수태는 물로 축여 흠뻑 젖은 것을 사용한다. 섞여 있는 고엽 등을 주워 낸다.
- 석곡 뿌리 사이에 수태를 채운다. 퍼진 뿌리는 수태로 싸서 화분에 넣고 다시 화분 사이에 수태를 채워서 심는다. 풍란은 화분의 중심에 화분 지름의 절반 정도 굵기로 화분 높이의 2/3 정도 길이의 원통형 철망을 넣어 주어 화분 안에 공기가 조금이라도 많이 들어가도록 한다.

원통형 철망의 주변과 위에 화분의 주변보다 높은 산 모양이 되도록 수태를 쌓아올린다. 여기에 뿌리가 뻗도록 하고 움직이지 않도록 끈으로 가볍게 묶어둔다. 이와 같이 심는 방법 외에도 해고판에 부착시키거나 돌나무, 고목나무 등을 이용하여 부착시키는 뿌리를 노출시켜 재배하는 다양한 방법이 있다.

4) 심은 후의 관리

심은 후에는 화분 밑에서 물이 흘러내릴 때까지 물을 주고, 광이 적게 드는 그늘에 두는 것이 좋다. 낮 동안에 시들어 있어도 아침, 저녁에 줄기나 잎이 싱싱하면 염려할 필요가 없다. 만일 아침에도 시들어 있을 경우는 비닐을 쳐서 공중습도를 높여 주는 것이 좋은데, 이때 너무 무덥지 않도록 주의한다. 심은 후에는 조금씩 광을 쪼여 준다. 퇴비나 비료는 뿌리가 완전히 활착되고 새잎이 자라기 시작할 때 준다.

석부작(돌에 부착)

　야생화를 가꾸는 재미는 화분에 심어 식물 개개의 생태와 특성을 이해하는 것 외에도 직접 재배를 하면서 생육의 기본을 이해하는 데 있다. 그 다음에 고목의 뿌리나 해고 등을 이용하고 다른 풀과 가까이 심는다면 한층 야생화의 정취를 느낄 수 있다. 돌에 붙여서 재배하는 것은 화분에 심는 대신 돌에 심어 자연의 맛을 즐기는 것이다.

　돌에 붙여 뿌리가 충분히 활착할 때까지는 물주기에 주의한다. 생육이 안정되면 여러 해 동안 옮겨심기를 할 필요도 없고, 해를 거듭할수록 자연의 미를 더욱더 느낄 수 있다.

　심을 수 있는 종류는 한 종류만 심거나 사계절에 걸쳐 꽃을 즐길 수 있는 것, 또는 동시에 개화하는 것을 나란히 심는 등 여러 가지를 선택할 수 있다. 처음부터 너무 큰 식물을 심게 되면 활착이 잘 되지 않아 생육이 나빠진다. 화분 식물에 활착이 나쁘면 심는 종류를 적게 하고 될 수 있는 한 적은 것을 심도록 한다. 이렇게 하면 뿌리의 활착도 좋고 수년이 지난 후에는 관상 가치도 높아진다.

　이 외에도 포기나 초장이 커지는 종류는 피하는 것이 좋다. 심을 돌은 어떤 것이라도 좋다고는 할 수 없으며, 자연을 감지할 수 있도록 하기 위해서는 심을 식물의 자생지의 감이 우러나오는 돌이면 더할 나위 없다. 뿌리가 잘 뻗도록 하기 위해서는 금이 갔다든지 요철이 많고 물을 잘 빨아들이는 돌을 선택하는 것이 좋다.

　이와 같이 돌에 심을 경우 돌의 윗부분은 피한다. 다소 기울어진 곳이 물기가 잘 없어지지 않고 관상적으로도 좋다. 하천의 돌과 같이 매끈매끈한 것은 심을 때는 불편하나 뿌리를 잘 내리는 식물과 같이 어렸을 때 심는 데 이용할 수 있다. 심는 데 쓰는 흙은 물 줄 때 흘러 떨어지지 않도록 찰기가 있는 토양을 쓴다. 산모래와 강모래에 작은 입자들로 구성

석부 수태를 이용한 소엽풍란 재배

되어 물을 잘 흡수하고 오래 보관할 수 있는 흙을 같은 양으로 섞은 것 등 어느 것이나 좋다.

흙은 물로 잘 이겨서 심을 자리에 1㎝ 두께로 깔아 준다. 끈끈함이 좋은 흙만을 이용할 때는 3㎝ 이상의 두께로 깔게 되면 건조하므로 주의한다. 깔아 준 흙 위에 뿌리를 벌려서 붙인다. 이때 흙을 다져 주고 다소 굳어지도록 눌러 준 후 그 위에 산이끼를 붙여서 마무리한다. 산이끼를 붙여 주어도 좋고, 뿌리가 활착이 될 때까지 수태를 붙여 주어도 좋다.

뿌리가 활착이 될 때까지 끈으로 이끼를 눌러 주고 뿌리가 뻗어나면 끈을 잘라 준다. 산이끼의 경우는 그대로 두나 수태일 때는 뜯어낸다. 토양이 깎여 내릴 경우는 그대로 둔다. 심기가 끝나면 일주일 정도 그늘에 두고 서서히 햇볕이 들게 한다.

급히 건조되면 토양의 표면이 트며, 관수는 돌이나 토양이 마르기 전일 때가 좋은데, 물 입자가 가는 물뿌리개로 살며시 준다. 얕은 수반에 설치하면 토양의 건조와 유실을 막고 풍취도 있어 실내에서 관상하기 좋다. 돌에 심을 경우는 비비추 등이 적당하다.

5) 이끼붙이기

해고는 아열대성 상록목으로 줄기 높이가 3m에서 큰 것은 8m 정도까지 된다. 해고 줄기 부분은 착생식물을 심을 때 이용된다.

야생화 중 주로 화분 재배에서는 과습이 되기 쉬운 착생 난 계통의 석곡, 풍란 등을 심는 데 이용된다. 해고는 섬유가 세로로 길게 뻗은 것이 좋으며, 사용 전에는 물에 적셔 수세미로 잘 씻는다. 조직이 잘 굳어 있는 동안 쓸 수 있다. 전에 쓰던 것을 다시 쓸 경우는 물에 잘 적셔 두었다가 다시 쓰며, 해고판 표면을 약간 긁어 내면 좋다.

심는 방법은 해고 위에 뿌리를 넓히고 수태는 산이끼를 엷게 펴서 눌러서 실로 묶어 준 다음, 반음지인 처마 밑이나 나무 가지에 매달고 하루에 한 번 정도 서서히 관수한다. 엷은 액비를 가끔 주는데, 1~2회 주면 뿌리가 안전하게 붙는다. 해고가 썩을 때까지 옮겨 심을 필요는 없다.

3. 포기심기

 석부와 같이 고목이나 나무뿌리 등은 야생식물을 심는 화분 대용으로 사용할 수 있으며, 건조 상태로 관리하는 것이 포인트이다. 심는 방법은 먼저 적당한 형, 크기를 갖추어 둥글게 심을 구멍을 파고 배수 구멍을 열어 준다. 자연히 된 구멍을 이용할 경우도 배수 구멍을 만들어 줄 수 있다. 배수 구멍이 너무 크면 부서진 화분 조각으로 조절한다.
 심는 식물이 뿌리가 있는 구근류라면 심을 구덩이에 거친 부엽토와 산이끼나 고사리 뿌리를 적당히 섞은 흙을 넣은 다음, 그 위에 구근을 올려놓고 산이끼로 눌러 준다. 넉줄고사리, 석곡 등의 착생성 식물은 심을 구멍에 수태나 산이끼를 엷게 펴서 그 위에 뿌리를 넓혀 다시 수태로 뿌리를 덮는다. 줄기는 끈 등으로 움직이지 않도록 감아 준다. 이렇게 심은 고목은 실내의 밝은 곳에 장식해도 좋으며, 해가 진 후에 옥외에서 물을 주고 아침까지 밤이슬을 맞힌다. 석부작과 달리 2~3회에 한 번은 옮겨 심는다.
 이 외에도 야생화 심는 방법으로 모아 심는 방법이 있다. 같은 자생지의 몇 종류 식물을 한 화분에 심는다. 이와 같이 함으로써 옮겨심기를 할 필요가 없고 단식하는 것보다 훨씬 좋은 생육을 하는 것이 많다.

제4장 물주기와 비료 시비법

1. 식물과 토양 속의 물

식물체 내에는 많은 물이 함유되어 있다. 이 다량의 물이 식물의 물질대사에 중요한 역할을 하고 생명을 지지해 주고 있다. 뿌리로부터 흡수되는 물은 토양 속의 양분이 녹아 있으며 식물체 내의 각 부분에 운반된다. 양분을 운반하는 물의 대부분은 증산작용에 의해 식물체 외로 배출된다. 식물은 이 증산에 의해 체온을 조절하고 한여름의 고온을 견딘다.

식물이 일생 동안 증산하는 물의 양은 아주 많다. 식물체가 건물(乾物) 1g을 생산하기 위해서 필요한 수분의 양을 그 식물의 증산 계수 또는 요수량이라고 하고, 그것은 대개 200~800cc의 범위에 있다. 종류가 같은 식물일지라도 기후와 기타 조건에 의해 필요한 물의 양은 다르다.

식물이 정상적으로 자라기 위해서는 토양에 적당한 물이 포함되어 있어야 한다. 식물에 필요한 물은 토양에서 공급된다. 따라서 토양이 식물에게 얼마만큼 유효한 물을 공급할 수 있는가가 생육에 영향을 준다. 토양에 함유되어 있는 물은 크게 중력수(=중력의 작용으로 자유롭게 이동하는 지하수), 모관수(=지표 근처의 토양의 입자를 채우고 있는 지하수), 흡착수(=지표 가까이에 있는 흙 알갱이의 겉면을 싸고 도는 지하수)의 세 가지로 나눌 수 있다.

집안 정원 토양이나 화분에 빗물이나 관수로 다량의 물을 주게 되면 일부는 유거수(=지표면을 흐르는 빗물)로서 토양 표면을 흐르고, 일부는 땅속에 스며들어 지하수로 된다. 이와 같이 화분에 있는 여분의 물은 화분 밑으로 흘러 나간다. 중력에 의해 자유로이 움직이는 물을 중력수라고 한다.

이 중력수는 토양의 통기를 방해하고 식물에는 불필요한 물이 된다. 또 양분을 유출시키므로 바람직하지 않으나, 반면에 토양 속에서 생긴 유해 물질을 흘려보낸다든지 새로운 공기를 보내 주는 등의 일도 한다. 또 지하수로 되어 다시 지표로 이동해서 이용된다.

흡착수는 토양 입자의 표면에 극히 얇은 피막으로서 흡착된다. 이 표면은 1만 기압의 강한 힘으로 결합하고 있으므로 식물이 이용할 수 없는 물이다. 흡착수의 외측을 싸고 토양 알갱이 사이의 작은 간격이 표면 장력에 의해 보존되고 모관 작용에 의해 조금씩 움직여서 식물에 흡수되는 물이 모관수이다. 이 모관수야말로 식물에 있어서 대단히 중요한 물이다.

2. 식물에 소용되는 물

토양에 다량의 물을 주어 포화 상태가 된 토양에서 중력수가 배수되고도 토양에 남아 있는 수분량을 포장 용수량이라고 한다. 이 물은 지표로부터 소실된다든지 식물에 흡수되어 조금씩 감소한다. 토양의 수분이 감소되고 뿌리로부터 흡수되는 물의 양이 증산으로 없어지면 식물은 시들기 시작한다.

이 단계를 초기 위조점(wilting point, 萎凋点)이라고 한다. 물이 끊어지기 시작하는 시점이며, 반드시 물을 주어야 한다. 위조점에서 물이 공급되지 않으면 식물은 완전히 시들어 버리며, 포화 증기 속에 넣어도 회복되지 않는다. 이 단계를 영구 위조점이라고 한다.

말하자면, 이 단계에서는 완전히 물기가 끊긴 것으로, 식물은 다시 살아나지 않는다. 토양에 들어 있는 수분 중 식물에 유효한 수분이란 포장용수량에서 초기 위조점에 미치는 범위의 물이라고 할 수 있다. 토양에 따라서 다르나, 1L의 토양에 대하여 50~200cc 정도가 된다. 또 일반적으로 가장 적당한 토양의 수분 함량은 50~80%이다.

3. 물주기의 포인트

토양의 변색 등으로 건조 정도를 판단한다. 즉 감(勘)에 의해 호적수분 함량에 접근하게 된다. '물주기 3년'이라는 말도 여기에 있다.

물주기의 기본은 '마르는 것을 기다려 충분히 주고 물기가 끊기는 것을 피한다.'는 말로 대신할 수 있다고는 하나, 실제로는 하루 종일 화분 옆에 붙어 있을 수는 없다. 재배하고 있는 식물의 생태적 특성으로 보아 허용되는 범위에서 자기 나름대로의 관리법에 맞는 토양이나 화분을 고르고 심는 방법도 강구해야 한다.

하루에 한 번 물주기로 무리 없이 키울 수 있는 것이 중요하다. 시드는 것을 두려워하거나, 애정 때문에 자주 물을 주게 되면 토양이 마를 틈이 없어 식물은 과습의 피해를 받게 된다.

과습은 토양의 산소 공급을 방해하고 뿌리가 호흡곤란이 되어 생육에 저해를 받는다. 더구나 고온 시에는 유해 물질이 생성되는 등 뿌리의 기능을 잃어 뿌리 썩음을 일으키는 원인이 된다.

'물기가 마르는 것에 주의하면서 과습을 절대로 피한다.'

이것이 물주기의 포인트이다. 물론 특수한 식물의 경우 그 특성에 대응하는 조정이 필요한 것은 말할 것도 없다.

4. 노지에서 물주기

심을 때를 제외하고는 특별히 관수할 필요는 없다. 그러나 여름의 건조기에는 토질, 지형 또는 식물의 종류 등에 의해서 관수가 필요하게 된다. 한낮에는 관수를 피하고, 석양의 관수도 식물을 도장시킬 수 있어 가급적 피하는 것이 좋다.

5. 화분 식물의 물주기

화분 식물의 물주기는 화분이나 흙의 성질, 화분의 크기나 두는 장소, 날씨, 식물의 성질 등에 의해 횟수나 양이 달라진다. 그렇기 때문에 관수의 양이나 횟수를 정하는 것은 의미가 없다. 어디까지나 체험에 의해 자신만의 물 주는 포인트를 찾는 것이 중요하다.

여기에서는 일반적으로 기준이 되는 구체적인 예를 들어 본다.

- 봄과 가을은 1일 1회로 한다. 아침 1회의 물주기로 끝나는 토양이나 화분을 골라 심는 것이 좋다.
- 여름은 아침과 저녁의 2회로 한다. 내건성이 있는 것 등을 제외하고 아침 1회의 물주기는 무리가 있다. 1회 물주기를 할 때에는 물빠

짐이 좋은 토양이나 큰 화분을 쓰게 된다. 이와 같이 심는 방법으로는 뿌리의 발육을 방해할 위험이 있다. 일반적으로는 2회를 주는 것이 좋다.

- 겨울에는 건조하면 준다. 풍란, 석곡 등과 같이 휴면하는 것을 제외하고는 겨울에 물기가 끊어지면 치명상을 받을 수 있다.

건물의 북측에서 얼어 버리는 장소는 화분을 따뜻한 곳으로 옮긴다든지 화분을 토양에 묻는다든지 해서 수분이 부족한 것을 막는 방법도 있다. 물주기는 2~3일 간격으로 낮의 따뜻한 시각에 하는 것이 무난하다.

이와 같이 계절에 따라 물주기의 횟수가 달라지는데, 어느 경우이든 토양이 마르면 준다. 물빠짐만 좋으면 하루의 요구량을 충당할 수 있는 정도의 토양을 만들어 매일 물을 주는 것이 좋다. 하루 1회의 물주기를 기본으로 하여 여름과 겨울은 각기 조절하면 좋다.

화분 식물의 물주기에 대하여 그 눈어림(수량이나 크기 따위를 눈으로 보아 대강 짐작하여 헤아림.)을 들었는데, 이 외에 몇 가지 주의해야 할 점을 들어 보자.

- 작은 화분은 물끊임이 빠르다. 차광, 이중 화분, 습기 있는 모래 위에 둔다든지 해서 수분이 부족한 것을 방지할 필요가 있다.
- 꽃에는 물을 뿌리지 않도록 한다. 꽃잎에 물이 닿으면 병해가 발생하거나 얼룩이 져서 보기 좋지 않다.
- 대량의 화분에서는 고무호스 끝에 산수노즐을 붙이면 편리하나, 수압으로 토양의 입자 구조를 파괴하여 물빠짐을 나쁘게 하는 경우가 있으므로 주의한다. 물뿌리개 끝을 뺄 수 있고 물방울의 크기와 강

도를 조절할 수 있는 물뿌리개를 준비하는 것이 비료의 유출도 적게 할 수 있다.
- 장마 때는 토양이 습한 것 같이 보여도 속은 건조한 경우가 있으므로 수분 유지에 주의한다.
- 화분 속에까지 충분한 물이 스며들도록 하기 위해서는 한 번 준 다음 다시 재차 주면 잘 스며든다.
- 렌즈 효과: 한 여름 고온 시 엽면관수를 하게 되면 잎에 남아 있는 물방울이 태양 광선의 빛을 받아 볼록렌즈 역할을 하기 때문에 잎이 타 버리는 경우가 생기므로, 한여름의 엽면관수는 피하는 것이 좋다.

제5장 식물에 필요한 양분

식물의 몸에는 수많은 원소가 들어 있다. 이들 원소 중 식물의 생육에 없어서는 안 될 성분을 필수 원소라고 한다.

1. 필수 다량 원소

필수 원소 중 식물이 필요로 하는 양은 비교적 많다. 탄소(C), 산소(O), 수소(H), 질소(N), 인산(P), 칼륨(K), 칼슘(Ca), 유황(S), 마그네슘(Mg) 등이 여기에 포함된다.

2. 필수 미량 원소

극히 미량이기는 하나 없어서는 안 되는 것으로 철(Fe), 붕소(B), 망간(Mn), 구리(Cu), 아연(Zn), 몰리브덴(Mo), 염소(Cl) 등이 있다.

이들 원소 중 탄소, 산소, 수소는 공기 중의 탄산가스, 산소가스 및 물에서 각기 잎과 뿌리로 흡수하게 된다. 이 외의 원소는 토양으로부터 흡수되는데, 식물 생육에 필요한 대부분의 양분은 뿌리로부터 흡수된다.

따라서 토양 속에서 한 가지의 원소라도 부족하게 되면 식물의 생육은 억제되고, 완전히 결핍되면 생육은 물론이고 그 생명마저 유지할 수 없게 된다. 산과 들에 자생하는 식물은 큰 나무 밑에는 작은 나무, 또 그 밑에는 야생 초화류들이 생육하고 있다. 이것은 생육에 없어서는 안 될 원소들이 자연히 알맞게 공급되고 있기 때문이다. 즉 토양에 함유되어 있는 원소 외에 공중에서 생성된 질소 화합물이 물에 녹은 것, 지표나 지중의 미생물에 의해 고정된 것, 공중질소 같은 미생물에 의해 분해된 동식물의 유체나 배설물 등이 식물의 생육에 필요한 원소를 공급해 주는 것이다.

식물에 흡수된 원소는 직접, 간접으로 재차 환원되고, 그것에 의해 토양은 식물을 키우는 힘이 증가하게 되는 것이다.

비료는 왜 필요한가? 밭에 재배되고 있는 작물은 특별히 비료를 주지 않으면 자라지 않는다. 같은 식물이면서 이와 같은 차이는 왜 일어나는가를 이해할 필요가 있다.

3. 비료

작물이란 원래 야생식물을 인간의 목적에 의해 개량한 것이다. 이들 작물은 논과 밭에서 재배되며, 사람에 의해 보호되면서 여러 가지 원소를 흡수하여 생육하며 적당한 시기가 되면 수확된다.

재배 식물은 화전에서 출발하여 땅의 힘을 키우는 데 주안을 둔 농법도 현대에 와서는 수확 중 겨우 일부가 퇴비나 깔짚 등으로 토양에 되돌려지거나 또는 환원될 수 없게 되었다. 이와 같이 한 지역에 한 종류의 식물을 계속해서 심게 되면 식물이 필요로 하는 원소는 차츰 감소하고 작물은 충분한 생육을 할 수 없게 된다. 이 잃어버린 원소를 보충하고 생산량을 높이기 위하여 주는 것이 비료이다.

반세기 전까지는 인간과 가축의 배설물, 콩깻묵, 깻묵, 어분, 청초 등이 주요 비료였으나, 지금은 많은 화학 비료가 개발되어 다량으로 쓰이고 있다.

4. 비료의 작용

토양에 부족하기 쉬운 원소는 질소, 인산, 칼리의 3원소이다. 이것을 비료로 살포할 경우 비료의 3요소라고 한다. 여기에 칼슘, 마그네슘을 더하여 5요소가 식물을 키우는 데 있어 중요한 요소인데, 이외에 미량 요소도 부족할 경우 비료로 시비하게 된다.

이들의 주된 작용은 다음과 같다.

1) 질소(N)

단백질을 구성하는 원소의 하나로 세포 수 증가 등 식물의 생장에 깊은 관계를 갖는다. 생육의 초기부터 생장기에 많이 주고, 개화기에는 비료의 양이 적어지도록 한다.

개화기에 질소가 과다하면 영양 생장으로 치우쳐 개화, 결실이 나빠진다. 너무 과하면 식물이 연약해지며 병에 걸리기 쉬우므로 주의한다. 하지만 부족하면 잎의 황반으로 생육이 쇠퇴해진다. 대부분을 밑거름

질소

으로 시용하고, 생육하는 모습을 보아 가면서 때때로 추비로서 시비한다.

2) 인산(P)

인산은 원형질의 구성과 관계가 있다. 동화작용, 호흡작용 등의 물질대사나 에너지대사에 대해 작용하여 결실을 돕고 식물을 튼튼하게 한다. 산성 토양에서는 알루미늄 등과 결합하여 식물에 흡수되지 않게 된다. 퇴비와 섞어서 시용하고 토양에 직접 접촉하지 않도록 하면 좋다. 종자 속에 많이 함유되어 있고, 발아와 동시에 중요한 작용을 한다. 밑거름으로 주는 것이 원칙이다. 부족하면 뿌리의 신장이 나빠져서 꽃 색깔이나 결실률도 나빠진다.

인산비료

3) 칼리(K)

식물체 내에서 생리적 대사를 돕고 세포막을 두껍고 튼튼하게 한다. 줄기나 잎을 튼튼하게 하고 뿌리의 생장을 돕는다. 부족하면 연약하게 되어 병에 걸리기 쉽다. 특히 질소를 많이 준 것에 칼리가 부족하면 단백질의 합성이 잘 되지 않기 때문에 뿌리로부터 흡수된 질소는 암모니아나 황산으로 식물체 내에 남는다. 이 때문에 병에 걸리기 쉬우므로 주의한다.

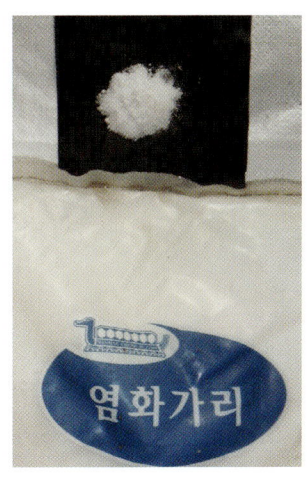

칼리(염화가리)

4) 칼슘(Ca)

세포와 세포 사이에 있는 펩틴산과 결합하여 조직을 단단하게 하고 식물을 튼튼하게 한다. 토양 속에 많이 함유되어 있으므로 결핍되는 일은 없으나, 최근에는 양분으로서 시용할 필요가 있는 곳이 많아졌다. 산성 토양을 개량하는 작용을 한다.

5) 마그네슘(Mg)

엽록소를 보충하는 성분으로, 식물체 내에서는 인산의 이동을 돕는 등 중요한 역할을 한다. 식물의 요구량은 적고 토양에도 비교적 많이 함유되어 있으나 산성이 강한 토양에서는 결핍되기 쉽다. 고토석회를 밑거름으로 시용하면 좋다.

5. 비료의 종류와 특성

비료의 종류를 크게 나누면 다음과 같다.

1) 유기질 비료
유박, 골분, 계분 등 미생물에 의해 분해되어 흡수된다. 저온기의 분해는 느리다.

2) 무기질 비료(화학 비료)
화학적 방법으로 제조된 비료이다. 질소, 인산, 유안, 과인산석회, 황산, 칼리 등으로 속효성이며, 농도 장해에 주의해야 한다. 유효 성분 함유량이 높아 장기간 사용하면 토양이 산성화되거나 악화된다. 유기물 비료와 병용하는 것이 좋다.

3) 액체 비료

하이포넥스 등을 물에 녹여 사용하며, 속효성으로 효과가 빠르게 나타난다. 생육에 따라 시비의 조절이 용이하며, 농도 장해에 주의해야 한다. 잎으로부터 흡수되므로 뿌리로 양분 흡수가 좋지 않을 때 이용된다. 시중에는 다양한 제품이 출시되어 있으므로 제품별로 성분 함량을 잘 확인하여 구입할 필요가 있다.

6. 시비의 기본

산과 들에 생육하는 식물은 꽃을 피우고 열매를 맺어 자손을 남기는 life cycle을 가지며 생활한다. 이것은 자생지의 토양과 환경에 식물의 생육 관계에 요구하는 성분이 알맞게 함유되어 있기 때문이다. 이들 식물을 가정 정원에 옮겨 심거나 정원식 화분 심기를 하게 되면 비료의 부족이 생길 경우가 많다. 그러므로 원하는 대로 자라지도 않으며 농도 장해로 시드는 일도 있다. 시비의 기본은 식물의 생태와 작용을 이해하고 그 식물에 알맞은 비료를 적절한 시기에 적량을 주는 것이 중요하다.

1) 식물의 생태를 알아야 한다

같은 야생화라도 마을 근처에서 자라는 것, 초원의 토양이 기름진 곳과 자갈이 있는 곳에서 자라는 것, 풍란 등의 착생 난, 이른 봄에 꽃이 피고 서둘러 지는 것, 고산대의 바위에서 자라는 것들은 모두 각기 비료를 요구하는 정도와 시기가 다르다. 일반적으로 자연환경하에서 자생하는 식물은 비료의 요구량이 적다.

2) 시비의 시기
생육에 반응된 시비가 필요하다.
- 밑거름은 발육 개시 시에 시비한다. 성장이 약한 식물은 포기나누기, 옮겨심기 후 뿌리가 활착 된 후에 주는 것이 좋다.
- 추비(追肥)는 왕성한 발육기에 상태를 보아 가며 준다. 숙근성의 것은 꽃이 진 후 인산, 칼리를 추비하여 포기가 충실해지도록 한다.

3) 비료 고르기
- 식물의 생태에 알맞은 3성분의 조화가 좋은 것을 고른다. 일반적으로는 질소가 부족되기 쉽다. 부족분은 단비 등으로 보충한다.
- 화학 비료는 일반적으로 속효성(rapid action, 速效性)으로 밑거름, 웃거름으로 한다.
- 유기질 비료는 속효성 미생물이 적은 모래의 용토에 밑거름, 웃거름으로 사용한다. 밑거름은 식물이 왕성하게 생육하는 시기에 분해하기 때문에 이상적이다. 웃거름은 분해에 요하는 일 수만큼 빨리 주거나 화학 비료 등으로 보충한다. 유박의 분해는 여름일 때 7~10일, 가을이면 20일 정도 걸린다.
- 완효성(slow-releasing, 緩效性) 비료는 밑거름으로 한다. 녹아 나오는 양은 적으므로 다비를 좋아하는 것에는 많이 준다. 또는 속효성의 것으로 보충하도록 한다.
- 액체 비료는 추비용, 뿌리가 약한 것, 다른 비료의 보조용으로 사용하고, 물주기를 겸하여 여름에는 5~7일에 한 번 정도가 표준이다.
- 엽면 살포는 뿌리가 상한 것, 비료 때문에 일어나기 쉬운 또는 생육

을 조절하는 데 좋은 것 등에 하며, 한낮의 사용은 잎을 상하게 하므로 주의한다.

7. 야생화의 비료 주는 법

1) 토양에 심기

다비를 좋아하는 것에는 복합 비료(22-22-22)등 1㎡에 100g을 전체의 토양에 깊게 섞는다. 포기심기에서는 대형종 8g, 소형종 3g을 포기 밑의 토양과 잘 섞어서 심는다. 식물이나 비료의 종류 등으로 조절한다.

2) 화분에 심기

튼튼하고 다비를 좋아하는 종류에는 5호분에 2g 정도가 표준이며, 일반적으로는 유박에 골분을 섞어 물을 주어서 발효시켜 지름 2㎝ 정도 고형으로 건조시킨 것을 5호분에 1~2회 주는 정도가 좋다. 부족분은 선선할 때 엽면 시비로 보충한다. 모래가 많은 토양에서는 단번에 많은 양의 비료를 주는 것은 농도 장해의 요인이 되고, 사토에서는 비료를 유지하는 힘이 없다. 유실되기 쉬우므로 액체 비료로 1,000배 액을 한 달에 2회 정도 준다. 풍란, 석곡 등에는 엽면 시비의 표준액을 묽게 한 것이 효과적이다.

야생화의 시비는 싹이 틈과 동시에 시작하나, 이른 봄에 꽃이 피는 것은 꽃이 진 후와 가을의 비배에 힘쓴다. 꽃봉오리가 보이기 시작하면 비료를 줄이고 잎이 떨어지면 끊는다. 여름의 고온기는 피하고, 묽게 한 것을 여러 번 많이 준다. 직접 뿌리에 닿지 않도록 한다. 옮겨심기를 한 후는 뿌리가 활동하기 시작부터가 시비의 포인트다.

제6장 옮겨심기

1. 옮겨심기의 목적

 옮겨심기에 의한 뿌리의 절단은 식물의 생육을 일시 중단시키는 것이 된다. 그래서 식물의 생육에서만 본다면 옮겨심기는 바람직한 일은 아니다. 그렇다면 옮겨심기를 하지 않는 편이 좋은가 하면 그렇지도 않다. 그 이유는 옮겨심기를 하지 않아서 일어나는 불리한 면들이 많기 때문이다.
 화분 식물은 한정된 화분 토양 속에 뿌리가 생육한다. 식물을 심었을 때에는 단립 구조를 한 이상적인 토양도 관수로 인해 서서히 부서져서 가는 입자가 틈새에 쌓이고 물빠짐이 나빠진다.
 시간이 지날수록 뿌리는 화분 속에서 밀집하며, 화분이 포기로 가득 차 버린다.
 토양의 악화와 뿌리의 생육이 토양의 배수와 통기를 방해하고 뿌리의 활동을 억제하여 식물을 시들게 하는 일도 있다. 이와 같이 옮겨심기를 하지 않을 경우 식물의 생육을 저해하므로 옮겨심기에 의한 근권(根圈, 식물 뿌리 작용이 미치는 범위의 토양) 환경의 개선이 필요하게 된다.
 따라서 옮겨심기는 몇 년에 한 번이라고 정해진 것은 아니다. 야생화의 옮겨심기는 매년 하는 것이 표준으로 되어 있다. 화분에 심은 것이나 수태에 심어서 매년 옮겨심기를 하는 것도 있으나, 식물에 따라서는 수

옮겨심기

년간 그대로 두어도 좋은 것이 있다.

식물의 종류, 뿌리가 화분에 가득 찬 정도나 토양의 배수 상태를 보아 적기에 하는 것이 좋다.

2. 옮겨심기의 시기와 방법

옮겨심기는 생육의 최성기를 피하는 것이 기본이다. 꽃눈의 형성기나 꽃망울이 있을 때도 피한다. 초여름부터 가을에 걸쳐서 꽃이 피는 식물은 이른 봄 눈(芽)이 움직이는 직전이 적기이며, 추위에 강한 것들은 가을도 좋다. 고산성의 식물 등은 꽃이 진 후 바로 하는 것이 일반적이다.

옮겨심기를 하기 전은 물을 주지 말고 화분의 흙을 약간 건조 상태로

야생화 재배 55

해 두면 작업하기 쉽다. 외부에 화분을 두어 많은 비를 맞는 것이 염려될 때는 2~3일 전에 처마 밑에 놓으면 좋다. 먼저 화분에서 뽑아 뿌리가 뻗은 정도를 조사한다. 뿌리가 많아서 화분에서 빠지지 않는 식물은 화분과 뿌리 사이에 칼을 한 바퀴 돌려 화분 바닥까지 꽂으면 쉽게 화분에서 뽑힌다. 뿌리가 잘 뻗어 있는 것은 뿌리에 많이 붙어 있는 토양을 털고 뿌리 끝을 약간 절단한 후 더 큰 화분에 새 토양으로 심는다. 화분을 큰 것으로 하지 않을 때는 화분에 들어가도록 뿌리를 잘라 준다.

뿌리가 너무 차고 뿌리가 상처를 받은 것이나 썩은 부분은 도려내고 심는다. 뿌리가 별로 뻗지 않은 것은 주위의 토양을 약간 털어내고 큰 화분에 심으면 좋다.

제7장 식물의 번식법

식물의 번식에는 실생(=종자), 삽목, 포기나누기, 취목, 접목, 분구 등이 있다. 이 외에 조직배양을 이용하기도 한다.

식물에는 종자가 익지 않는 것이나 발아가 나쁜 것이 있다. 또 삽목해도 발근하지 않는 것도 있다. 종류에 따라 각기 증식법이 다르므로 식물의 성질과 증식 목적에 따라 그 방법을 선택하면 된다.

야생화는 주로 실생, 삽목, 포기나누기로 번식하는 것이 일반적이다.

1. 실생 번식

실생은 어미 포기가 상하지 않고 대량으로 묘를 얻을 수 있다. 돌연변이에 의해 어미와 다른 개체가 얻어지는 등의 효과도 볼 수 있다. 발아에서 결실까지 식물의 일생을 자기 눈으로 확인하는 것은 재배의 기본을 이해하는 데 귀중한 체험이 된다.

옮겨심기 전 묘종

종자의 발아에는 적당한 온도, 물, 산소가 필요하다. 많은 재배 식물은 이들의 조건이 갖추어지면 일제히 싹이 나오나, 야생식물 중에는 발아를 하지 않고 휴면하는 종자도 많이 있다. 이들 종자는 성숙 후 일정 기간을 경과하지 않으면 발아하지 않는다. 이 때문에 인공적으로 약품을 처리한다.

휴면을 타파하기 위해서는 습기를 주고 저온에 두면 발아가 빨라지는 방법을 이용한다. 야생화의 씨뿌림은 종자를 받은 즉시 파종이 이상적이다. 바로 발아하는 것도 있으나, 겨울의 저온을 거쳐야만 발아하는 것도 있다. 자금우, 범부채 등과 같이 종자 껍질이 딱딱한 것은 과육을 벗기고 파종하는 것이 발아율을 향상시킨다.

실생 시기와 방법은 다음과 같다.

종자가 익으면 바로 파종하는 것이 이상적이나 장기간 발아하지 않는 것은 건조와 겨울의 추위에 의해 종자가 동사한 경우이다. 또 가을에 움이 트는 것은 월동을 하기 위해서이다. 월동 관리가 어려울 것 같으면 봄에 씨뿌림을 하는 것이 무난하다.

처음에 종자를 파종할 경우 직파 이외에 파종 시기나 파종 용토를 달리하여 발아 상황이나 그 후의 생육 양상을 알 수 있다. 용토는 부엽토, 인공용토, 천사, 수태 등의 단용이거나 토양과 수태를 섞어도 좋다. 될 수 있는 한 청결한 것이 좋다.

파종상의 크기는 종자의 양으로 결정한다. 작은 화분에서는 수분이 빨리 마르기 때문에 건조 정도를 주의하며, 중·대형의 화분의 높이가 낮고 편평한 화분 등이 관리하기 쉽다.

토양을 사용한 파종상은 화분에 심는 것에 준해서 토양을 채우나, 위쪽 토양은 되도록 가는 것으로 평평하게 한다. 수태 단용의 경우는 물에 적서서 짠 것을 채워서 평평하게 한다. 그 위에 마른 수태를 손으로 비벼 엷게 깔고 관수한다.

　미세 종자는 복토를 하지 않는 편이 좋으며 파종상 위를 유리나 신문지로 덮어 공중습도를 유지해 준다. 발아가 시작되면 덮었던 것을 걷어 내고 서서히 볕을 쪼인다. 만일 발아 후 신문지를 걷어 내지 않으면 어린 묘가 웃자라거나 광합성 작용을 하지 못해 노랗게 변하고, 갑자기 햇볕을 보면 자칫 묘가 상할 우려가 있으므로 주의해야 한다.

　큰 종자는 종자의 두께만큼 토양을 덮고 햇볕이 닿는 곳에서 물주기에 주의한다. 수태에 파종한 것은 이식 시에 뿌리가 끊기기 쉬우므로 주의한다.

2. 삽목 번식

　식물체의 줄기나 잎 또는 잎과 줄기, 뿌리를 함께 잘라서 삽목상에 꽂고 독립된 개체로 재생시키는 방법을 삽목이라 한다. 삽목은 크게 엽삽, 줄기삽, 근삽의 3가지로 나눈다. 어느 방법으로 증식시킬 것인가는 증식 목적과 식물의 특성에 따라서 결정한다. 즉, 절단 조직에 새로운 눈이나 뿌리를 형성하는 능력이 있는지 없는지를 보고 정

삽목 번식

하게 된다. 근삽은 안 되는데 엽삽이 되는 것, 근삽은 되는데 엽삽은 되지 않는 것 등 각기 식물에는 특성이 있으므로 잘 고려해야 한다.

삽목에서는 모체와 같은 형질의 개체를 간단하게 늘릴 수 있으며, 종자가 생기지 않는 식물에서도 발근 능력이 있는 것이라면 증식할 수 있는 장점이 있다.

야생화 중에는 삽목 번식에 의해 늘리는 것이 많다.

3. 삽목의 적기

삽목하기 가장 좋은 시기는 삽수의 영양 상태가 좋고 발근에 좋은 시기를 말한다. 야생식물은 일반적으로 이른 봄에서 가을까지라면 어느 때나 할 수 있다.

그러나 잎이나 줄기가 굵어지고 삽수를 충실하게 하려면 장마 무렵이 좋고 온도나 습도면에서 보아도 적기이다. 한여름의 고온 시에는 썩기 쉽고, 늦가을에는 발근이 나빠지는 것이 많다.

4. 삽목용토

마사토, 천사, 피트모스(peatmoss), 버미큘라이트(vemiqulite), 펄라이트(pelite), 수태 등을 단용 또는 혼용하여 사용하는 것이 일반적이다. 배수와 통기성이 좋고 병원균에 감염되지 않은 청정한 토양을 고르는 것이 원칙이다.

화분이나 상자 등에 채우는 용토의 깊이는 거친 토양 위 6~8㎝ 정도로 하며, 화분 식재에 준하여 채우면 좋다.

5. 삽수의 준비

삽수는 충실한 것을 10~15㎝의 길이로 끊는다. 토양에 꽂을 부분의 줄기에 붙어 있는 잎은 제거한다. 절단 부위는 예리한 칼로 매끄럽게 다듬어서 물에 꽂아 두고 1~2시간 물을 흡수시킨다.

삽수의 잎은 많은 편이 발근 호르몬이나 동화 양분의 합성에 바람직하다. 균형이 맞지 않게 엽수가 많으면 발근을 나쁘게 하는 수가 있다. 식물의 종류나 삽목 시기에 따라서 잎 끝 1/3~1/2 정도를 절단한다.

6. 삽목 방법

잎과 토양이 닿지 않을 정도로 다소 비슷하게 꽂는다. 삽수의 안정을 좋게 하기 위하여 일반적으로는 경사지게 꽂는다. 하지만 관수 등을 고려하여 반드시 기울게 꽂을 필요는 없다.

꽂는 깊이는 삽수의 1/3 정도가 표준이며, 삽수의 길이에 따라 조절한다. 삽

트레이 삽목

수의 절단 부위에 상처를 주지 않기 위해서 가는 봉으로 구멍을 뚫어서 꽂는데, 본수가 적으면 손가락으로 구멍을 뚫어서 꽂고 눌러 준다. 줄기 밑을 손으로 눌러 주고 밑에서 물이 흐를 정도로 관수하여 토양을 가라앉힌다.

한나절 정도 그늘에서 물기가 끊이지 않도록 하며, 시들지 않는 한 광을 쪼여 주는 편이 발근에 좋다.

7. 포기나누기

식물의 뿌리를 붙여서 나누는 방법을 포기나누기라 한다. 삽목이나 실생에 비해 단번에 수를 늘리기는 어려우나, 시기적 제약도 적고 가장 안전한 증식법이다. 종자나 삽목으로 증식할 수 없는 종류나 계통의 보존 시에 많이 사용한다.

포기나누기는 주로 다년초, 화목, 관상식물 등에서 이루어지며, 포기를 늘리는 목적 외에 포기의 갱신이나 옮겨심기를 겸하는 것이 보통이다. 하지만 화분에 눈(芽) 하나를 심은 작고 어린 묘가 몇 년 후에는 큰 포기가 되어 훌륭하게 관상 가치를 가지는데, 그 후 차츰 꽃 붙는 것이 나쁘고 꽃이 적어지기도 한다. 이런 경우 포기를 나누고 묶은 뿌리나 잎을 잘라 내고 새로운 장소에 옮겨 심으면 보기 다르게 생육이 왕성해진다.

8. 포기나누기의 적기

숙근초는 종류에 따라서 2~3년이면 화분에 뿌리가 찬다. 일반적으로 초세가 가장 왕성했을 때를 한계로 하여 차츰 생육은 떨어진다. 이 시기에 도달했을 때가 식물 생육으로 본 포기나누기 적기이다.

계절별 포기나누기 적기는 봄에서 초여름에 개화하는 종류는 개화 직후나 가을이 좋고, 초여름에서 가을에 개화하는 종류는 봄에 하는 것이 좋다. 새순이 굳어지지 않은 초여름의 포기나누기는 튼튼한 식물 이외에는 하지 않는 것이 좋으며, 이때에는 줄기나 잎이 상하기 쉽다.

화목류의 포기나누기는 옮겨심기를 겸해서 하는 경우가 많다. 이 때문에 정식이나 이식의 적기가 포기나누기의 적기이다. 낙엽 지는 식물은 2~3월, 상록성 식물은 6~7월에 하는 편이 좋다.

야생화는 지하경을 쓰는 것, 포기나누기하는 것, 포기나누기가 많은 것 등은 포기나누기로 늘리면 좋다. 생육이 왕성하지 않은 것을 무리하게 나누면 포기가 쇠약해지니 주의한다.

야생화의 포기나누기 적기는 숙근과 거의 같다. 고산성 식물로 개화가 빠른 것은 개화 후 초여름까지의 사이에 하면 좋다. 이와 같이 포기나누기에 적합한 시기는 정해져 있다. 이것은 주로 개화기와 포기나누기에 의해 식상의 회복 상태에 따라 정한 것이다.

즉, 다음 개화를 저해하지 않기 위해 그때까지는 충분히 회복될 수 있는 기간을 갖게 한 시기가 포기나누기의 적기이다. 여기서 극단적인 표현을 한다면, 꽃을 바라지 않는다면 한여름이나 한겨울을 제외한 거의 모든 시기에 포기나누기가 가능하다. 물론 여름을 넘길 때나 겨울을 날 때에는 특별한 대책이 필요하다.

포기나누기를 할 경우에는 그 목적을 확실히 할 필요가 있다. 포기나누기를 한 해에도 꽃을 피우게 할 것인가, 꽃을 피우지 않고 한 포기라도 더 많이 늘릴 것인가에 따라 나누는 포기의 크기가 달라진다. 증식이 목적이라면 1~2개의 눈을 붙이면 좋다. 개화 목적이라면 3~4개 이상은 붙여야 한다.

　새우난 같은 것은 묵은 벌브를 2~3구 붙이지 않으면 개화가 곤란하다. 화분의 용토는 가능한 한 새로운 토양을 쓰는 것이 좋다.

제8장 식물의 생육과 환경 요인

1. 온도와 생육

 식물이 가장 잘 생육할 수 있는 온도를 최적온도라고 한다. 최적온도는 일반적으로 식물의 자생지에서와 같은 생육기의 낮 기온이 같고 또 생육 가능한 최저, 최고온도에 가까운 것을 의미한다.
 식물의 생육은 최저온도와 최고온도의 범위에서는 온도가 높아짐에 따라 왕성해진다. 최고온도를 넘으면 생육 활동은 정지한다. 그리하여 그 상태가 일정 시간 이상 계속되면 생육 활동을 재개할 수 없게 된다.
 고온에 의한 생육 저해 원인은 다음과 같다.

- 원형질이 응고한다.
- 산소의 활동이 나빠진다.
- 광합성이 저하된다.

 식물의 생장은 식물체 내의 화학 반응이 조합해서 일어난다. 따라서 온도가 상승함에 따라 반응이 활발해지고 생육은 왕성하게 된다. 최고온도 이상이 되면 그 반응은 쇠약해지며 생육은 나빠진다.
 일반적으로 식물체의 원형질은 온도가 54℃를 넘어가면 세포는 죽는

난 재배 농장

다. 수목의 줄기가 급격히 광을 받으면 동고를 일으키는 것은 이 때문이다. 또 식물체 내에서 넓게 되풀이되는 많은 화학 반응은 여러 가지 효소의 역할에 의한다. 이 효소에는 각기 가장 적합한 온도가 있다. 그 온도 조건에서 최대의 활동을 하나, 그 이상 온도가 되면 차츰 활동을 잃게 된다. 한편, 광합성은 충분한 광과 CO_2가 있을 경우 온도가 높아짐에 따라 왕성하게 된다. 그러나 일정 온도 이상 온도가 높아지면 높아질수록 광합성이 줄어든다.

    이것은 식물체 내 요소가 온도가 높아질수록 광합성에 영향을 주기 때문이다. 이러한 식물체 내 요소를 시간 요소라 한다. 이 시간 요소의 기구는 고온 때문에 광합성에서 만들어진 식물의 생각만큼 몸이 각부에 옮겨지지 않는다든지 광합성에 관계하고 있는 산소가 충분하게 활동할 수 없게 되었기 때문이라고 생각되고 있다. 또 일설에는 온도가 상승하면 광합성에 의해 만들어지는 산물보다 호흡작용에 의해 소비되는 물질의 소비 쪽이 많아지기 때문이라고 한다. 이와 같은 시간 요소를 받아들인 광합성의 최적온도는 광합성 속도가 높아진 후부터의 시간이 될 수 있는 한 길게 계속되는 온도를 말한다. 이 최적온도는 식물의 종류에 따라 달라지는데, 일반적으로 추운 지방보다 따뜻한 지방에 자생하는 것일수록 높다.

녹색 식물의 광합성 최적온도는 20~35℃이다. 일반적으로 온대지방의 식물은 20~25℃, 열대지방의 식물은 30~35℃의 것이 많다.

2. 호흡작용에 의한 소모

식물은 낮에는 광을 받아 광합성으로 물질을 생산한다. 잎에서는 전분과 기타 탄수화물의 일부가 이용되고, 나머지 대부분은 다른 부분에 옮겨진다. 그러므로 일부는 호흡작용에 소비되며 또 새로운 조성이나 기관의 형성에 쓰이고, 그 나머지가 저장 물질로서 축적되는 것이다.

식물은 호흡작용에 의해 탄수화물을 산화한다. 산화 반응의 에너지를 사용하여 생장 증식 운동 등의 생명 현상이 이루어지고, 일부는 호흡열로서 사라진다. 이 호흡작용을 중재하는 것이 산소이다.

호흡작용은 일반적으로는 0℃ 가까운 저온에서는 대단히 느리다. 온도가 높아짐에 따라 빨라지고 30℃~40℃에서 가장 왕성하다. 하지만 높은 온도에서는 호흡 속도가 높아져서 광합성이 만들어진 것보다 빨리 소비된다. 이와 같은 상태가 오랫동안 지속되면 지금까지 축적되었던 산물은 소비되어 생명을 잃어버리게 되기도 한다. 가령, 소비가 생산을 상회하지 않는다고 하더라도 호흡 속도가 높으면 그만큼 저장 물질의 양이 적어져서 생육 속도는 늦어진다. 일반적으로 0℃에서 40℃의 온도 범위에서는 10℃가 상승하면 호흡 속도는 약 2배로 늘어난다고 연구, 보고되어 있다. 그러므로 호흡에 의한 소비를 가능하면 적게 하여야 한다. 광합성에 지장이 없는 범위에서 되도록 저온이 좋다는 것이 된다.

확실히 잊어버린 개화 물질의 양에서 보면 그렇다는 것이다. 그러나 식물의 몸체가 크게 되려면 개화 생산물은 섬유소나 단백질로 만들어 바꿀 필요가 있다. 이 화학 변화를 위하여 그 에너지 일원으로서 호흡이라는 연화작용이 필요하게 된다. 따라서 식물의 몸을 만드는 영양 생장을 하고 있는 사이에는 개화 물질의 생산과 그것을 소비해서 몸을 크게 하는 양속작용, 즉 광합성과 호흡에 적당한 온도 조건이 바람직하다.

일반적으로, 몸체가 만들어진 후에는 그 온도보다 낮은 편이 좋은 열매를 맺는 데 유리하다. 여름에 고온으로 둘러싸여 있을 때 동북지방에서 좋은 쌀이 수확되는 것은 이 때문이다. 광합성과 호흡작용의 양 편에 적합한 온도가 그 식물의 생육 적온이 된다. 한편, 밤에는 생산을 중단하고 호흡에 의한 생산물의 소비 시간이 된다. 야간의 고온은 전류량의 감소나 전류선의 분비, 균형을 잃는다든지 할 때가 있다. 이때에는 호흡에 의해 소비되는 양도 많아진다. 이와 같은 고온이 길게 계속되면 식물은 차츰 쇠약하고 생육이 곤란하게 된다. 저온인 곳에 자생하는 식물이 고온인 곳으로 옮겨지면 에너지 소비량은 크게 늘어난다. 특히 야간의 소비는 매우 심하다.

극지의 식물 등은 0℃ 정도가 가장 건물량이 축적된다고 한다. 북지나 고지의 식물이 난지에서 여름을 넘길 시에 힘을 잃어버리는 것도 야간의 고온이 크게 영향을 주기 때문이다.

3. 고온과 식물 생육

식물에는 각기 생육 적온이 있다. 온대지역의 여름은 열대 식물에 영향을 주기도 한다.

재배 식물에서는 더위에 견디는 품종을 육성하거나, 고랭지 채소와 같이 추위에 강한 품종을 육성하여 적지적작(適地適作)으로 대응하고 있다. 높은 산과 들에서 자생하는 식물을 정원에 심으면 여름에 고온으로 인한 생육 장해가 일어나므로 여름을 넘기는 대책이 필요하다.

식물이 고온에의 생육 저하를 대비하는 대책으로는 냉실이라고 하여 쿨러로 차게 하거나 또는 온실의 유리 위에 물을 흐르게 하는 등의 방법도 있으나 일반적일 수는 없다. 야생화 재배에서는 화분을 그늘에 옮긴다든지 여름 한낮에 그늘이 되는 곳을 골라서 정원에 심는다든지 한다. 또는 발, 유리, 한냉사 등으로 차광을 한다. 광선을 약하게 하여 간접적으로 온도를 낮추는 방법 외에 다른 방법은 없는 것이다. 광선을 30~50% 차단함으로써 온도를 3~4℃ 낮출 수 있다.

이 외에 풍속을 좋게 하며, 수생 식물에서는 때때로 물을 바꾸어 준다. 또 야간에 살수하고 그 기화열로 체온을 낮춘다. 물이 흐를 정도의 관수로 화분의 온도를 낮추는 방법도 좋다고 할 수 있다.

낮은 지대에 자생하는 야생화는 여름의 고온에서 시드는 일이 거의 없다. 하지만 북지나 높은 지대에 자생하는 식물은 열대야가 계속되는 환경하에서는 큰 생육 장해를 받는다.

여름의 고온 장해로 바로 시드는 일은 적고, 그해의 마른 한풍으로 이중으로 상처를 받고 드디어 기온이 올라가는 봄을 맞이하면서 차츰 생기가 생기고 정신이 들었을 때는 가히 손쓸 필요가 없을 경우가 많다. 겨울 관리에도 충분히 관심을 가져야 한다. 낮은 지대나 평지의 식물을 제외한 야생화는 가능하면 선선한 환경에서 물기가 없어지지 않을 정도로 물을 알맞게 하여 여름을 넘긴다.

4. 광과 생육

식물이 생장하여 열매를 맺기 위해서는 광이 중요한 환경 요소 중 하나이다. 태양의 복사 에너지는 열, 광, 화학적으로 식물의 생장에 없어서는 안 되는 요소이다. 태양 에너지 방사량의 1~5%는 자외선이며, 광합성에 이용되는 가시광선은 약 40% 정도이고 나머지는 적외선이다. 가시광선은 식물의 굴광성 반응 등의 자극 작용이나 형태 형성 등 광합성에 없어서는 안 되는 광선이다.

적외선은 주로 온도 요인으로서 작용하고 공기나 식물체를 따스하게 하며 기공의 개폐나 증산 속도에 영향을 준다. 광의 강도나 광합성에 대해서는 광 요인 쪽에서 약간 설명했으며, 여기에서는 주로 한여름의 광선으로부터 식물을 지킬 필요가 있는가에 대해서 설명한다.

저녁 시간의 어두울 때는 광합성은 정지되며 호흡작용만 한다. 이 때문에 식물체에서 탄산가스(CO_2)가 방출된다. 주간에는 광합성 속도가 높아져서 CO_2의 흡수가 많아진다. 시간이 경과하면 CO_2의 흡입과 배출량이 같게 되며, CO_2의 흡수량이 0으로 된다. 이때의 광의 강도를 보상점이라고 한다.

보상점은 어느 정도의 약광을 이용할 수 있는가의 표준이 된다. 즉, 이 보상점이 낮은 것일수록 약광을 이용하여 광합성을 할 수 있다. 일반적으로 양지 식물의 보상광도는 기온이 18~20℃, CO_2 농도 0.03%에서는 전일광의 1/13~1/15로 된다. 음지 식물에서는 1/100~1/300 정도로 알려져 있고, 다시 광이 강해지면 광합성은 차차 높아지나, 일정 강도가 되면 그 이상의 광이 강해져도 광합성 속도는 늘어나지 않는다. 이때 광의 강도를 광포화점이라 한다. 식물은 각기의 광포화점에 의해 양지 식물과 음지 식물로 나누어진다.

식물의 물질 생산에 적합한 광도는 그 종류에 따라 다르다. 난지형의 벼와 목초나 열대원생의 식물은 광합성 회로가 일반 식물과 다른 것으로, C4식물이라 부른다. 그늘이나 삼림에 생육하는 음지 식물의 요구도는 낮으며 1/10 정도에서 포화점이 된다. 양지 식물은 이전 날 광량의 1/3 이하의 약광에서는 광합성 저하 때문에 생육 불능이 된다. 일반적으로는 전일사의 50~60%로 광포화점에 달하고, 여름의 맑은 날에는 오전 9~10시경의 광이 된다. 식물에 따라서는 낮 무렵이 되는 것도 있다. 또 하루의 동화량은 오전 중이 60~70%, 오후는 30~40%로 된다. 따라서 오전 중에 광을 잘 받게 하며, 광이 약해지는 가을에는 될 수 있는 한 광을 많이 받을 수 있도록 해야 한다.

광의 강도는 광합성과 깊은 관계를 갖는 한편, 식물의 형태에도 영향을 미친다. 강광은 줄기의 신장을 억제하고 잎의 면적을 적게 하나, 약광은 줄기를 도장시키고 잎의 면적을 크게 한다. 강광에서 잎은 세포 내의 엽록체가 광의 방향에 대해서 평행으로 위치하며 책상 조직이 발달해서 두껍게 된다. 반대로, 광이 약하면 엽록체는 광에 대해서 직각으로 위치하며 책상 조직이 발달해서 두껍게 된다. 이와 같은 차이는 광뿐만 아니라 토양 수분의 다소에 의해서도 일어난다. 건조지에서는 책상 조직이, 수분이 많은 곳에서는 해면상 조직이 각기 발달한 잎을 가지고 있다.

야생화 재배에서 숲 아래에 자생하는 식물을 화분 받침대 위에서 충분히 광을 준다든지 관수를 적당히 조절한다든지 하면 초세가 단단해진다. 광이나 물이 조직에 영향을 미치기 때문이다. 강광하에서 식물을 지키기 위해서는 그 식물의 광포화점이나 광의 형태에 미치는 영향을 고려해서 대책을 세울 필요가 있다.

여름의 햇볕은 강해서 양지 식물일지라도 그 광포화점을 훨씬 넘는 경우가 많다. 삼림하에서 자라는 음지 식물이 밝은 곳에 옮겨지면 당연히 그곳의 광은 너무 강하다. 광합성 면에서 보면, 여름의 광은 충분하며 오히려 강하기 때문에 해가 되어 문제가 된다. 강광의 해에는 일소(日燒 : 햇볕으로 인해 잎이 타는 현상)가 있다. 이 원인이 되는 것은 광이며 열선이다. 식물 중에는 일소를 막기 위해서 잘 적응하고 있는 것도 있다. 아카시아와 같이 잎을 늘어뜨려 열을 받는 것을 막는다거나, 더운 지방 식물과 같이 큐티클층이 발달해서 잎이 두껍고 윤기가 있어 광을 반사하는 것도 있다.

고산 등에서 일사가 강한 장소에 자생하는 것은 더운 지방의 생물과 같은 체제를 취하는 것 이외에, 세포막이 두껍다든지 잎이 털에 싸였다든지 해서 일소에 견디고 있는 것이 많다. 또 양지를 좋아하는 소나무의 거친 수피와 줄기도 온도 상승을 막는 적응의 한 가지이다.

수관이 발달한 산림 등에서 강한 벌채를 하게 되면 나머지 수목의 줄기가 직사광을 받아 줄기의 온도가 급격히 상승한다. 이 때문에 형성층의 온도가 치사 온도를 넘어서 일소를 일으키고, 그 부분의 껍질이 벗겨져서 떨어지는 일이 있다. 식물은 많은 물을 빨아들여 증산 작용을 함으로써 체온을 낮춘다. 따라서 물이 적은 곳에서 자라는 것은 일소를 피하기 위하여 증산 이외에 여러 가지 형태로 적응한다.

식물의 체온이 치사 온도가 되지 않더라도 체온이 상승하면 증산 속도가 높아지며 뿌리에서 잎으로 수분 보급이 부족해진다. 하지만 야간에는 증산 속도가 저하하므로 부족분의 수분이 공급되면 식물의 생활은 다시 정상으로 돌아온다. 그러나 야간에 물의 공급이 부족하다든지 일중의 수분 결핍이 심하면 고사하는 경우도 있다.

이식 때문에 가지를 절단한 식물의 줄기에는 거적을 감아 준다. 거적을 감아 주는 것은 물의 손실을 막고 직사광선에 의한 일소를 막는 것이 큰 목표이다. 옮겨심기 직후부터 잠깐 동안 그늘에서 관리하는 것도 일소 방지가 큰 이유 중의 하나이다.

5. 차광과 생육

강광을 막으려면 식물의 자생지 광 환경을 이해한 뒤에 광포화점에 가까운 광 이외에는 차광을 한다. 이 경우의 차광은 열선을 막는 일이다. 이는 더위의 해를 막는 것과 같은 의미가 된다. 반음지나 나무 그늘을 골라서 심거나 화분을 옮기는 것도 좋은 방법이다. 또한 거적, 발, 한냉사 등으로 광을 억제하는 것도 좋은 방법이라고 할 수 있다. 낮은 산이나 초원에 자생하는 야생화의 재배는 광의 피해를 걱정할 필요가 없다.

화분식재에서 화분 토양의 온도 상승에 의한 뿌리의 활력 저하는 흡수 능력을 저하시킨다. 이 때문에 증산은 쇠퇴하고 체온을 상승시켜서 일소의 원인이 된다. 화분 토양은 좋은 환경에 두고 아침 햇빛을 막아 주는 것이 포인트다. 오후의 광은 광합성에 도움을 주는 역할이 적다. 열선은 식물의 체온을 필요 이상으로 상승시키므로 강광에서 식물을 지키는 목적은 오후의 햇볕을 가려 주는 것이 된다. 고산은 평지에 비하여 직사광선이 많고 산광이 적으나 태양 복사량은 평지보다 많아진다. 광은 강하나 고도의 관계로 지온이나 체온은 올라가지 않기 때문이다. 여름에는 어느 정도의 차광을 해서 온도를 낮추어 주는 것이 좋다. 여름을 제외하고는 광을 충분히 쪼여 준다. 발 사이에서 흘러나오는 광량은 이전 날 광량의 약 1/5이 된다. 검은 한냉사 한 장으로 20%, 두 장으로 40%의 광량이 된다.

6. 월동과 건조 피해

일반적으로 야생화는 겨울의 추위에 견디는 힘이 강하다. 자생지에 가까운 곳에서 재배할 경우는 추위에 의한 피해는 문제가 되지 않으나, 식물에 따라서는 보호를 필요로 하는 것도 있다.

종자는 추위에 견디는 힘이 극히 크다. 또 다년초와 같이 지하 번식 기관으로 겨울을 넘기는 것은 지상부는 시들었더라도 지하의 기관은 토양 속에서 추위로부터 보호되어 있다. 그러나 난지성 식물을 북쪽 지역이나 추운 곳에서 재배한다든지, 겨울에 지상부의 눈이나 잎이 남는 것 또는 실생묘 등 유식물로 겨울을 넘길 경우는 각기 재배하는 지역 추위의 정도에 따라서 추위에 대한 보호가 필요하게 된다. 특히 겨울눈(芽)이 낙엽이나 눈 아래에서 보호되는 종류의 것을 재배할 경우는 건풍에 닿지 않게 하는 대책이 필요하다. 추위의 해란, 기온이 내려감으로써 일어나는 생육 장해를 말한다. 따라서 저온의 해뿐 아니라 겨울의 건조, 한풍 등의 피해도 포함되어 있다.

건조한 한풍이 닿으면 식물은 잎의 증산 작용에 의해 많은 물을 소모한다. 건조한 한풍은 저온 때문에 뿌리에서 물을 흡수하는 힘을 쇠약하게 한다. 이 때문에 수분 결핍 상태가 되고 잎 끝이 시드는 일이 많다. 이와 같이 지상부에 노출되는 겨울눈 등도 건조된 한풍에 오래 닿게 되면 수분이 감소하여 장해를 받게 되는 일이 있다.

7. 저온의 해

저온에 의한 피해가 일어나는 것을 크게 나누면 다음 두 가지이다.

1) 온도가 0℃ 이상에서 세포 조직의 내부에 결빙이 일어나지 않는 경우
2) 0℃ 이하가 되어 결빙이 일어나는 경우

식물에는 각기 생육 가능한 최저온도와 생명을 유지할 수 있는 최저온도가 있다. 이 온도는 아열대에서 열대지방 등의 따뜻한 지방에 걸쳐서 자생하는 식물은 0℃ 이상에서 저온 장해가 나타나며 온도가 낮아질수록 피해는 커진다. 이들 식물은 어느 것이나 0℃ 이하가 되면 식물체가 결빙되어 세포의 기능을 잃고 고사하게 된다. 이와 같이 조직 내의 결빙에 견디지 못하는 식물 등을 비내동성 식물이라고 한다.

우리 주변에는 각양각색의 식물이 생육하고 있다. 이들 식물의 월동은 지상부는 서리를 맞아 고사하나 지하부가 토양 속에서 눈을 갖고 봄을 기다리는 것도 있다. 또 부드러운 잎으로 되돌아오는 것, 잎이 말리는 정도로 온도를 알 수 있을 만큼 추운 밤에는 틀림없이 잎이 안쪽으로 말리는 철쭉, 다시 잎을 모두 떨어뜨리고 눈은 휴면하는 낙엽수 등 그 살아가는 형태도 여러 가지이다.

이와 같이 추위에 견디지 못해 죽어 버리는 것도 있고, 견딜 수 있는 체제를 가지고 겨울을 넘기는 것도 있다. 이들 식물 중 세포 조직 속에 결빙이 생겨도 살아남을 수 있는 것을 내동성 식물이라고 한다. 내동성 식물은 서리에 견딜 수 있는 정도의 저온 즉, 0℃의 영하에 가까운 온도에 어떻게든 견디는 것에서부터, 포플러와 같이 −30℃의 동결하에서 20여일간 계속 살아 있는 것까지 그 종류에 따라 저온을 견디는 한계는 다양

하다. 식물 조직이 결빙되는 온도를 결빙점이라 한다. 식물 조직이 얼어도 동결 온도가 별로 낮지 않고, 또 시간이 짧으면 견딜 수 있으나 낮은 온도가 장시간이 될수록 피해는 커지게 되며, 이 이상의 저온에서는 생명유지가 될 수 없게 되는 온도를 동사점(凍死點)이라 한다. 얼어 죽는 점(=동사점)은 식물에 따라 다르며, 같은 식물이라도 발육 상태나 계절에 의해서도 바뀐다. 동사점이 낮은 식물일수록 추위에 견디는 힘이 크다는 것이다.

8. 결빙의 해

조직 내의 결빙이 해를 주는 기구는 두 가지가 있다.

하나는 세포 내의 원형질이나 세포액 속에 결빙이 된다. 이 경우는 원형질이 해를 받고 그 기능을 상실하게 되는 것으로, 식물은 고사하게 된다.

또 하나는 세포와 세포의 틈새에 결빙이 된다. 이 경우 동사점 이상의 온도에서 더구나 얼음이 서서히 녹으면 문제는 없다. 그러나 급격히 녹으면 위험은 커진다. 그것은 세포 틈새의 얼음이 녹을 때 세포막 쪽이 원형질보다 빨리 물을 흡수하기 때문에 원형질이 세포막에서 수축되는 기능을 잃어버려 식물이 죽게 되는 것이다. 베란다 등에서 얼은 화분은 되도록 시간을 두고 얼음이 녹는 것을 기다려야 한다. 급하게 따뜻한 곳으로 옮겨서는 안 된다. 식물의 내동성은 기온이 내려감에 따라 증가하고 따스한 봄이 되면 저하한다. 광량이 적어지고 기온이 저하하는 중에서도 세포 내 자유수의 감소, 세포액 침투압의 증가, 당류, 수용성 단백질, 아미노산, RNA의 증가 등 식물체 내에 생리적 변화가 일어나 그 결과로서 내동성이 증가한다고 생각된다.

　이와 같은 식물 자체의 월동 체계가 되어 있지 않은 상태에서 이상저온이 찾아오면 추위에 견뎌 낼 수 있는 온도일지라도 해를 받는 경우가 있다.

　월동 대책의 구체적인 방법으로는 그 식물의 내한성 정도에 따라 다음과 같다.
- 화분을 상록수 아래, 선반 아래, 복도 등으로 옮긴다.
- 화분마다 토양으로 묻고 위에 낙엽 등을 덮는다.
- 한냉사를 쳐 준다.
- 베란다 등에서는 비닐을 쳐서 싸 준다.
- 무가온 하우스, 거적 등에 넣는다.
- 실내에 모아둔다.
- 온실에서 관리한다.

　아열대지방의 열대 원생 식물은 온실이 필요하다. 화분에 재배하는 야생화는 따뜻한 지방에 자생하는 것을 제외하고는 한풍을 막을 정도가 좋으며, 하우스나 온실이 있으면 월동이 가능하다. 단, 난지성 식물을 재배할 경우는 당연히 얼지 않을 정도의 가온 설비가 필요하다.

제9장 토양과 식물 생육

　토양은 식물에 있어서 생활을 지지해 주는 중요한 장소이다. 식물은 발아에서 열매를 맺고 일생을 마칠 때까지의 전 생활을 땅속에 뿌리를 뻗고 물이나 무기양분을 흡수하면서 생육하게 된다. 식물의 생육에 있어서 토양이 수행하고 있는 역할을 이해할 수 있다면 스스로 바람직한 토양의 조건이나 성질을 알 수 있게 된다. 또 종류의 선택, 적절한 토양의 개량이나 배양토의 조재 등도 할 수 있게 된다.
　먼저 재배하고자 하는 식물의 생태적 특성을 잘 파악하고 토양의 작용과 성질을 파악하여야 한다.
　그 다음에는 여러 가지 토양을 사용해서 자신이 생각한 배양토를 만든다. 배양토는 식물을 훌륭하게 키우기 위한 기본이 된다. 근권(=뿌리가 뻗는 범위) 환경이 일정 용기에서는 제약되므로 화분 재배에서는 토양의 좋고 나쁨이 생육을 지배하는 큰 요인이 된다.
　분재에서 배양토의 조성이 중요한 것도 이 때문이다.

1. 토양의 역할

　토양은 생명의 모체라고 한다. 인간을 포함하여 지구상의 생물은 토양을 떠나서는 그 생명의 유지가 불가능하다. 식물은 토양을 매체로 하여 물, 무기양분, 산소의 공급을 받고, 지상부의 동화 작용에 의해 유기물을 합성해서 생육을 한다.

동물은 식물이 만들어 낸 유기물을 이용하여 생명을 유지한다고 할 수 있다. 식물의 생육 면에서 본 토양이 하는 일은 다음과 같다.

1) 식물체를 지지해 준다

토양은 지상부가 넘어지지 않도록 고정하고 지지해 주는 작용을 한다. 이것은 식물의 뿌리 활동으로도 볼 수 있으나, 착생 난 등의 일부 식물을 제외한 많은 식물은 토양이 지상부를 지탱해 주고 있는 것이 된다. 그런데 식물을 지지해 주는 역할이라면 토양 이외에 얼마든지 많은 것이 있다. 역경재배, 수경재배에서는 자갈이나 폴리우레탄, 철사나 끈 등이 각각 지상부를 지탱해 준다. 이외에도 수태, 피트모스, 바크, 부엽토 등이 화분 재배에 이용되고 있다. 이들은 암석의 풍화물인 토양과는 다르나 원예에서는 배양토에 속하며, 각기 식물을 지탱해 주는 활동을 하고 있다.

2) 물, 산소를 보유하여 공급한다

식물체를 구성하는 성분 속에 가장 많은 것이 물이다. 조직의 부위에 따라서 다르나 총체적으로 보면 식물체 전 중량의 70~80% 정도가 물이다. 식물체 내의 물은 발아해서 죽을 때까지 식물체 내에 펼쳐지는 모든 생리적 생활현상에 깊게 관여하고 있다.

식물은 증산 작용에 의해 잎에서 다량의 물을 기화하고 강광하에서도 체온의 상승을 막아 주고 있다. 1m 높이의 해바라기는 맑은 날에 약 1L의 물을 증산한다고 한다. 이 증산 작용에 의해 일정량의 물이 뿌리에서 흡수된다. 물 속에 토양이 갖는 양분이나 비료로서 시용한 성분이 녹아서 처음으로 뿌리에 흡수되어 식물체 내에 들어오는 것이다. "물이 없는 곳에 생명도 없다."라고 할 만큼 중요한 물은 토양에 축적되고 끊임없이 식물의 욕구를 충족시켜 주는 것이다.

식물의 생육에 없어서는 안 될 귀중한 물이기는 하나, 물빠짐이 나쁜 토양에서 식물은 만족스럽게 자라지 않는다. 그것은 토양 속의 수분이 많고 통기성이 나쁜 토양은 뿌리에 산소 공급이 적고 호흡작용이 쇠퇴하여 발육을 저해하기 때문이다. 뿌리는 산소를 받아들여 호흡작용에 의해 얻어진 에너지를 사용하여 끊임없이 새로운 뿌리털을 만들고 물이나 양분을 흡수하는 활동을 하기 때문이다. 극단적인 과습은 뿌리 부패의 원인이 되는데, 물이 많다는 것 자체도 원인이 되지만 산소 부족도 큰 문제가 된다.

벼와 같이 지상부의 줄기와 잎에서 뿌리에 산소를 공급해 주기 위해 통기 조직이 발달한 것을 제외하고는 많은 식물은 토양에 축적된 공기의 양에 의해 생육을 지배받게 된다. 이와 같이 토양은 뿌리에 없어서는 안 될 산소 저장고이다.

3) 양분의 저장고

토양 속에 포함되는 성분은 그 토양의 모암의 종류, 기후 등 많은 조건에 의해 달라지나, 어느 경우이든 식물의 생육에 필요한 많은 원소를 함유하고 있다. 또 토양 속에는 오랜 세월에 걸쳐 동식물의 유체가 미생물에 의해 분해된 부식이 있다. 이 부식은 서서히 분해되어 양분으로서 식물에 흡수, 이용되고 있다. 산과 들에 자생하는 식물이 자연 속에서 훌륭하게 생활할 수 있는 것도 생육에 필요한 양분이 축적되어 있기 때문이다.

토양은 이와 같이 식물의 생육에 필요한 성분을 축적하고 있음과 동시에, 비료 성분을 일시 흡수하며 물로 유실되는 것을 막는 역할도 하고 있다. 이것은 토양에 들어 있는 부식과 점토의 작용에 의한 것이다. 입자의 지름이 0.003㎜ 이하의 점토는 입자의 표면적이 크고 표면은 전기를 띠고 칼슘, 마그네슘, 칼륨, 암모니아 등의 양이온을 빨아들이고 있다. 부식은 이 작용이 특히 강하고 모래나 마사가 많은 토양에서는 이 흡수력이 극히 약하다. 점토질의 토양이나 점토가 모여서 단립 구조로 된 적왕토 등은 비료의 흡수력이 좋고, 반대로 사토는 물빠짐이 빨라 비료 성분을 유지하는 작용이 약하다.

4) 미생물이 사는 집

토양은 여러 가지 미생물이 사는 집이다. 토양의 성질, 수습 조건, 먹이가 되는 유기물의 다소 등에 의해 그 수가 달라지나, 새끼손가락 끝 정도(1할)의 토양에 약 10억~40억 마리의 미생물이 살고 있다. 이중에는 식물에 해를 주는 토양 전염성 병원균이나 네마토다(Nematoda, 선충) 등도 포함되어 있으나 유익한 미생물도 많다. 토양 속의 유기물을 분해하고 식물의 양분으로 이용되는 형태로 바꾸거나, 시용한 비료를 식물이 흡수하기 쉬운 형태로 바꾸는 것 등은 모두 미생물의 활동이다.

화분에 준 유박이나 골분, 기타 유기질 비료는 매우 훌륭한 비료로서, 식물의 생육에 도움을 주는 것도 미생물의 영향이라고 할 수 있다. "토양은 살아 있다.", "토양은 생명의 모체이다."라고 부르는 이유도 여기에 있다.

가령, 토양 속의 미생물이 모두 사라진다면 어느 식물이든 생명을 유지할 수 없고 동물도 살 수 없게 된다. 인간의 생존에 있어서 식량, 물, 공기의 고마움은 당연한 일로 이해될 것이나, 토양 속의 눈에 보이지 않는 미생물의 존재가 우리들의 생명 존속과 깊은 관계를 갖는다는 것을 생각해 본 사람은 많지 않을 것이다.

토양을 집을 짓고 도로를 만들기 위한 물리적인 수단으로 여기고, 밭 토양에서는 비료와 농약이 작물을 키우는 것으로 생각하기 쉽다. 인간은 눈에 보이지 않는 미생물을 포함한 모든 생물과 공생하면서 살아가고 있다. 따라서 토양을 깊게 갈고 미생물의 먹이가 되는 유기물을 조금이라도 많이 넣어 주고 물빠짐과 물갖임을 좋게 하여 토양을 되살려야 한다. 이것은 화분 재배를 포함하여 밭 토양이나 정원 토양 재배의 기본적 요건이 된다.

2. 좋은 토양 조건

토양은 식물의 생활 공간으로서 식물의 생활에 필요한 공기, 물, 양분을 보유하고 필요에 따라 서서히 공급할 수 있어야 한다.

그러나 극단적으로 점토가 많은 토양에서는 이와 같은 조건을 충족시킬 수 없다. 식물의 뿌리는 종류에 따라 물, 공기 등을 요구하는 것이 다르므로 재배 시 식물의 생태에 알맞은 토양을 만드는 연구가 필요하다.

그 주된 것으로 심경, 객토, 관배수, 유기질이나 석회의 사용 등에 의한 토양 개량이나 배양토를 만드는 것을 들 수 있다.

3. 이상적인 토양

암석이 풍화해서 된 토양은 모래나 점토, 부식질 등으로 구성되어 있다.

단일 입자가 집합해서 단립으로 된 토양을 단립 구조의 토양이라 한다. 이 토양은 단립과 단립 사이에 크고 작은 틈새가 있어 공기 소통이나 물빠짐이 좋고 미생물의 활동도 왕성하다. 또 단립 속의 입자 사이에 작은 틈새가 있어 거기에 물을 보관한다. 그러므로 물빠짐과 통기가 좋고 물빠짐과 비료빠짐이 좋은 토양이라 할 수 있다.

이러한 구조를 갖춘 토양이야말로 가장 좋은 토양의 조건을 갖춘 이상적인 토양이라고 할 수 있다.

4. 화분 토양의 선택

식물이 잘 자라는 정원 토양을 사용하여 같은 식물을 화분에 식재했을 경우, 그 생육이 정원에 심어진 것에 비하여 좋았다 나빴다 하는 수가 있다. 같은 토양이면서 이와 같은 생육 차가 생기는 원인을 생각해 볼 필요가 있다.

정원에 심어진 경우 물의 보급이나 배수는 자연이 잘 조절해 준다. 여분의 물은 중력수로서 지하로 흐르고 적당한 산소를 공급한다. 또 토양이 건조하면 지하수가 모관 현상으로 빨아올려져 수분이 공급된다. 뿌리는 토양 속에 넓고 깊게 자라고 근권(=뿌리가 살아가는 영역을 말함.) 환경의 변화에 견디는 힘도 강해진다.

이는 산을 개간해서 된 조성지 등에서 볼 수 있다. 겉토양이 거의 없거나, 있어도 바로 밑이 암반과 같은 곳을 제외하고는 특별히 관수나 배수를 하지 않아도 식물의 생육은 가능하게 된다. 화분에 심을 때에는 한정된 토양 속에서 뿌리의 신장이 제약을 받는다. 물은 말할 것도 없고 공기의 공급마저 관수와 관련되어 사람 손으로 관리된다.

따라서 재배 기술 방법이나 흙이 화분 토양으로 적당한지가 직·간접으로 식물의 생육에 크게 영향을 미친다. 비교적 점도가 화분 흙에 적합하고 비배 관리가 비교적 적절했을 경우는 정원에 심는 것보다 생육이 뛰어나며 반대로도 생각할 수 있다.

화분에 심어서 키우는 것도 육성 기술의 숙달은 물론, 토양의 선택이 특히 중요한 과제가 된다. 화분 흙의 선택은 보수, 배수, 보비가 좋은 토양을 기준으로 하며, 다음 요인을 검토해서 결정한다.

- 물, 양분을 요구하는 정도
- 일조에 대한 적응성, 이에 의해 화분을 두는 장소가 정해지고 토양의 건조 정도가 변한다.
- 화분의 종류와 크기, 관수 가능 횟수
- 재배지의 기후적 입지 조건

물론 이들 요인은 상호 밀접한 관련을 갖고 있으므로 어느 한 가지 제약이 있을 때는 서로 조정해 주기도 한다. 가령, 토양이 어느 종류의 것으로 한정지어졌을 때 화분의 종류, 관수량이나 횟수를 조절할 필요가 있게 된다.

5. 야생화에 적합한 토양

야생화의 화분 재배에서는 한 종류의 토양으로 생육에 필요한 조건을 충족시켜 줄 경우도 있으나, 식물의 보다 좋은 생육을 꾀하고 재배 관리를 용의하게 하기 위하여 성질이 다른 2~3 종류의 토양을 섞어서 쓰는 것이 무난하며 이것이 일반적이다.

　일반 야생화의 용토는 사양토에 1~2할의 부엽토를 섞는 것이 기준이 된다. 식물의 성질이나 종류에 따라 배수성과 보수성을 높이기 위하여 산사, 동생사, 녹소토, 인공토 등을 2~3할 섞게 된다. 위도가 높은 곳과 고산 지역의 것을 따뜻한 곳에서 재배할 경우 다시 모래를 많이 혼합하여 배수성을 높일 필요가 있다. 이것은 어디까지나 눈어림으로, 재배 관리 방법에 따라 당연히 혼합 비율은 달라진다.

　배합토 작성 기본은 물빠짐이 좋은 토양을 만든다는 것에 귀결된다. 요컨대, 토양이 마르는 것은 관수로 조절하고, 관수상의 제약이 있을 경우 보수성이 있는 토양을 많이 하면 좋다. 극단적으로 수분이 적은 경우를 제외하고는 건조 때문에 식물을 죽이는 일은 거의 없다. 눈에 보이지 않는 과습으로 뿌리 부분이 고사하는 일은 의외로 많다. 이 점을 고려해서 손질하기 쉬운 토양으로 자기의 관리에 맞는 토양을 만드는 것이 필요하다.

6. 토양의 종류와 특성

　우리나라에서는 대체로 배수가 잘 되고 보수력이 뛰어난 화강암에서 풍화된 마사토가 가장 적당한 용토로 이용되고 있으며, 그 밖에 강모래, 부엽토, 이끼, 생명토 등을 들 수 있다.

1) 용토의 종류

① 마사토
알갱이의 크기에 따라 배수와 보수력이 달라지므로 보통 화분 밑바닥에는 3~6㎜의 팥알 크기 정도의 중간 마사토를 깔고, 그 위에는 3㎜ 이하(쌀알 크기)의 용토가 표준이라 하겠다. 특히 주의할 것은 가루 토양이 섞여 있지 않도록 물에 씻어서 사용한다.

② 부엽토

활엽수의 잎이 썩은 것으로, 보수력과 보비성(保肥性)이 뛰어나고 통기성을 양호하게 한다.

③ 이끼

보수력이 뛰어나며, 단용으로 사용하기도 하나(야생 난 종류를 심을 때) 마사토와 혼합하여 사용한다.

④ 생명토

습지 식물이 부식되어 토양이 된 것으로, 점토질과 섬유질이 함유되어 있어 특히 돌붙이기를 할 때 쓰인다.

⑤ 인공토

제품화되어 판매되고 있는 인공토로는 난석, 버미큘라이트, 펄라이트, 피트모스 등이 단용 또는 혼합되어 화분 용토로 쓰이고 있다.

2) 자생 상태에 따른 용토의 배합

① 과습을 싫어하는 야생화

건조한 장소에서 자라 과습을 싫어하는 종류는 굵은 입자의 마사토를 단용으로 배수가 잘 되게 심는다.

난석   펄라이트   피트모스

상토   배양토

② 적습지의 야생화

숲 속, 초원 등의 적당한 습지에서 자라는 것은 마사토 입자의 크기를 조절하거나 이끼를 잘게 썰어서(10% 정도) 혼합하여 배수, 보수력을 조정한다.

③ 습지의 야생화

습지대에서 자라는 야생화는 작은 입자의 마사토와 잘게 썬 이끼를 5:5 정도 섞어서 심는다. 특히 습한 곳을 좋아하는 것은 이끼 단용으로 심는다(예 : 야생 난).

이상과 같이 특징에 따라 용토의 배합이 다르겠으나, 어느 것이든지 화분의 종류, 관수하는 방법, 놓는 장소에 따라 생육 조건이 변화되므로 용토의 배합은 그 조건에 따라 연구해야 할 것이다.

7. 분의 종류와 선택

분은 토양을 넣는 용기의 역할뿐만 아니라 식물의 생육과 깊은 관계가 있다. 분의 성질을 이해한 후에 바르게 사용한다. 한편, 도기와 자기에 한정되어 있던 분도 오늘날에는 폴리에틸렌 발포스티로폴, 피트모스 등을 재료로 한 것이 많이 나와 있다.

식물의 생육 면에서 보면 분의 통기성이 좋아야 한다. 도기분이 가장 좋고 이 조건을 충족시켜 준다. 자기분은 관상분이며, 발포제의 것은 소묘의 육성이나 특수한 식물을 제외하고 통기성 면에서 재배상 단점이 있다.

1) 토분

야생화를 좁은 분에 심으면 산소가 부족하고 배수가 불량하여 뿌리가 썩기 쉽다. 그러므로 통기성과 배수성이 좋은 토분에 심는 것이 적합하다. 최근 많이 사용되는 플라스틱 분은 배수나 통기성으로 보아 부적합하다.

2) 관상분

① 유약분

토분에서 가꾸어진 야생화를 아름답게 관상할 수 있도록 관상분에 심는다. 관상분은 아름다운 색채의 유약을 발라 소성한 유약분이 주가 된다. 이는 통기성이나 배수성이 부족하여 생육상 지장이 있으므로 초심자는 1년에 한 번씩 분갈이를 해 주는 것이 좋다.

② 관상분의 색깔

관상분에 심을 때에는 야생화의 모양과 색깔에 걸맞는 소박한 색깔을 골라 조화를 이루는 것이 무난하다.

③ 관상분의 깊이와 높이

- 높이가 높고 깊은 분에는 춘·한·혜란 등을 심고, 다습을 싫어하는 야생화 줄기, 뿌리가 밑으로 뻗는 것들을 심는다.
- 중간 높이의 분은 습기가 적당해야 하는 야생화의 재배에 적합하다.
- 얕은 분은 습기를 좋아하지 않는 야생화 재배에 적합하며, 용토를 쌓아 올려 높이 심으면 배수나 통기성이 좋아진다. 또 키가 낮은 것이나 합식용으로도 적합하다.

④ 그 밖의 분들

주물럭분, 자연석, 기왓장, 나무 등을 이용하여 심으면 생육 상태도 좋고 운치가 돋보이며, 석곡, 풍란 등의 착생 식물은 해고판, 기왓장, 나무 등에 심으면 더욱 자연스럽고 운치가 있어 좋다.

제10장 사계절의 손질과 관리

　식물을 기르는 기본은 먼저 그 식물의 생태적인 특성을 파악하고 그 특성에 알맞은 관리를 해야 한다. 야생식물의 생육은 인간에 의해 육성된 원예식물과는 달리 재배되고 있는 장소와 환경에 크게 지배를 받는다. 생태를 알기 위해서는 될 수 있는 한 자생지를 눈으로 직접 관찰할 필요가 있다. 이른 봄에 양지바른 곳에서 눈에 띄게 꽃핀 야생화도 초여름에는 나무나 풀로 덮인 어두운 곳에서 생육하고 있다. 개중에는 일찍부터 그 장소에서 모습을 감추는 것도 있다. 또 여름에는 잎으로부터 물을 받으면서 자라고, 겨울의 건조기에는 잎을 둥글게 말아서 추위를 견뎌내는 식물도 있다.

　자생지에서의 생육 환경의 변화나 식물이 적응하는 실태를 파악하고 재배 관리를 하는 것도 중요하다. 자생지의 일조, 온도, 수분, 토양 등의 환경 조건에 의해 정원에 심을 장소나 분을 두는 장소, 용토의 종류나 시비량, 물주기의 양, 월하, 월동 등 모두가 정해진다.

　야생화는 새로운 환경에 적응하는 힘을 가지고 있기 때문에 환경의 변화에 잘 적응한다. 하지만 생육이 불가능한 환경에서는 살아남을 수가 없다.

　야생화를 쉽게 키우기 위해서는 자생지에 가까운 환경 만들기와 식물의 생태에 알맞은 관리가 요구되는 것도 이 때문이다. 사계절의 관리 포인트는 다음과 같다.

1. 봄 관리

추운 겨울을 견뎌 낸 야생화는 봄이 찾아옴과 동시에 원기를 되찾아 눈(=芽)이나 뿌리가 일제히 활동을 한다. 봄에 피는 야생화의 꽃망울이 보이기 시작하고 4월이 되면 제비꽃, 할미꽃, 복수초, 봄맞이꽃, 얼레지, 노루귀, 변산바람꽃, 만주바람꽃 등이 개화한다. 만물이 생성되는 계절이라고 할 수 있다.

1) 관수
겨울 동안 적게 주었던 물을 기온 상승에 따라 차츰 많이 준다. 특히 꽃망울을 달고 있는 것이나 개화 중인 것은 물기가 떨어지지 않도록 주의한다.

2) 옮겨심기, 포기나누기
해오라비난초, 뻐꾹나리, 도라지 등은 3월 중에 옮겨심기를 겸하여 포기나누기를 한다. 3월 말이 되어도 눈(=芽)이 움직일 기미가 보이지 않는 것은 뿌리가 썩은 것으로 보고 뿌리를 조사한다. 상했으면 수태로 옮겨 심는다. 추운 지역에서 자라는 식물은 옮겨심기와 삽목을 서서히 시작하면 좋다.

3) 시비
이른 봄에 개화가 끝나고 싹이 나오는 식물은 엷은 비료를 5월 중에 시비한다. 화학 비료도 좋다.

4) 기타
꽃이 진 식물은 꽃잎을 따내거나 송두리째 잘라 낸다.

2. 여름 관리

장마가 끝날 무렵부터 급격히 기온이 올라가 일사도 강해진다. 고온과 강광, 건조에 대처하는 것이 관리의 포인트다.

고산식물의 재배는 여름 나는 것에 어려움이 많은 반면에, 고랭지에서 자생하는 식물 대부분은 비교적 여름을 나는 동안 고사하지 않는다. 그래도 이들 식물이 각기 생육에 가장 적합한 환경을 만드는 점은 고산식물과 다를 것이 없다. 자생지의 환경에 맞는 대책을 세울 필요가 있다.

1) 석양빛이 닿지 않도록 한다
서쪽이 열려 있는 곳에는 나무를 심는다. 또는 발을 쳐서 석양빛을 가려 준다. 발로 일사량을 절반으로 하면 온도도 3~4℃ 낮아질 수 있다. 석양을 차단하면 베란다에서도 많은 종류의 식물을 재배할 수 있다. 화분을 나무 그늘 아래나 아침 햇살이 드는 곳, 오전 중의 광만 쪼여 줄 수 있는 곳 등 각기의 생태에 맞추어 옮긴다.

2) 통풍을 좋게 하여 생육을 양호하게 한다
과습하면 각종 병해충이 발생하기 쉬워진다. 풍속 4~6m/sec 이하의 산들산들한 바람은 야생화의 과습을 막아 증산 작용을 촉진시키고 양분의 상승을 돕는다.

또한, 바람이 있으면 규산 등의 흡수가 많아지고 과습 상태를 경감하여 병해가 적어진다. 특히 하우스 내의 야생화는 통풍에 유의한다.

3) 해가림을 만든다

초원에서 봄에 꽃이 피는 식물은 보통 개화 전후에 다른 풀이 자라서 여름부터 가을까지 강한 광을 받지 않는다. 가정에서 재배할 때에는 한냉사나 발로 그늘을 만들어 주면 좋다.

4) 옥상에 선반을 만든다

옥상에 건조대나 선반을 만들고 통풍을 좋게 한다. 일조가 어느 정도 강해도 바람이 잘 통하므로 화분 토양의 온도가 내려가 튼튼하게 자란다. 평지에서 여름 나는 환경으로는 이상적이다.

5) 비료는 되도록 주지 않는 것이 좋다

생육 중인 식물은 충분한 비배를 하나 장마 때와 여름은 피하는 것이 무난하다. 극히 엷은 것으로 소량이면 무관하나 보통은 주지 않는 것이 좋다.

6) 관수

정원에 심거나 rock garden 등에서는 지형에 따라 건조한 곳이 있다. 석양에 충분한 관수를 한다. 관수 시기는 한낮에는 피하고 아침저녁으로 선선할 때 충분히 관수해 주며 물기가 끊기지 않도록 주의한다. 식물을 줄로 세우면 한낮에 관수해도 지장이 없다. 밤에 흐를 정도로 관수하면 화분의 온도가 떨어지거나 습해지는 일이 있으나 소홀히 하면 물기가 끊기게 되므로 주의한다.

7) 옮겨심기, 포기나누기

봄에 할 수 없었던 것은 6월 중에 옮겨심기를 마친다. 또 장마에 들어갈 무렵은 포기나누기, 삽목의 적기를 놓치지 않도록 한다.

8) 약제 살포

장마 무렵이면 회색곰팡이병의 발생이 많다. 꽃자루나 오래되고 시든 잎을 일찍 뜯어낸다. 응애 등의 방제를 한다. 다이센, 벤레이트 등의 살균제를 병이 보이기 전에 예방 살포한다.

3. 가을 관리

가을은 아침저녁으로 선선해지는 계절이다. 더위에서 해방된 야생화는 급격히 생기를 되찾는다. 용담은 꽃봉오리를 부풀리고, 구절초나 산국, 쑥부쟁이 등의 가을 초화류는 선반을 장식한다. 한여름보다 차츰 햇살도 약해진다. 차광 망 등은 9월 하순경까지는 조금씩 걷어 주고 많은 광을 쪼여 주도록 한다. 나무 그늘에 옮겼던 분도 햇볕이 드는 곳으로 옮기고 서서히 강광이 닿게 한다.

가을의 짧은 기간 내에 내년을 위하여 충실한 눈과 뿌리를 만드는 것이 비배 관리의 중점이다.

1) 관수

여름 한때에 비하여 마르는 것이 적어지게 되나 한창 꽃을 피우는 것도 있다. 과습을 피하고 물기가 없어지는 것에 주의한다.

2) 옮겨심기, 포기나누기

봄에 옮겨 심은 것이나, 꽃이 지고 뿌리가 가득 찬 것을 옮겨 심는다. 원추리, 옥잠화 등은 포기나누기를 하며, 너무 늦지 않도록 한다.

3) 시비

춘분, 추분 무렵부터 묽은 비료를 지상부가 시들 때까지 주고, 겨울눈(=芽)이 충실해지도록 한다.

4) 약제 살포

초가을에 살균제를 쳐 두면 그 후의 병이 놀랄 정도로 억제된다.

5) 태풍 대책

소형 화분이라면 실내에 들여 놓는다. 많을 때에는 선반 아래나 될 수 있는 한 바람과 비에 맞지 않도록 대비한다. 발, 한냉사 등이 바람에 날리는 것을 막고, 염해는 물로 씻어 낸다. 바람으로 줄기나 잎에 상처가 생기므로 태풍 후에는 병이 발생하기 쉽다. 병이 발생하면 서둘러 약제를 살포한다. 가을이 깊어질 무렵 겨울눈이 토양 위로 올라오는 것은 낙엽으로 덮고 건풍으로부터 겨울눈을 지킨다. 관수로 인해 줄어든 토양에는 복토를 해 준다.

4. 겨울철 관리

가을이 깊어지면서 지상부는 차차 시들고 겨울이 되면 휴면으로 들어간다. 식물은 종류에 따라서 겨울을 넘기는 모습이 다르다. 지상부가 시들어 버리는 것, 눈(=芽)이나 잎이 지상부에 나와 있는 것, 땅속에 붙는 것 등 매우 다양하게 나타난다. 일반적으로 야생화는 추위에 강하다. 최대 −4℃ 정도까지는 노지에서 월동할 수 있다. 그러나 앵초 등과 같이 겨울눈이 토양 위에 나와 있는 것은 한풍에 닿게 되면 수분을 빼앗겨 상처를 받기 쉽다. 1~2호 분의 소형 화분의 경우, 추위가 분의 속까지 직접 영향을 주어 뿌리가 상처를 받는다. 이와 같은 것들은 추위나 건조한 한풍으로부터 눈을 지킬 필요가 있다.

눈 속에서는 물주기를 할 필요도 없으나, 눈이 없는 아주 추운 지역에서는 분이 동결되고, 동생사나 적옥토와 같이 물빠짐이 좋은 토양에서는 뿌리가 들어올려져 끊기는 경우도 있다. 이와 같이 추운 지방에서는 겨울눈을 지키기 위하여 많은 주의가 필요하고 대책을 세울 필요가 있다.

주된 월동 대책은 다음과 같다.

- 분의 가장자리까지 거친 토양을 넣거나 낙엽 등을 덮어 준다. 분마다 토양에 묻는다.
- 처마 밑 또는 선반 아래로 내려놓거나, 철제를 이용하여 그 위에 비닐이나 혹은 보온 자재를 덮는 방법 등을 이용한다.
- 비닐을 씌우거나 한냉사를 덮는다.
- 천장과 사방 측면을 발로 싼다.
- 베란다에서는 해가 닿는 남쪽에 투명 비닐 문짝을 치고 옆과 천장을 촘촘히 엮은 짚으로 싼다.

겨울에는 바람막이를 만들어 바람을 막아 주는 것이 바람직하다. 너무 과보호를 하면 식물이 연약해지므로 주의한다. 특히 철제를 이용하여 그 위에 비닐이나 혹은 보온 자재를 덮는 방법을 이용할 경우에는 낮밤의 온도 차를 10℃ 내외로 억제한다. 볕이 들지 않는 곳에 만들거나, 볕이 드는 곳에서는 발을 쳐 주고 낮의 온도 상승을 막도록 한다. 겨울 관리는 건조한 한풍과 서리의 해에서 야생화를 지키는 일에 중점을 둔다. 이른 봄에 꽃을 피우는 것은 볕이 잘 드는 곳에 둔다. 재배에서도 이 점에 주의하고 선반 아래나 볕이 들지 않는 곳에 둔 것은 1월 말경부터 볕이 잘 드는 곳에 두면 좋다.

1) 관수

물기가 끊기는 것에 주의한다. 겨울은 물이 많아도 뿌리 부패의 염려는 없으나 약간 건조하게 관리하는 것이 원칙이다. 오전 중 따뜻할 때 물주기를 하고 밤까지 물이 남지 않도록 한다. 이른 아침과 석양의 물주기는 피한다. 밤에 물기가 많으면 분이 갈라지는 원인이 된다. 2월이 되어 생장이 시작한 것에는 물을 다소 많이 준다.

2) 비료

2월이 되면 싹이 움직이기 시작한다. 이른 봄에 꽃이 피는 것은 눈이 자라나면서 꽃봉오리가 나오므로 서둘러 묽은 액비 등을 뿌려 주는데, 이때 주의할 점은 저녁에 뿌리면 이 시기에는 야간 온도가 낮으므로 자칫 동해를 입을 염려가 있으므로 온도가 높은 낮에 뿌린다. 이렇게 한 후에는 라벨의 옮겨 쓰기, 흙이나 화분 등의 준비도 겨울철 관리 작업 중 하나이다.

제11장 병해충 방제

　병해충 방제의 기본은 식물을 건전하게 자라게 하는 것과 약제를 바르게 고르는 일이다. 약제를 고루 살포하거나 발라서 잎이나 줄기, 뿌리에 있는 충을 효율적으로 방제해야 한다.
　해충에는 입으로 줄기나 잎을 먹는 것과 흡수입으로 즙액을 빨아먹는 것이 있다. 방제용의 약제는 입으로 들어가 소화독 작용을 하는 것과 몸에 묻어 신경을 파괴해서 죽이는 접촉독 작용을 갖는 것도 있다. 또 잎에 묻은 약이나 뿌리에서 흡수한 성분이 식물 전체에 퍼지고, 그 즙액을 빨아먹은 벌레를 죽이는 침투이행 독작용을 갖는 것도 있다.
　일반적으로 쓰이고 있는 것은 스미치온, 벤즈, 마라손 등이다. 실용상의 효과는 주로 접촉 독작용에 의한 것이다. 따라서 약액이 잎 뒤에 숨은 벌레의 몸에 완전하게 묻지 않으면 약의 효과는 적다. 그러나 소화독 작용이 강한 약은 잎의 표면에 약을 뿌린 것만으로도 잎 뒤에 붙어서 잎을 먹어 해치는 벌레를 죽일 수가 있다. 해충의 생태와 약의 치사 작용을 이해한 후에 발생 초기에 박멸을 꾀할 필요가 있다. 시판되고 있는 살균제는 병원체가 곰팡이인 경우에 잘 듣는 것이 많고 세균병에 효과가 약하게 나타나거나 거의 없다. 또 거의 모든 약이 보호 살균제이기 때문에 예방 살포하는 것이 효과적이다.
　야생화는 일반적으로 약해를 받기 쉬우므로 약해를 입기 전에 줄기나 잎의 일부에 약을 살포하여 약해를 확인한 후에 사용하는 것이 좋다. 한낮의 고온 시를 피하고 20~30% 정도 묽은 농도가 무난하다. 주된 병해충과 그 대책은 다음과 같다.

1. 병해 발생과 대책

1) 흰가루병

잎이나 줄기에 하얀 반점이 생기고 모든 잎에 퍼진다. 3~11월, 고온 다습이나 일조 부족 시 많이 발생한다. 트리후빈, 지오판, 훼나리, 유황(가벤다직) 등을 살포한다.

2) 노균병

잎맥을 각지게 하면서 다각형의 병반이 되어 잎 뒷면에 흰색 곰팡이가 붙는다. 6~9월 통풍이 나쁘고 고온 다습 시 발생한다. 메타실, 메티랑 등으로 방제하면 좋다.

3) 백견병

뿌리 근처에 하얀 곰팡이가 생겨 조의 알맹이 같은 입자(균핵)가 된다. 4~10월 고온 시 발생하여 토양을 통해 전염시키고, 병이 발생한 묘종은 뽑아서 소각한다. 심기 전 PCNB(내분비 교란 물질이므로 주의 요함.)를 토양에 혼합, 생육기에는 다찌가렌을 포기 밑에 관주한다.

4) 회색곰팡이병

잎이나 꽃봉오리, 꽃에 생기며 수침상의 반점이 커져서 썩는다. 그 위에 재색의 곰팡이가 밀생한다. 3~11월 통풍이 불량한 장마 때 많이 발생한다. 다이센, 오소사이드 등을 살포한다.

5) 녹병

잎이나 줄기에 튕겨 나온 병반이 여기저기에서 생긴다. 오렌지색이나 흑갈색의 분가루를 낸다. 3~11월 다습 시에 발생한다. 다이센, 사프롤 등을 살포한다.

6) 연부병

포기 밑이 엿 색으로 되어 썩는다. 악취가 난다. 5~10월 고온 다습 시 발생한다. 병든 포기는 소각하며 부패 주는 제거한다. 발병기에는 스트렙토마이신을 살포한다.

이외에 탄저병, 반점성 병해 등이 있는데, 다이센, 벤레이드 등으로 방

나리 잎마름병과 곰팡이병

제하고, 세균에 의한 병에는 항생제를 살포한다. 약이 듣지 않으면 약 종류를 번갈아 바꾸어 살포하고 상태를 본다.

2. 충해와 그 대책

1) 진딧물

어린잎이나 줄기에 군서하며 즙액을 빨아먹는다. 발병 초기에 텔타린, 메소밀, 프로펜 등을 살포한다.

2) 잎응애

잎의 뒷면에 군서하며 즙액을 빨아먹는다. 고온 건조기에 많이 발생한다. 시미찌온 등을 살포한다. 아기루, 게루센 등의 효과가 특히 크다.

병충해 진딧물 (원추리)

3) 개각충

껍질이나 하얀 분을 쓰고 즙액을 흡수한다. 4~7월에 부화한 유충은 2주일 정도 되면 이동하는데, 그때가 약제 살포의 적기이다. 스프라사이드, 스미치온 등을 살포하고, 성충은 솔 등으로 끌어 떨어뜨린다.

4) 군배충

잎 뒤에 기생해서 즙액을 흡수한다. 잎에는 황흰색의 반점이 생긴다. 스미치온, 올도란 등을 살포한다.

5) 야도충

야행성 해충으로 줄기나 잎을 먹어 해를 준다. 더프렉스를 살포한다. 크게 자란 유충은 야간에 잡는다.

6) 풍뎅이

유충은 토양 속에서 뿌리에 해를 입히고, 유기물이 많으면 많이 발생한다. 심기 전에 자루호스 입제를 섞으면 좋다.

7) 달팽이

어린 줄기, 잎, 꽃봉오리에 상처를 입히고, 야행성이다. 야간에 잡는 나메도루 등의 전문약으로 방제한다. 쌀겨와 맥주를 섞어서 접시에 넣고 선반 위에 놓고 잡아도 좋다.

8) 선충, 네마토다

가늘고 긴 충으로, 뿌리에 혹을 만드는 것이 네마토이다. 심기 전 토양 소독으로 클로로피크린 등을 관주하는 방법도 있으나, 약해가 나기 쉽다. 충에 감염된 뿌리를 잘라내고 새로운 용토에 옮겨 심는 것이 좋다.

9) 개미

분 속에 집을 만들면 생육이 나빠진다. 약제 방제도 있으나 옮겨 심으면 좋다.

제12장 식물의 보존과 보호

멸종위기에 있거나 학술적 가치가 있는 식물을 보호하기 위해 우리나라에서는 문화재보호법, 자연환경보전법, 산림자원의 조성 및 관리에 관한 법률, 수목원·정원의 조성 및 진흥에 관한 법률 등을 제정하여 식물을 보호하고 있다. 각각의 법에 의해 보호되고 있는 천연기념물, 희귀식물, 멸종위기식물 등은 다음과 같다.

1. 천연기념물

1) 천연기념물이란?

천연기념물이란 말은 지금으로부터 약 200년 전 독일의 알렉산더 훔볼트(Alexander von Humboldt)가 처음으로 그의 저서 '신대륙의 열대지방 기행'에서 사용하였다.

그는 1799년부터 1804년까지 남아메리카의 적도 부근 여러 나라를 여행하였는데, 1800년 베네수엘라 북부지방에서 자귀나무를 닮은 이 거목을 발견하고 천연기념물(Naturdenkmal)이라 이름했다.

한 국가 또는 한 지역에는 그곳의 풍토, 즉 환경인자군에 적응해서 수백년이란 긴 세월을 살아온 수목들이 있고, 또 독특한 식물 사회적 성격을 띤 생물 공동체가 형성된다.

　인간의 간섭과 협조를 떠나 자연현상으로 생겨나고 유지되어 온 이러한 존재는 그곳에 터를 잡고 살아온 인간들의 문화에 지대한 영향을 미쳤고 또 정신적, 물질적 관계는 높이 평가하여도 지나치지 않다.

2) 천연기념물 지정 기준(식물·광물)

　학술상 가치 있는 사총(寺叢), 뛰어난 줄나무, 명목(名木), 거수(巨樹), 노수(老樹), 대표적 원시림, 흔하고지 않은 산림 형태, 대표적 고산 식물대, 진기한 식물의 자생지, 뚜렷한 식물 분포의 경계를 보이는 곳, 수입 식물로서 학술상 가치가 있다고 인정되는 것, 배양 식물의 흔하지 않은 원산지, 절멸 위기에 처해 있는 식물, 지천, 호소, 하해 등에 나는 수조류, 조류, 선류, 태류, 지의류 등으로서 진귀하고 드문 것, 대표적 석회암 식물, 암상 식물 및 건생 식물 군락, 동혈 내 또는 농호로서 고유의 식물이 발생해 있는 곳, 해안 또는 하호 안변의 모래언덕으로서 고유의 사방 식물이 나 있는 곳, 온천의 천원 및 이로부터 흘러내리는 열수 또는 온수 중에 고유의 하등 동물이 많이 발생해 있는 곳, 고유의 특성을 지니고 있는 원야 또는 대표적 습원식물 군락, 난초류, 덩굴 식물 또는 은하식물이 무성하게 나 있는 곳이나 이들 식물이 많이 나 있는 임수, 도서로서 그곳에 나는 식물상이 특이한 것, 현재 희소하거나 장차 희소해질 우려가 있는 야생의 유용식물, 저명한 화석 식물 및 화석 삼림의 소재지, 학술상 특히 귀중하다고 인정되는 표본 및 화석을 말한다.

3) 천연기념물의 종류

연번	종류	명칭	소재지	관리자
1	천연기념물1호	대구 도동 측백나무 숲 (大邱道洞측백나무숲)	대구 동구	대구시 동구청장
2	천연기념물8호	서울 재동 백송 (서울齋洞白松)	서울 종로구	서울시 종로구
3	천연기념물9호	서울 조계사 백송 (서울曹溪寺백송)	서울 종로구	종로구
4	천연기념물11호	광릉 크낙새 서식지 (光陵크낙새棲息地)	경기 남양주시	경기 남양주시
5	천연기념물13호	진천 노원리 왜가리 번식지 (鎭川老院里왜가리繁殖地)	충북 진천군	충북 진천군
6	천연기념물18호	제주 삼도 파초일엽 자생지 (濟州森島파초일엽自生地)	제주 서귀포시	제주 특별자치도지사
7	천연기념물19호	제주 토끼섬 문주란 자생지 (濟州토끼섬문주란自生地)	제주 제주시	제주 특별자치도지사
8	천연기념물27호	제주 무태장어 서식지 (濟州무태장어棲息地)	제주 서귀포시	제주 특별자치도
9	천연기념물28호	완도 주도 상록수림 (莞島珠島常綠樹林)	전남 완도군	완도군수
10	천연기념물29호	남해 미조리 상록수림 (南海彌助里常綠樹林)	경남 남해군	남해군수
11	천연기념물30호	양평 용문사 은행나무 (楊平龍門寺은행나무)	경기 양평군	양평군수
12	천연기념물35호	강진 사당리 푸조나무 (康津沙堂里푸조나무)	전남 강진군	강진군수
13	천연기념물36호	순천 평중리 이팝나무 (順天平中里이팝나무)	전남 순천시	순천시장
14	천연기념물38호	구례 화엄사 올벚나무 (求禮華嚴寺올벚나무)	전남 구례군	구례군수
15	천연기념물39호	강진 삼인리 비자나무 (康津三仁里비자나무)	전남 강진군	강진군수

연번	종류	명칭	소재지	관리자
16	천연기념물40호	완도 예송리 상록수림 (莞島禮松里常綠樹林)	전남 완도군	완도군수
17	천연기념물48호	울릉 통구미 향나무 자생지 (鬱陵 通九味 향나무 自生地)	경북 울릉군	울릉군수
18	천연기념물49호	울릉 대풍감 향나무 자생지 (鬱陵 待風坎 향나무 自生地)	경북 울릉군	울릉군수
19	천연기념물50호	울릉 태하동 솔송나무·섬잣나무· 너도밤나무 군락 (鬱陵 台霞洞 솔송나무·섬잣나무·너도밤 나무 群落)	경북 울릉군	울릉군수
20	천연기념물51호	울릉 도동 섬개야광나무와 섬댕강 나무 군락 (鬱陵 道洞 섬개야광나무와 섬댕강나무 群落)	경북 울릉군	울릉군수
21	천연기념물52호	울릉 나리동 울릉국화와 섬백리향 군락 (鬱陵 羅里洞 울릉국화와 섬백리향 群落)	경북 울릉군	울릉군수
22	천연기념물53호	진도의 진돗개 (珍島의 珍島犬)	전남 진도군	진도군
23	천연기념물59호	서울 문묘 은행나무 (서울 文廟 은행나무)	서울 종로구	종로구청장
24	천연기념물60호	고양 송포 백송 (高陽 松浦 백송)	경기 고양시	고양시장
25	천연기념물62호	단양 영천리 측백나무 숲 (丹陽 令泉里 측백나무 숲)	충북 단양군	단양군수
26	천연기념물63호	통영 비진도 팔손이나무 자생지 (統營 比珍島 팔손이나무 自生地)	경남 통영시	통영시장
27	천연기념물64호	울주 구량리 은행나무 (蔚州 九良里 은행나무)	울산 울주군	울산 울주군수
28	천연기념물65호	울주 목도 상록수림 (蔚州 目島 常綠樹林)	울산 울주군	울산 울주군수
29	천연기념물66호	옹진 대청도 동백나무 자생북한지 (甕津 大靑島 동백나무 自生北限地)	인천 옹진군	인천 옹진군수

연번	종류	명칭	소재지	관리자
30	천연기념물69호	상주 운평리 구상화강암 (尙州 云坪里 球狀花崗岩)	경북 상주시	경북 상주시장
31	천연기념물73호	정선 정암사 열목어 서식지 (旌善 淨岩寺 熱目魚 棲息地)	강원 정선군	강원 정선군
32	천연기념물74호	봉화 대현리 열목어 서식지 (奉化 大峴里 熱目魚 棲息地)	경북 봉화군	경북 봉화군
33	천연기념물76호	영월 하송리 은행나무 (寧越 下松里 은행나무)	강원 영월군	강원 영월군수
34	천연기념물78호	강화 갑곶리 탱자나무 (江華 甲串里 탱자나무)	인천 강화군	인천 강화군수
35	천연기념물79호	강화 사기리 탱자나무 (江華 砂器里 탱자나무)	인천 강화군	인천 강화군수
36	천연기념물82호	무안 청천리 팽나무와 개서어나무 숲 (務安 淸川里 팽나무와 개서어나무숲)	전남 무안군	무안군
37	천연기념물84호	금산 요광리 은행나무 (錦山 要光里 은행나무)	충남 금산군	금산군수
38	천연기념물88호	순천 송광사 천자암 쌍향수(곱향나무) (順天 松廣寺 天子庵 雙香樹(곱향나무))	전남 순천시	순천시장
39	천연기념물89호	경주 오류리 등나무 (慶州 五柳里 등나무)	경북 경주시	경주시장
40	천연기념물91호	내장산 굴거리나무 군락 (內藏山 굴거리나무 群落)	전북 정읍시	정읍시장
41	천연기념물93호	원성 성남리 성황림 (原城 城南里 城隍林)	강원 원주시	원주시장
42	천연기념물95호	삼척 도계리 긴잎느티나무 (三陟 道溪里 긴잎느티나무)	강원 삼척시	삼척시장
43	천연기념물96호	울진 수산리 굴참나무 (蔚珍 守山里 굴참나무)	경북 울진군	울진군수
44	천연기념물98호	제주 김녕굴 및 만장굴 (濟州 金寧窟 및 萬丈窟)	제주 제주시	제주 특별자치도지사
45	천연기념물101호	진도 고니류 도래지 (珍島고니류渡來地)	전남 진도군	전남 진도군

연번	종류	명칭	소재지	관리자
46	천연기념물103호	보은 속리 정이품송 (報恩 俗離 正二品松)	충북 보은군	보은군수
47	천연기념물106호	예산 용궁리 백송 (禮山 龍宮里 백송)	충남 예산군	충남 예산군
48	천연기념물107호	진도 쌍계사 상록수림 (珍島 雙溪寺 常綠樹林)	전남 진도군	진도군수
49	천연기념물108호	함평 향교리 느티나무·팽나무·개서어나무숲 (咸平 鄕校里 느티나무·팽나무·개서어나무숲)	전남 함평군	함평군수
50	천연기념물110호	함평 기각리 붉가시나무 자생북한지 (咸平 箕閣里 붉가시나무 自生北限地)	전남 함평군	함평군수

해제된 목록(천연기념물 1호~ 110호 中)

연번	종류	명칭	소재지	관리자
1	천연기념물2호	합천 백조 도래지	경남 합천군	합천군
2	천연기념물3호	맹산의 만주흑송수림	기타 전국	.
3	천연기념물4호	서울 통의동의 백송	서울 종로구	서울특별시
4	천연기념물5호	서울 내자동의 백송	서울 종로구	조강식
5	천연기념물6호	서울 원효로의 백송	서울 용산구	서울시
6	천연기념물7호	서울 회현동의 백송	서울 중구	.
7	천연기념물10호	연희동의 수지적송	서울 서대문구	.
8	천연기념물12호	진천 진나 학도래 군서지	충북 진천군	.
9	천연기념물14호	진천의 미선나무 자생지	충북 진천군	진천군수
10	천연기념물15호	창녕 백조 도래지	경남 창녕군	문교부
11	천연기념물16호	밀양의 백송	경남 밀양시	.

연번	종류	명칭	소재지	관리자
12	천연기념물17호	당진 학 도래지	충남 당진시	.
13	천연기념물20호	해주 학 도래지	기타 전국	.
14	천연기념물21호	연안 학(황새) 도래지	기타 전국	.
15	천연기념물22호	연안 학 도래지	기타 전국	.
16	천연기념물23호	백천 학 도래지	기타 전국	.
17	천연기념물24호	웅진 학 도래지	기타 전국	.
18	천연기념물25호	선천랍도 고양이갈매기, 쇠백로, 흰수염바다오리 번식지	기타 전국	.
19	천연기념물26호	동관 홍적기동물 화석층	기타 전국	.
20	천연기념물31호	대강면의 은행나무	경기 경기전역	.
21	천연기념물32호	화산의 소나무갈졸참나무포합수	경기 화성시	.
22	천연기념물33호	금성면의 느티나무	전남 담양군	담양군
23	천연기념물34호	옥룡면의 팽나무	전남 광양시	.
24	천연기념물37호	진례면의 이팝나무	경남 김해시	.
25	천연기념물41호	중문면의 녹나무	제주 남제주군	남제주군
26	천연기념물42호	평양 목단대의 화석입목	기타 전국	.
27	천연기념물43호	평양 남산리의 화석림	기타 전국	.
28	천연기념물44호	송광사의 이팝나무	전남 순천시	.
29	천연기념물45호	죽청리의 동백나무	전남 완도군	완도군
30	천연기념물46호	대문리의 팽나무	전남 완도군	완도군
31	천연기념물47호	석문동의 오동나무	경북 울릉군	울릉군수
32	천연기념물54호	해남 학 도래지	전남 해남군	.
33	천연기념물55호	해남 학 번식지	기타 전국	.

연번	종류	명칭	소재지	관리자
34	천연기념물56호	웅기 앞바다 난도의 바다쇠오리, 고양이갈매기, 흰눈짜위바다오리, 흰수염바다오리 등 서식지	기타 전국	.
35	천연기념물57호	진천보의 담비(잘) 서식지	기타 전국	.
36	천연기념물58호	어의궁의 은행나무	서울 종로구	서울시
37	천연기념물61호	진천의 측백수림	충북 진천군	진천군수
38	천연기념물67호	용평면의 가침박달 군락	기타 전국	.
39	천연기념물68호	선남리의 음나무	기타 전국	.
40	천연기념물70호	금란굴	강원 강원 전역	.
41	천연기념물71호	백천의 학 및 백로 번식지	기타 전국	.
42	천연기념물72호	안동 도산면의 오관 번식지	경북 안동시	.
43	천연기념물75호	춘천의 장수하늘소 발생지	강원 춘천시	.
44	천연기념물77호	잠실리의 뽕나무	경기 시흥시	.
45	천연기념물80호	장성면의 왕버들	전남 장성군	장성군
46	천연기념물81호	개성리의 백송	경기 경기 전역	.
47	천연기념물83호	무안 사마리의 동백나무	전남 무안군	.
48	천연기념물85호	진안 월평리의 상수리나무, 소나무포합수	전북 진안군	.
49	천연기념물86호	진안의 줄사철나무 자생북한지대	전북 진안군	.
50	천연기념물87호	금구의 송악 자생북한지대	전북 김제시	.
51	천연기념물90호	벌교의 은행나무	전남 보성군	보성군
52	천연기념물92호	원성 성남리의 수림지	강원 원주시	원주시장
53	천연기념물94호	삼척의 회화나무	강원 삼척시	삼척시장
54	천연기념물97호	주문진 교항리의 밤나무	강원 강릉시	강릉시장
55	천연기념물99호	예산 학 번식지	충남 예산군	.

연번	종류	명칭	소재지	관리자
56	천연기념물100호	서산 학 도래지	충남 서산시	.
57	천연기념물102호	고저 앞 바다 란도바다오리, 고양이갈매기, 흰눈짜위바다오리, 흰수염바다오리번식지	강원 강원전역	.
58	천연기념물104호	보은의 백송	충북 보은군	보은군수
59	천연기념물105호	부여의 동매	충남 부여군	.

자료 : 문화재청

2. 희귀식물

희귀식물(rare species)이란 지리적인 분포에 있어서 식물종이 어떤 제한된 지역에만 생육하는 경우를 가리킨다(Bartel, 1987). 일반적으로 보호되어야 하는 야생식물 특히 개체군의 크기가 극히 적거나 감소하여 보전이 필요한 식물을 지칭하는 용어는 희귀식물, 멸종위기식물, 보호식물, 감소추세종, 특정식물, 법정보호식물, 적색식물 목록 등 매우 다양하다. 이러한 다양한 용어의 혼재는 실제적으로 관련 학계 또는 환경 단체 등에서 많은 혼란을 가져오고 있다.

산림청에서는 희귀식물과 관련하여 보전사업을 수행하면서 희귀 및 멸종위기 식물(Rare and Endangered Species)이라는 명칭으로 통칭하여 사용하였으나, 자연환경보전법에서 멸종위기종을 별도로 구분하여 명시한 후, 이 명칭과의 혼란을 피하기 위하여 '희귀식물'이라는 단일한 명칭으로 통일하여 사용하고 있다.

정부 기관에서 수행하는 국가적인 차원에서의 보존 대상 희귀식물 목록을 작성하면서 분류학적인 논란이 많은 분류군, 분류군별 특징이 고정되지 않은 품종 이하의 분류군 등에 대해서는 '후보종'의 개념을 도입하였다. 그 이유는, 반드시 보전 대상에 넣어 모니터링 해야 하는 분류군들이 상대적으로 많은 편이기 때문이다. 경우에 따라서는 품종 수준에서 인식되는 작은 차이점이 자원화로 발전시킬 수 있는 요소가 되기도 한다.

또한, 환경부에서는 1991년 자연환경보전법을 제정하여 법적으로 보호되어야 하는 식물을 '특정야생식물'로 규정하였다. 이 목록은 몇 번의 목록 개정 작업을 거쳐 최종적으로 126종을 지정하였다. 이렇게 선정된 특정야생식물에 대해 이 종의 희귀 정도에 따라 멸종위기종, 감소추세종, 특산종, 희귀종 등의 범주를 규정한 바 있으나, 명확한 기준으로 구분한 것은 아니다.

1998년 자연환경보전법을 개정하면서 그 희소성과 보존의 중요성에 따라 자연적 또는 인위적 위협으로 인한 주된 서식지, 도래지의 감소 및 서식 환경의 변화 등에 따라 개체 수가 현저하게 감소되어 있어 현재의 위협 요인이 제거되거나 완화되지 아니할 경우 멸종위기에 처할 우려가 있는 야생식물을 '멸종위기 식물(자연환경보전법 2조 6항)', 그리고 학술적 가치가 높은 야생식물, 국제적으로 보호 가치가 높은 야생식물 또는 개체수가 감소되고 있는 야생식물을 '보호야생식물(자연환경보전법 2조 7항)'로 크게 두 범주로 구분하고 각기 6종류, 52종류 총 58종류의 식물을 명시하고 있다.

이 외에도 자연환경보전법에는 CITES(멸종위기에 처한 야생 동식물 거래에 관한 협약)에 명시된 '국제적멸종위기종'에 대한 규정이 있는데, 우리나라 야생식물 중에는 부속서 II에 해당되는 난초과(Orchidaceae) 식물과 대극속(Euphobia), 재배 식물 중에는 선인장과, 소철류 등 다수의 종이 포함된다.

　멸종위기 야생식물과 보호야생식물이라는 범주와 그에 속한 식물 종만으로는 감소되어 가고 있는 희귀한 식물들의 효과적인 모니터링이나 유출입 관리가 어려운 현실적인 문제가 대두되면서, 앞의 어떠한 규정에서도 보호받지 못하는 종 중에서 우리나라 남한에 분포하는 특산식물을 주로 포함하여 '국외반출 승인대상 식물자원' 190종을 선정해 놓고 국외로 반출 시에는 환경부의 허가를 받도록 하고 있다. 이 밖에 자연환경보전법에 명시된 '자연환경 조사'에서는 역시 58종류만을 희귀식물로 모니터링하기에는 규모가 작고 또 보전과 모니터가 필요한 종이 산재해 있으므로 조사 지침에 별도로 '특정식물종'이라는 명칭으로 식물 목록을 작성, 이 종에 대해 모니터링하도록 제시하고 있다.

3. 멸종위기 야생식물

　멸종위기 식물(endangered species)이란 가까운 장래에 특정 지역의 분포역에 있어서 사라질 가능성이 매후 농후한 식물을 의미한다(Bartel, 1987).
　환경부는 2001년에 실시한 멸종위기 및 보호 야생동·식물 44종에 대한 전국 분포 조사 결과 광릉요강꽃, 붉은점모시나비 등의 새로운 서식지 발견, 산양, 수달 등의 서식 규모 확인 등 새로운 서식 정보를 파악하였다. 조사 결과를 바탕으로 생태계 보전 지역 지정, 생물다양성 관리계약 체결, 인공 증식·복원 등 종별 특성에 적합한 보호 대책을 수립하였다.
　기존에 알려지지 않은 새로운 서식지가 발견된 사례로는 지금까지 경기도 포천에만 서식하는 것으로 알려져 있던 광릉요강꽃이 강원도 춘천

OOO지역, 경기도 남양주 OO산, 전북 무주 OO산 등 3개 지역에 약 40개체가 자생하고 있는 것을 확인하였고, 과거 제주도에만 분포하는 것으로 알려져 있던 한란도 전남 OO도, OO도 2곳에 서식하고 있는 것으로 밝혀졌다.

매화마름은 현재 National Trust에 의해 구입·관리되고 있는 강화도 초지리 외에 대부도, 경기도 화성, 충남 태안, 전북 부안 등 서해안의 24개 지역에 최소 만 개체 이상이 서식하고 있음이 밝혀졌다.

멸종위기 야생식물   산림청 자료 2012년 2월 20일

국명	학명	멸종위기 야생생물 등급	국가적색목록 등급
가시연꽃	*Euryale ferox* Salisb.	멸종위기 야생생물 Ⅱ급	국가적색목록 취약(VU)
가시오갈피나무	*Eleutherococcus senticosus* (Rupr. & Maxim.) Maxim.	멸종위기 야생생물 Ⅱ급	국가적색목록 취약(VU)
각시수련	*Nymphaea tetragona* Georgi var. *minima* (Nakai) W. T. Lee	멸종위기 야생생물 Ⅱ급	국가적색목록 위급(CR)
개가시나무	*Quercus gilva* Blume	멸종위기 야생생물 Ⅱ급	국가적색목록 취약(VU)
개병풍	*Astilboides tabularis* (Hemsl.) Engl.	멸종위기 야생생물 Ⅱ급	국가적색목록 취약(VU)
갯봄맞이꽃	*Glaux maritima* L. var. *obtusifolia* Fernald	멸종위기 야생생물 Ⅱ급	국가적색목록 취약(VU)
광릉요강꽃	*Cypripedium japonicum* Thunb.	멸종위기 야생생물 Ⅰ급	국가적색목록 위급(CR)
구름병아리난초	*Gymnadenia cucullata* (L.) Rich.	멸종위기 야생생물 Ⅱ급	국가적색목록 취약(VU)

국명	학명	멸종위기 야생생물 등급	국가적색목록 등급
금자란	*Gastrochilus fuscopunctatus* (Hayata) Hayata	멸종위기 야생생물 II급	국가적색목록 위기(EN)
기생꽃	*Trientalis europaea* L. ssp. *arctica* (Fisch. ex Hook.) Hulten	멸종위기 야생생물 II급	국가적색목록 취약(VU)
끈끈이귀개	*Drosera peltata* Thunb. var. *nipponica* (Masam.) Ohwi	멸종위기 야생생물 II급	국가적색목록 취약(VU)
나도승마	*Kirengeshoma koreana* Nakai	멸종위기 야생생물 II급	국가적색목록 위기(EN)
나도풍란	*Sedirea japonica* (L. Linden & Rchb. f.) Garay & H. R. Sweet	멸종위기 야생생물 I급	국가적색목록 위급(CR)
날개하늘나리	*Lilium dauricum* Ker Gawl.	멸종위기 야생생물 II급	국가적색목록 위기(EN)
넓은잎제비꽃	*Viola mirabilis* L.	멸종위기 야생생물 II급	국가적색목록 위기(EN)
노랑만병초	*Rhododendron aureum* Georgi	멸종위기 야생생물 II급	국가적색목록 위기(EN)
노랑붓꽃	*Iris koreana* Nakai	멸종위기 야생생물 II급	국가적색목록 취약(VU)
단양쑥부쟁이	*Aster altaicus* Willd. var. *uchiyamae* Kitam.	멸종위기 야생생물 II급	국가적색목록 위기(EN)
닻꽃	*Halenia corniculata* (L.) Cornaz	멸종위기 야생생물 II급	국가적색목록 취약(VU)
대성쓴풀	*Anagallidium dichotomum* (L.) Griseb.	멸종위기 야생생물 II급	국가적색목록 위기(EN)
대청부채	*Iris dichotoma* Pall.	멸종위기 야생생물 II급	국가적색목록 위기(EN)
대흥란	*Cymbidiumm acrorhizon* Lindl.	멸종위기 야생생물 II급	국가적색목록 위기(EN)
독미나리	*Cicuta virosa* L.	멸종위기 야생생물 II급	국가적색목록 취약(VU)
만년콩	*Euchresta japonica* Hook. F. ex Regel	멸종위기 야생생물 I급	국가적색목록 위급(CR)

국명	학명	멸종위기 야생생물 등급	국가적색목록 등급
매화마름	*Ranunculus trichophyllus* Chaix var. *kadzusensis* (Makino) Wiegleb	멸종위기 야생생물 II급	국가적색목록 취약(VU)
무주나무	*Lasianthus japonicus* Miq.	멸종위기 야생생물 II급	국가적색목록 위기(EN)
물고사리	*Ceratopteris thalictroides* (L.) Brongn.	멸종위기 야생생물 II급	국가적색목록 취약(VU)
미선나무	*Abeliophyllum distichum* Nakai	멸종위기 야생생물 II급	국가적색목록 취약(VU)
백부자	*Aconitum coreanum* (H. Lév.) Rapaics	멸종위기 야생생물 II급	국가적색목록 취약(VU)
백양더부살이	*Orobanche filicicola* Nakai ex J. O. Hyun, H. C.S hin & Y. S. Im	멸종위기 야생생물 II급	국가적색목록 위기(EN)
백운란	*Vexillabium yakusimense* (Yamam.) F. Maek. var. *nakaianum* (F. Maek.) T. B. Lee	멸종위기 야생생물 II급	국가적색목록 위급(CR)
복주머니란	*Cypripedium macranthos* Sw.	멸종위기 야생생물 II급	국가적색목록 위기(EN)
분홍장구채	*Silene capitata* Kom.	멸종위기 야생생물 II급	국가적색목록 취약(VU)
비자란	*Thrixspermum japonicum* (Miq.) Rchb. f.	멸종위기 야생생물 II급	국가적색목록 위기(EN)
산작약	*Paeonia obovata* Maxim.	멸종위기 야생생물 II급	국가적색목록 위급(CR)
삼백초	*Saururus chinensis* (Lour.) Baill.	멸종위기 야생생물 II급	국가적색목록 위기(EN)
서울개발나물	*Pterygopleurum neurophyllum* (Maxim.) Kitag.	멸종위기 야생생물 II급	국가적색목록 위급(CR)
석곡	*Dendrobium moniliforme* Sw.	멸종위기 야생생물 II급	국가적색목록 위기(EN)
선제비꽃	*Viola raddeana* Regel	멸종위기 야생생물 II급	국가적색목록 위급(CR)

국명	학명	멸종위기 야생생물 등급	국가적색목록 등급
섬개야광나무	*Cotoneaster wilsonii* Nakai	멸종위기 야생생물 I급	국가적색목록 위급(CR)
섬시호	*Bupleurum latissimum* Nakai	멸종위기 야생생물 II급	국가적색목록 위기(EN)
섬현삼	*Scrophularia takesimensis* Nakai	멸종위기 야생생물 II급	국가적색목록 위기(EN)
세뿔투구꽃	*Aconitum austrokoreense* Koidz.	멸종위기 야생생물 II급	국가적색목록 취약(VU)
솔붓꽃	*Iris ruthenica* Ker Gawl. var. *nana* Maxim.	멸종위기 야생생물 II급	국가적색목록 취약(VU)
솔잎란	*Psilotum nudum* (L.) P. Beauv.	멸종위기 야생생물 II급	국가적색목록 위기(EN)
순채	*Brasenia schreberi* J. F. Gmel.	멸종위기 야생생물 II급	국가적색목록 취약(VU)
암매	*Diapensia lapponica* L. var. *obovata* F.Schmidt	멸종위기 야생생물 I급	국가적색목록 위급(CR)
애기송이풀	*Pedicularis ishidoyana* Koidz. & Ohwi	멸종위기 야생생물 II급	국가적색목록 취약(VU)
연잎꿩의다리	*Thalictrum coreanum* H. Lév.	멸종위기 야생생물 II급	국가적색목록 위기(EN)
왕제비꽃	*Viola websteri* Hemsl.	멸종위기 야생생물 II급	국가적색목록 위기(EN)
으름난초	*Cyrtosia septentrionalis* (Rchb. f.) Garay	멸종위기 야생생물 II급	국가적색목록 취약(VU)
자주땅귀개	*Utricularia yakusimensis* Masam.	멸종위기 야생생물 II급	국가적색목록 취약(VU)
전주물꼬리풀	*Dysophylla yatabeana* Makino	멸종위기 야생생물 II급	국가적색목록 위기(EN)
제비동자꽃	*Lychnis wilfordii* (Regel) Maxim.	멸종위기 야생생물 II급	국가적색목록 위기(EN)
제비붓꽃	*Iris laevigata* Fisch. ex Fisch. & C. A. Mey.	멸종위기 야생생물 II급	국가적색목록 취약(VU)

국명	학명	멸종위기 야생생물 등급	국가적색목록 등급
제주고사리삼	*Mankyua chejuense* B.-Y. Sun, M. H. Kim & C. H. Kim	멸종위기 야생생물 II급	국가적색목록 위급(CR)
조름나물	*Menyanthes trifoliata* L.	멸종위기 야생생물 II급	국가적색목록 취약(VU)
죽백란	*Cymbidium lancifolium* Hook.	멸종위기 야생생물 I급	국가적색목록 위급(CR)
죽절초	*Sarcandra glabra* (Thunb.) Nakai	멸종위기 야생생물 II급	국가적색목록 위기(EN)
지네발란	*Cleisostoma scolopendrifolium* (Makino) Garay	멸종위기 야생생물 II급	국가적색목록 위기(EN)
진노랑상사화	*Lycoris chinensis* Traub var. *sinuolata* K. H. Tae & S. C. Ko	멸종위기 야생생물 II급	국가적색목록 위기(EN)
차걸이란	*Oberonia japonica* (Maxim.) Makino	멸종위기 야생생물 II급	국가적색목록 위급(CR)
초령목	*Michelia compressa* (Maxim.) Sarg.	멸종위기 야생생물 II급	국가적색목록 위기(EN)
층층둥굴레	*Polygonatum stenophyllum* Maxim.	멸종위기 야생생물 II급	국가적색목록 준위협(NT)
칠보치마	*Metanarthecium luteo-viride* Maxim.	멸종위기 야생생물 II급	국가적색목록 위기(EN)
콩짜개란	*Bulbophyllum drymoglossum* Maxim. ex M. Okubo	멸종위기 야생생물 II급	국가적색목록 취약(VU)
큰바늘꽃	*Epilobium hirsutum* L.	멸종위기 야생생물 II급	국가적색목록 취약(VU)
탐라란	*Gastrochilus japonicus* (Makino) Schltr.	멸종위기 야생생물 II급	국가적색목록 위급(CR)
털복주머니란	*Cypripedium guttatum* Sw.	멸종위기 야생생물 I급	국가적색목록 위급(CR)
파초일엽	*Asplenium antiquum* Makino	멸종위기 야생생물 II급	국가적색목록 위기(EN)
풍란	*Neofinetia falcata* (Thunb.) Hu	멸종위기 야생생물 I급	국가적색목록 위급(CR)

국명	학명	멸종위기 야생생물 등급	국가적색목록 등급
한라솜다리	*Leontopodium hallaisanense* Hand.–Mazz.	멸종위기 야생생물 II급	국가적색목록 위급(CR)
한라송이풀	*Pedicularis hallaisanensis* Hurus.	멸종위기 야생생물 II급	국가적색목록 위기(EN)
한란	*Cymbidiumkanran* Makino	멸종위기 야생생물 I급	국가적색목록 위급(CR)
해오라비난초	*Habenaria radiata* (Thunb.) Spreng.	멸종위기 야생생물 II급	국가적색목록 위기(EN)
홍월귤	*Arctous alpinus* (L.) Nied. var. *japonicus* (Nakai) Takeda	멸종위기 야생생물 II급	국가적색목록 취약(VU)
황근	*Hibiscus hamabo* Siebold & Zucc.	멸종위기 야생생물 II급	국가적색목록 취약(VU)

멸종위기 야생식물 해제종

국명	학명	국가적색목록 등급
갈퀴현호색	*Corydalis grandicalyx* B. U. Oh & Y. S. Kim	
개느삼	*Sophora koreensis* Nakai	국가적색목록 취약(VU)
개상사화	*Lycoris flavescens* M. Kim & S. Lee	
개족도리풀	*Asarum maculatum* Nakai	국가적색목록 미평가(NE)
개종용	*Lathraea japonica* Miq.	국가적색목록 관심대상(LC)
갯대추	*Paliurusr amosissimus* (Lour.) Poir.	국가적색목록 위기(EN)
갯취	*Ligularia taquetii* (H. Lév. & Vaniot) Nakai	국가적색목록 취약(VU)
고란초	*Crypsinus hastatus* (Thunb.) Copel.	
고추냉이	*Eutrema wasabi* (Siebold) Maxim.	국가적색목록 정보부족(DD)
관중	*Dryopteris crassirhizoma* Nakai	
구름송이풀	*Pedicularis verticillata* L.	국가적색목록 정보부족(DD)
구상난풀	*Monotropa hypopithys* L.	국가적색목록 관심대상(LC)
국화방망이	*Sinosenecio koreanus* (Kom.) B. Nord.	국가적색목록 준위협(NT)

국명	학명	국가적색목록 등급
금강봄맞이	*Androsace cortusaefolia* Nakai	국가적색목록 위기(EN)
금강제비꽃	*Viola diamantiaca* Nakai	국가적색목록 관심대상(LC)
금강죽대아재비	*Streptopus ovalis* (Owhi) F. T. Wang & Y. C. Tang	
금강초롱꽃	*Hanabusaya asiatica* (Nakai) Nakai	국가적색목록 관심대상(LC)
금새우난초	*Calanthe striata* R. Br. ex Lild. for. *sieboldii* Decne. ex Regel	국가적색목록 취약(VU)
깽깽이풀	*Jeffersonia dubia* (Maxim.) Benth. & Hook. f. ex Baker & S. Moore	국가적색목록 준위협(NT)
끈끈이주걱	*Drosera rotundifolia* L.	국가적색목록 관심대상(LC)
나도제비란	*Galearis cyclochila* (Franch. & Sav.) Soo	국가적색목록 준위협(NT)
난장이붓꽃	*Iris uniflora* Pall. ex Link var. *caricina* Kitag.	국가적색목록 관심대상(LC)
난장이현호색	*Corydalis humilis* B. U. Oh & Y. S. Kim	
노랑무늬붓꽃	*Iris odaesanensis* Y. N. Lee	국가적색목록 관심대상(LC)
노랑팽나무	*Celtis edulis* Nakai	국가적색목록 미평가(NE)
대암사초	*Carex chordorrhiza* Ehrh. ex L. f.	국가적색목록 위기(EN)
도깨비부채	*Rodgersia podophylla* A. Gray	국가적색목록 관심대상(LC)
도라지모시대	*Adenophora grandiflora* Nakai	국가적색목록 미평가(NE)
된장풀	*Desmodium caudatum* (Thunb.) DC.	
두메대극	*Euphorbia fauriei* H. Lev. & Vaniot	국가적색목록 관심대상(LC)
둥근잎꿩의비름	*Hylotelephium ussuriense* (Kom.) H. Ohba	국가적색목록 관심대상(LC)
등대시호	*Bupleurum euphorbioides* Nakai	
땃두릅나무	*Oplopanax elatus* (Nakai) Nakai	국가적색목록 취약(VU)
땅귀개	*Utricularia bifida* L.	국가적색목록 관심대상(LC)
땅나리	*Lilium callosum* Siebold & Zucc.	국가적색목록 관심대상(LC)
만리화	*Forsythia ovata* Nakai	국가적색목록 취약(VU)
만주바람꽃	*Isopyrum manshuricum* Kom.	국가적색목록 관심대상(LC)

국명	학명	국가적색목록 등급
만주송이풀	*Pedicularis mandshurica* Maxim.	국가적색목록 위기(EN)
망개나무	*Berchemia berchemiifolia* (Makino) Koidz.	국가적색목록 관심대상(LC)
먹넌출	*Berchemia floribunda* (Wall.) Brongn.	국가적색목록 위기(EN)
모데미풀	*Megaleranthis saniculifolia* Ohwi	국가적색목록 취약(VU)
무엽란	*Lecanorchis japonica* Blume	국가적색목록 위기(EN)
물부추	*Isoetes japonica* A. Braun	
미치광이풀	*Scopolia japonica* Maxim.	
박달목서	*Osmanthus insularis* Koidz.	국가적색목록 취약(VU)
백량금	*Ardisia crenata* Sims	국가적색목록 관심대상(LC)
백서향나무	*Daphne kiusiana* Miq.	국가적색목록 준위협(NT)
백양꽃	*Lycoris sanguinea* Maxim. var. *koreana* (Nakai) Koyama	국가적색목록 취약(VU)
보춘화	*Cymbidium goeringii* (Rchb. f.) Rchb. f.	국가적색목록 관심대상(LC)
부채붓꽃	*Iris setosa* Pall. ex Link	국가적색목록 위기(EN)
분취	*Saussurea seoulensis* Nakai	
비로용담	*Gentiana jamesii* Hemsl.	국가적색목록 위기(EN)
사철란	*Goodyera schlechtendaliana* Rchb. f.	국가적색목록 관심대상(LC)
산개나리	*Forsythia saxatilis* Nakai	국가적색목록 취약(VU)
삼지구엽초	*Epimedium koreanum* Nakai	국가적색목록 관심대상(LC)
새우난초	*Calanthe discolor* Lindl.	국가적색목록 관심대상(LC)
설악눈주목	*Taxus cuspidata* Siebold & Zucc. var. *caespitosa* (Nakai) Q. L. Wang	
설앵초	*Primula modesta* Bisset & S. Moore var. *hannasanensis* T. Yamaz.	국가적색목록 미평가(NE)
섬남성	*Arisaema takesimense* Nakai	국가적색목록 관심대상(LC)
섬말나리	*Lilium hansonii* Leichtlin ex Baker	국가적색목록 관심대상(LC)
섬새우난초	*Calanthe coreana* Nakai	
섬자리공	*Phytolacca insularis* Nakai	국가적색목록 위기(EN)

국명	학명	국가적색목록 등급
섬천남성	*Arisaema negishii* Makino	국가적색목록 정보부족(DD)
솔나리	*Lilium cernuum* Kom.	국가적색목록 관심대상(LC)
솜다리	*Leontopodium coreanum* Nakai	
시로미	*Empetrum nigrum* L. var. *japonicum* K. Koch	국가적색목록 취약(VU)
애기등	*Wisteria japonica* Siebold & Zucc.	국가적색목록 관심대상(LC)
약난초	*Cremastra appendiculata* (D. Don) Makino	국가적색목록 준위협(NT)
어리병풍	*Parasenecio pseudotamingasa* (Nakai) B. U. Oh	국가적색목록 관심대상(LC)
여름새우난초	*Calanthere flexa* Maxim.	국가적색목록 취약(VU)
여우꼬리풀	*Aletris fauriei* H. Lév. & Vaniot	국가적색목록 정보부족(DD)
엽란	*Aspidistra elatior* Blume	
왕둥굴레	*Polygonatum robustum* (Korsh.) Nakai	국가적색목록 관심대상(LC)
왕자귀나무	*Albizia kalkora* (Roxb.) Prain	국가적색목록 취약(VU)
왕초피	*Zanthoxylum coreanum* Nakai	
이삭귀개	*Utricularia racemosa* Wall. ex Walp.	국가적색목록 관심대상(LC)
자라풀	*Hydrocharis dubia* (Blume) Backer	
자란초	*Ajuga spectabilis* Nakai	
자주솜대	*Smilacina bicolor* Nakai	국가적색목록 관심대상(LC)
점현호색	*Corydalis maculata* B. U. Oh & Y. S. Kim	
제주큰물통이	*Pilea taquetii* Nakai	
지리바꽃	*Aconitum chiisanense* Nakai	국가적색목록 관심대상(LC)
참고추냉이	*Cardamine koreana* (Nakai) Nakai	
천마	*Gastrodia elata* Blume	국가적색목록 관심대상(LC)
초종용	*Orobanche coerulescens* Stephan	국가적색목록 관심대상(LC)
큰새우난	*Calanthe discolor* Lindl. var. *bicolor* (Lindl.) Makino	

국명	학명	국가적색목록 등급
큰솔나리	Lilium pumilum Redoute	국가적색목록 미평가(NE)
큰연령초	Trillium camschatcense Ker Gawl.	국가적색목록 위기(EN)
통발	Utricularia japonica Makino	국가적색목록 미평가(NE)
한계령풀	Gymnospermium microrrhynchum (S. Moore) Takht.	국가적색목록 취약(VU)
한라꽃장포	Tofieldia fauriei H. Lév. & Vaniot	국가적색목록 미평가(NE)
한라장구채	Silene fasciculata Nakai	국가적색목록 위급(CR)
함양원추리	Hemerocallis micrantha Nakai	
헐떡이풀	Tiarella polyphylla D. Don	
홍도서덜취	Saussurea polylepis Nakai	국가적색목록 취약(VU)
홍만병초	Rhododendron brachycarpum D. Don ex G. Don var. roseum Koidz.	
황기	Astragalus membranaceus Bunge	
흑난초	Liparis nervosa (Thunb.) Lindl.	국가적색목록 취약(VU)
흑오미자	Schisandra repanda (Siebold & Zucc.) Radlk.	국가적색목록 미평가(NE)
흰각시붓꽃	Iris rossii Baker for. alba Y. N. Lee	
흰그늘용담	Gentiana chosenica Okuyama	
흰등괴불	Lonicera maximowiczii (Rupr.) Regel var. latifolia (Ohwi) H. Hara	
흰등심붓꽃	Sisyrinchium angustifolium Mill. for. album J. K. Sim & Y. S. Kim	
흰진달래	Rhododendron mucronulatum Turcz. for. albiflorum (Nakai) Okuyama	
히어리	Corylopsis glabrescens Franch. & Sav. var. gotoana (Makino) T. Yamanaka	

4. 야생화의 생육 특성

종류	개화기 (월)	꽃색	초장 (cm)	재식거리 (cm)	광요구도	수분요구도
금낭화	5~6	자주	30~40	25×25	양지/반음지	적윤지
긴병꽃풀	4~5	연자주	5~7	10×10	양지/반음지	습윤
노루귀	3~4	흰/보라	5~10	15×15	음지/반음지	습윤/건조
돌나물	5~6	황색	5~10	15×15	양지	습윤/건조
돌단풍	5~6	흰색	15~25	20×20	양지/반음지	습윤
만년청	5~6	연노랑	20~25	25×25	음지/반음지	습윤/건조
매발톱꽃	5~6	자주	15~30	20×20	양지/반음지	습윤/건조
복수초	2~3	노랑	15~25	15×15	음지/반음지	건조
붓꽃	5~6	보라	20~30	15×15	양지	습윤/건조
상록패랭이	5~6	분홍색	10~20	15×15	양지	건조
제주수선	12~3	흰/노랑	20~40	20×20	양지	습윤
앵초	4~5	자주	5~15	20×20	음지/반음지	습윤/건조
왜성술패랭이	5~6	자주	20~25	25×25	양지	건조
은방울꽃	4~5	흰색	10~20	25×25	양지/반음지	건조
산작약	5~6	자주	30~40	35×35	양지	건조
종민들레	4~5	적녹색	10~20	20×20	양지	적윤지
할미꽃	3~4	적자색	10~20	15×15	양지	건조
금불초	6~8	황색	30~40	20×20	양지	습윤/건조
꽃창포	6~7	보라	30~60	25×25	양지	습윤/건조
노루오줌	7~8	분홍색	30~40	25×25	양지/반음지	습윤
땅나리	7~8	황적색	30~50	25×25	양지	건조
땅채송화	7~8	황색	5~10	20×20	양지/반음지	건조
매미꽃	6~7	황색	15~25	25×25	음지/반음지	습윤/건조
맥문동	6~7	연보라	20~30	25×25	음지/반음지	습윤/건조
문수조릿대	6~7	자주	20~30	25×25	양지/반음지	건조

종류	개화기(월)	꽃색	초장(cm)	재식거리(cm)	광요구도	수분요구도
범부채	7~8	황색	30~70	25×25	양지/반음지	습윤/건조
부처꽃	7~8	자주	30~50	10×10	양지	습윤
비비추	6~7	연보라	15~20	25×25	반음지	습윤/건조
뻐꾹나리	6~7	흰/자주	20~30	25×25	음지/반음지	습윤/건조
상사화	7~8	적색	30~40	25×25	양지/반음지	습윤
섬기린초	6~7	황색	10~20	15×15	양지	건조
섬초롱꽃	6~9	흰/분홍	30~40	25×25	양지/반음지	습윤/건조
솔나물	6~7	황색	20~40	15×15	양지	건조
왕원추리	6~7	주황색	30~40	30×30	양지	습윤/건조
용머리	7~8	보라	30	25×25	양지	건조
터리풀	6~9	연분홍	30~40	20×20	양지/반음지	습윤/건조
감국	10	황색	30~70	15×15	양지	건조
구절초	9~10	흰/분홍	20~30	20×20	양지	건조
꽃무릇	8~9	적색	25~30	15×15	음지/반음지	습윤/건조
꽃범의꼬리	8~9	흰/자주	40~50	20×20	양지	습윤/건조
남쑥부쟁이	9~11	보라	30~50	20×20	양지	습윤/건조
두메부추	8~9	연분홍	20~30	20×20	양지	습윤/건조
벌개미취	8~10	보라	15~40	25×25	양지	습윤/건조
왕갯쑥부쟁이	9~12	남자색	30~40	25×25	양지	건조
왕해국	9~10	연자주	20~30	20×20	양지	건조
층꽃	9~10	보라	30~50	15×15	양지	건조
털머위	10~11	황색	20~30	25×25	양지/반음지	습윤/건조
향기식물원						
개미취	9~10	자주	1~1.5m	25×25	양지/반음지	습윤/건조
구절초	9~10	흰/분홍	20~30	20×20	양지	건조
박하	7~10	흰색	7~10	15×15	반음지	습윤
배초향	7~9	자주	7~9	20×20	양지	건조

종류	개화기(월)	꽃색	초장(cm)	재식거리(cm)	광요구도	수분요구도
백리향	7~8	자주	7~8	20×20	양지	건조
쑥	7~9	적자주	7~9	20×20	양지	적윤지
천궁	8	흰색	8	15×15	반음지	적윤지
톱풀	7~10	흰색	7~10	15×15	반음지	적윤지
향유	8~9	연자주	8~9	20×20	양지	적윤지
건조지야생화원						
기린초	5	황색	5	20×20	양지/반음지	습윤/건조
까치수염	6~8	흰색	6~8	15×15	양지	습윤/건조
돌나물	5~6	황색	5~6	15×15	양지	습윤/건조
바위솔	9	흰색	9	15×15	양지	건조
바위채송화	8~9	황색	8~9	15×15	양지	건조
벌개미취	8~10	보라	8~10	25×25	양지	습윤/건조
산국	10	황색	10	25×25	양지	건조
솔나물	6~7	황색	6~7	15×15	양지	건조
수크령	8~10	흑자색	8~10	30×30	양지	건조
술패랭이	7~8	분홍색	7~8	25×25	양지/반음지	습윤/건조
참나리	7~8	주황색	3~8	20×20	양지/반음지	습윤/건조
큰꿩의비름	8	자주	8	20×20	양지	건조
큰산꼬리풀	7~8	하늘색	7~8	15×15	양지	건조
생울타리원					양지	습윤/건조
산개나리	3~4	황색	3~4	40×40	양지	적윤지
매자나무	5	황색	5	160×160	양지	적윤지
눈주목	3~4	녹색	3~4	40×40	양지	적윤지
좀작살나무	8	연자주	8	40×40	반음지	적윤지
쥐똥나무	5~6	흰색	5~6	40×40	양지/반음지	적윤지
맥문동	6~7	연보라	20~30	25×25	음지/반음지	습윤/건조
민들레	4~5	황색	20~30	20×20	양지	건조

종류	개화기(월)	꽃색	초장(cm)	재식거리(cm)	광요구도	수분요구도
범부채	7~8	황색	30~70	25×25	양지/반음지	습윤/건조
비비추	6~7	연보라	15~20	25×25	반음지	습윤/건조
석창포	6~7	연황색	20~30	10×10	음지/반음지	습윤
원추리	7~8	주황색	70~80	35×35	반음지	습윤/건조
금낭화	5~6	자주	30~40	25×25	양지/반음지	적윤지
노루귀	3~4	흰/보라	5~10	15×15	음지/반음지	습윤/건조
맥문동	6~7	연보라	20~30	25×25	음지/반음지	습윤/건조
복수초	2~3	노랑	15~25	15×15	음지/반음지	건조
앵초	4~5	자주	5~15	20×20	음지/반음지	습윤/건조
은방울꽃	4~5	흰색	10~20	25×25	양지/반음지	건조
가는잎할미꽃	4	자주	30	15×15	양지	습윤/건조
금꿩의다리	8~9	자주	1~1.5m	15×15	양지/반음지	습윤
난쟁이붓꽃	5~6	보라	10~25	20×20	반음지	건조
돌나물	5~6	황색	5~10	15×15	양지	습윤/건조
좀비비추	4~5	적녹색	10~20	20×20	양지	적윤지
갈대	8~10	갈색	1~3m	25×25	양지	습윤
갈풀	6	녹자색	70~180	25×25	양지	습윤
달뿌리풀	8~11	자주색	20~50	20×20	양지	습윤
띠	5	녹색	30~80	20×20	양지	적윤지

5. 야생화 규격 및 가격 (한국물가정보 〈조경용 지피식물〉)

명명	규격	가격
가래	4~5분얼	2,000
가래(생이가래)	4~5분얼	2,000
가우라	8cm	1,500

명명	규격	가격
갈대	8cm	1,200
개미취	8cm	1,500
개미취(갯개미취)	8cm	1,700
개미취(벌개미취)	8cm	1,300
개미취(좀개미취)	8cm	1,500
갯기름나물	10cm	1,800
갯취	10cm	2,500
고랭이(세모고랭이)	8cm	1,800
고랭이(솔방울고랭이)	8cm	1,700
고랭이(큰고랭이)	10cm	2,000
고비	12cm	5,000
고비(도깨비고비)	12cm	5,000
고사리	10cm	2,000
고사리(넉줄고사리)	10cm	3,000
고사리(족제비고사리)	12cm	5,000
고사리(청나래고사리)	12cm	5,000
골풀	4~5분얼	1,500
곰취	10cm	1,500
관중	12cm	5,000
구절초	8cm	1,300
구절초(한라구절초)	8cm	1,700
국화(감국)	8cm	1,500
국화(산국)	8cm	1,200
금계국	8cm	1,500
금꿩의다리	10cm	3,000
금낭화	10cm	2,500
금불초	8cm	1,500
기린초	8cm	1,300

명명	규격	가격
기린초(상록애기기린초)	8cm	1,700
기린초(섬기린초)	8cm	1,500
기린초(애기기린초)	8cm	1,500
까치수영	10cm	1,800
꼬리풀(산꼬리풀)	8cm	2,000
꽃무릇(석산)	개화구	2,500
꽃범의꼬리	8cm	1,800
꽃잔디(홍설)	8cm	1,200
꽃창포	2~3분얼	1,600
꽃창포	4~5분얼	2,000
꽃창포(노랑꽃창포)	2~3분얼	1,600
꽃창포(노랑꽃창포)	4~5분얼	2,000
꽃창포(왜성꽃창포)	8cm	2,000
꽃향유(숙근꽃향유)	10cm	1,700
꿀풀	8cm	1,300
꿩의비름(둥근잎꿩의비름)	8cm	2,000
꿩의비름(무늬꿩의비름)	8cm	2,200
꿩의비름(큰꿩의비름)	8cm	1,800
나리(꽃나리)=백합	개화구	2,000
나리(말나리)	개화구	2,000
나리(섬말나리)	개화구	2,500
나리(참나리)	개화구	2,000
나리(털중나리)	개화구	2,500
나리(하늘나리)	개화구	2,500
낙지다리	8cm	1,500
노루귀	8cm	1,500
노루오줌	8cm	1,500
눈향(땅눈향)	10cm	5,000

명명	규격	가격
눈향(좀눈향)	10cm	5,000
능소화	10cm	5,000
달맞이꽃(왜성황금달맞이꽃)	8cm	2,000
달뿌리풀	8cm	1,200
담쟁이덩굴	8cm(L=0.3m)	1,200
담쟁이덩굴(오엽담쟁이)	10cm(L=0.3m)	2,000
도라지	1~2년생	1,200
돌나물	8cm	1,300
돌나물(무늬돌나물)	8cm	1,500
돌단풍	8cm	1,500
동의나물	10cm	2,000
동자꽃	8cm	1,500
두메부추	8cm	1,500
둥굴레(무늬둥굴레)	10cm	2,000
둥굴레	10cm	1,700
들국화(감국)	8cm	1,500
디기탈리스	10cm	2,000
띠	8cm	1,700
띠(홍띠)	10cm	2,500
루드베키아	8cm	1,200
리시마키아	8cm	1,500
리아트리스	10cm	2,000
마삭줄	8cm(L=0.3m)	1,500
마타리	8cm	1,500
매미꽃	10cm	2,000
매발톱꽃	8cm	1,300
매발톱꽃(하늘매발톱)	8cm	1,500

명명	규격	가격
매자기	8cm	1,500
맥문동	3~5분얼	900
	7~10분얼	1,300
맥문동(무늬맥문동)	10cm	2,200
무스카리	8cm	1,500
물레나물	8cm	1,500
물싸리	10cm	3,000
미나리	2~3분얼	1,200
민트	8cm	1,700
바위솔	8cm	2,000
바위취	8cm	1,500
박하	8cm	1,500
배초향	8cm	1,300
백리향	8cm	1,500
백리향(섬백리향)	8cm	1,800
백양꽃	개화구	2,000
버들(갯버들)	10cm(L=0.4m)	2,000
	10cm(L=0.8m)	2,500
버들(키버들)	10cm(L=0.4m)	2,000
	10cm(L=0.8m)	2,500
벌노랑이	8cm	1,700
범부채	8cm	1,700
범부채(애기범부채),몬트레부레치아	10cm	2,000
복수초	10cm	2,500
부들	8cm	1,200
부들(애기부들)	8cm	1,500
부레옥잠-1년생 부유식물	1분얼	1,200
부용	10cm	2,300

명명	규격	가격
부처꽃	8cm	1,200
부처꽃(털부처꽃)	8cm	1,500
분홍바늘꽃	10cm	2,300
붓꽃	8cm	1,500
붓꽃	7~10분얼	2,200
붓꽃(부채붓꽃)	8cm	1,800
붓꽃(제비붓꽃)	8cm	2,000
붓꽃(타래붓꽃)	8cm	1,700
붓꽃(흰붓꽃)	8cm	2,000
붓들레아	10cm	2,000
비비추	8cm	1,700
비비추(무늬비비추)	8cm	2,000
비비추(일월비비추)	8cm	1,700
비비추(좀비비추)	8cm	1,800
비비추(주걱비비추)	8cm	2,000
빈카마이너	8cm	2,000
뻐꾹나리	10cm	2,500
사사조릿대	10cm	3,000
사사조릿대(노랑무늬사사조릿대)	10cm	3,200
사사조릿대(흰줄무늬조릿대)	10cm	3,400
사스터데이지	8cm	1,500
사철채송화(비단세덤=송엽국)	8cm	1,500
사초(보리사초)	8cm	2,000
사초(상록사초)	10cm	3,000
사초(은사초)	10cm	2,500
산마늘	10cm	2,000
산비장이	8cm	1,500
산비장이(왜성산비장이)	8cm	1,700

명명	규격	가격
삼지구엽초	8cm	2,200
상사화	개화구	2,000
새우난초	10cm	3,500
석잠풀	8cm	1,500
석창포	8cm	2,000
석창포(무늬석창포)	8cm	2,300
세덤(리플렉시움)	8cm	1,500
세덤(맥시카넘)	8cm	1,500
세덤(비단세덤)=송엽국=사철채송화	8cm	1,500
세덤(스푸리움)	8cm	1,500
세덤(아크레)	8cm	1,500
세덤(알붐)	8cm	1,500
세덤(오색=오색기린초)	8cm	1,500
속새	8cm	1,500
송악	8cm(L=0.3m)	2,000
수국	10cm	3,000
수국(산수국)	10cm	3,000
수선화	개화구	1,500
수크령	8cm	1,200
수호초	10cm	2,000
수호초(무늬수호초)	10cm	2,500
순비기나무	8cm	2,400
실유카(=실란)	H=0.3	8,000
쑥부쟁이	8cm	1,300
쑥부쟁이(갯쑥뱅이)	8cm	1,700
아스타(숙근왜성아스타)	8cm	1,700
아이비	10cm	2,000
아주가	8cm	1,500

명명	규격	가격
애기나리	8cm	1,500
앵초	8cm	1,500
약모밀(=어성초)	10cm	2,000
양지꽃	8cm	1,500
양지꽃(제주양지꽃)	8cm	1,800
억새(무늬억새)	10cm	8,000
억새(물억새)	8cm	1,200
억새(참억새)	8cm	1,200
에키네시아	8cm	1,800
연(노랑어리연꽃)	1분얼	2,500
연(수련)	1분얼	6,500
연꽃	1분얼	12,000
영춘화	10cm	3,000
옥잠화	10cm	2,500
왜란(=애란)	8cm	1,500
왜성말발도리	10cm	2,500
왜승마	8cm	2,500
용담	8cm	1,500
우산나물	10cm	2,000
원추리	2~3분얼	1,700
원추리(노랑원추리)	2~3분얼	1,700
원추리(사계원추리=스텔라원추리)	8cm	1,800
원추리(애기원추리)	8cm	2,000
원추리(왕원추리)	2~3분얼	1,800
으름	10cm	3,500
으아리(큰꽃으아리)	10cm	5,000
은방울꽃	8cm	1,700
인동(붉은인동)	8cm(L=0.3m)	2,300

명명	규격	가격
자란	10cm	3,500
자주꽃방망이	10cm	2,300
작약	10cm	3,000
제비꽃	8cm	1,200
조팝나무(꼬리조팝)	10cm	2,500
조팝나무(노랑조팝=황금조팝)	10cm	3,000
조팝나무(삼색조팝)	10cm	3,000
조팝나무(좀조팝)	10cm	2,500
조팝나무(참조팝)	H0.4 W0.4 낙관	6,000
	H0.6 W0.6 낙관	10,000
조팝나무(홍조팝)	10cm	3,000
좀씀바귀	8cm	1,200
좁쌀풀	10cm	2,000
종지나물	10cm	1,500
줄	1분얼	1,700
줄사철	8cm(L=0.3m)	1,800
	8cm(L=0.6m)	2,200
	8cm(L=1.0m)	4,000
줄사철(노랑무늬줄사철)	8cm	2,500
줄사철(흰줄무늬줄사철)	8cm	2,500
창포	2~3분얼	2,000
창포(무늬창포)	2~3분얼	2,500
채송화(땅채송화)	8cm	1,500
채송화(바위채송화)	8cm	1,500
처녀치마	8cm	1,700
천남성	개화구	5,000
천인국	8cm	1,500
초롱꽃	8cm	1,500

명명	규격	가격
초롱꽃(섬초롱꽃)	8cm	1,700
층꽃나무	8cm	1,700
코레옵시스(숙근코스모스)	8cm	1,700
택사	10cm	1,700
털머위	10cm	2,000
톱풀	8cm	1,300
톱풀(서양톱풀)	8cm	2,000
투구꽃	10cm	2,500
패랭이꽃	8cm	1,300
패랭이꽃(갯패랭이)	8cm	1,500
패랭이꽃(상록패랭이)	8cm	1,500
패랭이꽃(상록패랭이델토이데스)	8cm	1,700
패랭이꽃(술패랭이)	8cm	1,500
패랭이꽃(잔디패랭이=사계패랭이)	8cm	1,500
펜스테몬	8cm	2,000
피스티아(물배추)-1년생 부유식물	1분얼	1,200
할미꽃	8cm	1,500
할미꽃(분홍할미꽃)	8cm	2,000
해국	8cm	1,500
해국(왕해국)	8cm	1,700
허브(디기탈리스)	10cm	2,000
허브(레몬밤)	8cm	1,700
허브(민트)	8cm	1,700
허브(벨가못트)	8cm	2,000
허브(야로우)	8cm	1,700
허브(에키네시아)	8cm	1,800
허브(차이브)	8cm	1,700
허브(케모마일)	8cm	1,700

명명	규격	가격
허브(펜스테몬)	8cm	2,000
헤데라	10cm	3,000
홍자단	10cm	3,500
후록스	8cm	1,500
휴케라	8cm	2,200
흑삼릉	1분얼	2,400
흰갈풀(=흰줄갈풀)	8cm	1,500
흰줄무늬지리대사초	8cm	3,000

명명	규격	단위	가격
갈대	8cm	주	1,000
갈대	8cm 망사포트	주	1,000
갈대	10cm 망사포트	주	1,200
갈대	15cm POT 모래식재(Carex paniculata)	본	4,500
감국	8cm	주	1,000
갯버들	10cm	주	2,000
갯버들	10cm 망사포트	주	2,000
고랭이	8cm 망사포트	주	1,000
고랭이	10cm 망사포트	주	1,500
골드밴드사초	10cm POT	본	2,000
골풀	15cm POT 모래식재(Carex paniculata)	본	4,500
구절초	8cm	주	1,000
금계국	10cm	주	1,700
금불초	8cm	주	1,200
기린초	8cm	주	1,000
꼬리조팝나무	10cm 망사포트	주	1,500
꽃범의꼬리	10cm	주	1,100
꽃잔디	8cm	주	1,000

명명	규격	단위	가격
꽃창포	8cm	주	1,500
	8cm 망사포트	주	1,500
	10cm 망사포트	주	2,000
낙우송	15cm POT 모래식재(Carex paniculata)	본	15,000
노랑꽃창포	8cm	주	1,500
	8cm 망사포트	주	1,500
	10cm 망사포트	주	2,000
	15cm POT 모래식재(Carex paniculata)	본	4,500
다래	15cm POT(L=1.5~2.0m)	본	15,000
달뿌리풀	8cm	주	1,000
	8cm 망사포트	주	1,000
	10cm 망사포트	주	1,200
둥근잎꿩의비름	10cm POT	본	3,000
띠	8cm	주	1,000
	8cm 망사포트	주	1,000
	10cm 망사포트	주	1,200
맥문동	7~10분얼	주	750
모닝라이트억새	15cm POT	본	8,000
무늬머루	15cm POT(L=1.5~2.0m)	본	15,000
무늬쑥부쟁이	10cm POT	본	1,200
무늬억새	15cm POT	본	8,000
물냉이	2~3분얼	주	1,500
물싸리	10cm POT	본	1,200
물억새	8cm	주	1,000
	8cm 망사포트	주	1,000
	10cm 망사포트	주	1,200
미국담쟁이	15cm POT(L=3.0m)	본	25,000

명명	규격	단위	가격
미나리	8cm	주	1,200
바하브눈향	10cm POT	본	3,000
버들류	15cm POT 오색버들, 호랑버들	본	12,000
벌개미취	8cm	주	1,000
범부채	8cm	주	1,500
베르게니아	10cm	본	3,000
보리사초	10cm POT	본	1,200
부들	8cm	주	1,000
부들	8cm 망사포트	주	1,000
부들	10cm 망사포트	주	1,200
부들	15cm POT 모래식재	본	4,500
부처꽃	8cm	주	1,000
부처꽃	8cm 망사포트	주	1,000
부처꽃	10cm 망사포트	주	1,200
붉은바위취	10cm POT	본	2,500
붓꽃	10cm	주	1,500
비비추	8cm	주	1,000
비비추 (Hosta 'Chinese Sunrise')	4~5분얼	본	5,500
비비추 (Hosta 'Lemon Lime')	4~5분얼	본	5,500
비비추 (Hosta Clausa)	4~5분얼	본	5,500
사사	10cm	주	1,800
사철채송화	10cm	주	1,000
사초	15cm POT 모래식재(Carex paniculata)	본	5,500
산부채	1촉	본	3,000
샤스터데이지	10cm	주	1,800
섬기린초	8cm	주	1,200
세덤	8cm	주	1,000

명명	규격	단위	가격
세덤매트	W300×L600(기린초, 디푸섬, 루페스트리, 색상굴레, 혼합형)	본	9,000
송악	8cm	주	1,300
수련	30cm POT 모래식재 (2~3분얼)	본	16,000
수생꽃창포	3~5분얼	본	12,000
수크령	8cm	주	1,000
수크령	8cm 망사포트	주	1,000
수크령	10cm 망사포트	주	1,200
수호초	10cm	주	2,500
술패랭이	8cm	주	1,200
식생매트	구절초 W340×L500	매	20,000
식생매트	아스타 W340×L500	매	20,000
식생매트	초롱꽃 W340×L500	매	20,000
식생매트	보리사초 W340×L500	매	20,000
식생매트	쑥부쟁이 W340×L500	매	20,000
식생매트	수호초 W340×L500	매	20,000
식생매트	옥잠화 W340×L500	매	20,000
식생매트	비비추 W340×L500	매	20,000
식생매트	두메부추 W340×L500	매	20,000
식생매트	눈갯버들 W340×L500	매	25,000
식생매트	풍지초 W340×L500	매	30,000
식생매트	바하브눈향 W340×L500	매	30,000
식생매트	눈섬개야광 W340×L500	매	30,000
식생코아롤	ø300 × L1,000, 4년생 (갈대/노랑꽃창포/털부처/부들)	m	99,000
쑥부쟁이	8cm	주	1,000
아스타	10cm POT	본	1,500

명명	규격	단위	가격
애기부들	8cm	주	1,200
	8cm 망사포트	주	1,200
	10cm 망사포트	주	1,500
억새	8cm	주	1,200
연	20cm POT	본	16,000
오미자	15cm POT(L=1.5~2.0m)	본	15,000
옥잠화	10cm	주	3,600
옥잠화 (Hosta 'Antioch')	4~5분얼	본	10,000
옥잠화 (Hosta 'Frances Williams')	4~5분얼	본	10,000
옥잠화 (Hosta 'Halcyon')	4~5분얼	본	10,000
옥잠화 (Hosta sieboldiana 'Elegans')	4~5분얼	본	10,000
원추리	8cm	주	1,000
으름덩굴	15cm POT (L=1.5~2.0m)	본	15,000
은방울꽃	8cm	주	1,000
은사초	10cm POT	본	2,000
은쑥	10cm POT	본	5,000
	15cm POT	본	20,000
인동	15cm POT (L=1.5~2.0m)(노랑, 붉은, 주황)	본	15,000
절단 SEDUM	1~3cm	Kg	55,000
제브라참억새	15cm POT	본	8,000
줄	8cm	주	1,000
	8cm 망사포트	주	1,000
	10cm 망사포트	주	1,200
참나리	10cm	주	2,500
창포	8cm	주	2,500
큰고랭이	15cm POT 모래식재	본	5,500

명명	규격	단위	가격
키버들	10cm	주	2,000
	10cm 망사포트	주	2,000
털부처	15cm POT 모래식재	본	4,500
털부처꽃	8cm	주	1,200
패랭이꽃	8cm	주	1,000
풍지초	10cm POT	본	2,000
하늘매발톱	10cm	주	2,000

야생화 화분 재배

01 골무꽃

 학명 : Scutellaria indica L.

 과명 : 꿀풀과

 개화기 : 5~6월

 생육특성 :
우리나라 중부 이남의 산과 들에 자라는 다년생 초본이다. 생육환경은 부엽질이 풍부한 반그늘에서 잘 자란다. 키는 약 20~30㎝ 정도이다. 잎은 넓은 난형이고 길이 약 2㎝ 정도이다. 꽃은 자주색으로 피며 줄기 상단부에서 꽃대가 나와서 아래에서 위쪽으로 올라가며 핀다. 꽃 길이는 약 3~5㎝가량, 너비는 0.7~1㎝ 정도이다. 꽃은 앞부분은 넓지만 뒤쪽으로 오면서 좁아지는 특성이 있다. 열매는 7~8월경에 작은 원추형으로 달리고 안에는 지름 약 1㎜ 정도의 종자가 들어 있다. 골무꽃의 종류는 '그늘골무꽃', '흰골무꽃', '연지골무꽃', '좀골무꽃', '광릉골무꽃', '참골무꽃' 등 많이 있는데, 대부분 잎과 꽃에 따라 구분한다.

재배 및 관리 요령

골무꽃 종류들은 노지에서 재배하기 어려운 품종 중 하나이다. 따라서 키가 작고 이른 봄에 피는 종들에 알맞은 화분 재배를 많이 하고 있는 품종이기도 하다. 화분에 야생화를 재배하고 이를 상품화하는 곳이 많이 있고, 야생화동호회에서 여는 야생화전시회에 항상 출품되는 품종이기도 하다.

화분에 재배하는 요령은 마사토나 유기질 함량이 많은 퇴비를 이용하여 물빠짐이 좋게 화분 아래에 작은 돌을 채우고 심는다. 골무꽃은 봄철에 꽃이 피고 바로 시들

마사토

화분에 재배된 골무꽃

화분에 재배된 부처손

기 때문에 화분을 관리하는 측면에서는 반갑지만은 않은 품종이다.

그러나 부처손이나 콩짜개덩굴과 같이 상록인 품종과 천남성과 같은 구근식물들 사이에 심으면 좋은 품종이다.

골무꽃은 종류도 다양하지만 '호골무꽃'의 경우는 여름에 개화를 해 전체적인 개화 시기는 상당히 길다고 할 수 있다.

최근에는 초가을에 날이 따뜻해져 자생지에서도 꽃을 피워 개화 시기는 더 늘었다고 볼 수 있다.

단일 품종으로 심을 때는 이끼와 함께 심어 관리하면서 한여름에 표토층의 수분 증발을 최소화시키고, 다른 품종과 혼식할 때는 뿌리가 발달한 품종보다는 상기 기술한 품종을 심는 것이 좋다.

번식법

6~7월경에 자생지에서는 종자가 떨어지기 시작한다. 골무꽃 종류는 종자를 받으려면 개체를 옆에 두고 있어야 할 만큼 신경을 많이 써야 한다. 이유는 씨방이 익으면서 아래로 향한 씨방이 열리면 작은 바람에도 쉽게 종자가 탈락하기 때문이다. 줄기를 따라 올라가며 달리는 씨방은 꽃 한 송이에 작은 씨방 2~3개 정도가 달린다.

따라서 종자는 한 포기에서 많이 얻을 수 있다. 이렇게 종자를 받은 후 바로 뿌리는 것이 종자 발아율이 가장 높게 나타났다. 9월 이후에 뿌리는 종자는 종이에 싸서 수분 증발을 최소화 시킨 후 상토에 뿌린다. 종자의 보관 기간이 길수록 종자 발아율은 낮아진다.

종자 발아 후 본엽이 전개되면 원하는 화분에 심어 관리한다.

야생에서 자란 골무꽃

02 구절초

 이명: 넓은잎구절초, 낙동구절초, 선모초, 큰구절초

 생약명: 구절초(九折草), 선모초(仙母草)

 학명: *Dendranthema zawadskii* var. *latilobum* (Maxim.) Kitam.

 과명: 국화과

 개화기: 9~10월

 생육특성: 우리나라 각처의 산지에서 많이 자라는 다년생 초본이다. 생육환경은 산의 등산로 부근이나 양지바른 곳 혹은 반그늘의 풀숲에서 자란다. 키는 50~100㎝ 정도이다. 잎은 난형으로 잎 가장자리가 얕게 갈라지며 길이 4~7㎝, 너비 3~5㎝이다. 꽃은 흰색이며 향기가 있고 줄기나 가지 끝에서 한 송이씩 피고 한 포기에서는 5송이 정도 핀다. 처음 꽃대가 올라올 때는 분홍빛이 도는 흰색이고 개화하면서 흰색으로 변한다. 꽃의 지름은 6~8㎝ 정도이다. 열매는 10~11월에 달린다. 구절초는 우리나라에 자생하는 종류가 '울릉국화', '낙동구절초', '포천구절초', '서흥구절초', '남구절초', '한라구절초' 등 30여 가지가 넘고, 대부분 '들국화'로 인식한다.

재배 및 관리 요령

국화과 식물들은 대부분 비료를 많이 필요로 하는 다비성 식물이다. 자생지 조건을 보면 유기물이 많고 부엽질이 많은 곳에서 자라는 특징이 있다.

지금은 대량으로 재배하는 농가들이 많아지고 있는 품종이기도 하다. 하지

야생에서 자란 구절초

만 농가에서 여름 우기에 묘가 과습 피해를 입는 어려움을 겪는데, 대부분의 농가 재배 현장에서 나타나는 것이 현실이다. 과습 피해를 막기 위한 방법은 골의 높이를 20㎝ 이상 높게 하는 것인데, 첫해에는 높게 유지하지만 2년 이상이 경과하면 흙이 아래로 내려오면서 골의 높이가 낮아지므로 과습의 피해를 입는다. 따라서 1년이 지나면 봄이나 가을에 골을 다시 정비하여 골의 높이를 높게 해야 한다.

심을 때도 퇴비가 많이 필요하지만 중간에 추비(追肥)를 해 주는 것이 중요하다. 추비는 주로 계분을 물에 넣은 후 7~10일 정도 우려낸 후 이를 2~3회 정도 관수해 주는 것이 가장 효과적이다.

화분에 재배할 때는 물빠짐을 좋게 한 후

구절초 줄기

야생화 화분 재배 151

퇴비를 많이 넣은 상토를 이용하여 재배하는 것이 좋다. 퇴비를 많이 필요로 하는 품종이어서 해마다 분갈이를 해 주는 것이 다소 번거롭기는 하다.

 번식법

종자가 잘 익은 11월경에 종자를 받아 종이에 싸서 냉장 보관 후 이듬해 2월 초순 화분에 뿌린다. 종자를 뿌리는 시기는 가을보다는 이른 봄이 좋다. 이유는 가을에 뿌리면 곧 겨울이 와 묘종이 상하는 경우가 많이 있지만, 이른 봄에 뿌리면 발아율도 높을 뿐 아니라 묘종 관리가 수월하기 때문이다. 종자 파종상에 골을 낸 후 종자를 한 줄로 뿌리면 된다. 이렇게 종자를 뿌린 후에는 물을 주고 습도를 유지하기 위해 신문이나 비닐로 덮은 후 7일 정도 경과하면 덮은 것을 제거하고 물 관리를 한다.

잎이 나와서 본엽이 전개될 때까지는 약 한 달 정도가 소요되므로 그후에 이식하면 된다. 너무 어린 묘를 옮기면 고사율이 높으므로 가능한 뿌리 발육이 잘 된 것을 선정하여 심는 것이 좋다. 늦게 이식하면 뿌리가 많이 생겨 옮겨 심는 데 시간이 많이 소요되고 고사율도 높게 나타난다.

삽목에 의한 번식은 여름을 피하면 언제든지 해도 상관없으나, 8월이 넘어 삽목하면 당년에 꽃을 보지 못하

므로 가능한 봄에 삽목하는 것을 권한다. 삽목 방법은 일아삽(잎을 한 장 붙이고 하는 방법), 이아삽(잎을 두 장 붙이고 하는 방법), 천수삽(가장 윗부분의 가지를 잘라서 삽목하는 방법) 등 다양한 방법이 있으나, 많은 개체를 얻으려면 일아삽을 권한다. 삽목상 준비는 오염되지 않은 상토를 준비하고, 삽수(삽목할 개체)는 많이 준비해 가능한 빨리 삽목상에 꼽는 것이 좋다. 이렇게 삽목을 한 후에는 저면관수(물동이에 물을 받아 삽목상을 두면 삼투압에 의해 물이 위로 올라가는 것을 말함.)로 하고, 이후 습도를 유지하기 위해 신문이나 비닐로 덮고 7~10일 정도 후 제거하고 이후는 일반적인 관수를 하면 된다.

국화과 식물이 가진 또 하나의 장점은 흡지(본뿌리에서 다른 개체들이 옆으로 많이 생겨 뻗어나가는 것을 말함.)가 많이 생기는 것이다. 많게는 한 개체에서 약 30개체 이상의 흡지를 얻을 수 있다. 흡지를 분리할 때는 본뿌리에서 흡지와 분리하는데, 이때 주의할 점은 최소한의 뿌리가 붙어 있는 것을 사용하는 것이다. 이 방법 또한 습도 관리를 하려면 삽목과 동일한 방법으로 한다.

화분에 재배된 구절초

금낭화

 이명 등모란, 며느리주머니

 학명 *Dicentra spectabilis* (L.) Lem.

 과명 양귀비과

 개화기 5~6월

 생육특성 우리나라 각처의 산지에서 자라는 다년생 초본이다. 생육 환경은 깊은 산 계곡 근처의 부엽질이 풍부한 곳에서 자란다. 키는 60~100㎝이다. 잎은 잎자루가 길고 깃 모양으로 3갈래로 갈라지며, 가장자리에는 결각상 톱니가 있다. 꽃은 연한 홍색이며 줄기를 따라 아래에서 위쪽으로 올라가며 심장형으로 달리고, 완전히 개화하기 전에는 좌우에 있는 흰색이 붙어 있지만 완전히 개화되면 위쪽으로 말려 올라간다. 꽃 가운데 흰 주머니 모양을 한 것은 암술과 수술이 들어 있는 곳이다. 열매는 6~7월경에 긴 타원형으로 달리고 안에는 검고 광채가 나는 종자가 들어 있다.

재배 및 관리 요령

꽃이 아름다워 분화로 많이 판매되는 종이며, 외국에서는 이미 원예종으로 많은 종들이 판매되고 있다. 외국에서 판매되는 종들은 꽃 색과 형태를 다양하게 한 것이 특징이다.

금낭화는 화분에 심어 관리하기에는 어려운 품종이지만, 최근 야생화 동호회가 활발한 전시 활동을 하면서 키우는 방법에 대한 상호간의 교류가 많아 문제를 쉽게 해결하고 있다.

이 품종은 건조하고 시원한 곳에서 자라는 특성을 가지고 있으며 물빠짐도 좋은 곳이어야 한다. 용토는 물빠짐이 좋은 펄라이트와 질석을 이용하는데, 약 20% 정도의 피트모스는 넣어

펄라이트

야생에서 자란 금낭화

피트모스

도 좋으나 더 많이 넣으면 과습의 우려가 있다. 대부분의 야생식물들이 가진 특성을 그대로 가지고 있지만, 뿌리가 일반 뿌리가 아닌 덩이줄기(괴근)로 되어 있어 재배하기 더 어려운 품종이다.

일부 농가에서 하고 있는 재배법으로는, 골을 50㎝ 정도 깊게 파며 안에는 배수가 잘 되게 볏짚을 넣기도 한다. 이런 것은 모두 물빠짐을 좋게 하기 위함이다.

화분은 깊이 20~30㎝ 정도 되는 것을

화분에 재배된 금낭화

선정하여 덩이줄기가 약 10㎝ 정도 잠기게 하는데, 그 이유는 너무 깊게 묻히면 순 올라오는 것이 더뎌지기 때문이다. 얕은 화분에서 재배할 경우 겨울철에 외부에는 화분을 두지 말고 실내로 들여 보관해야 한다. 그렇지 않으면 덩이줄기가 상해 이듬해 꽃을 볼 수 없기 때문이다.

금낭화 종자

 번식법

종자를 받을 때 많이 신경을 써야 하는 품종이다. 날씨가 좋으면 씨방이 빨리 익어 금방 떨어져 버려 하나도 받을 수 없다. 금낭화 종자를 받을 때는 비닐장갑을 끼고 받는데, 이는 씨방을 받고 나면 손에 노란물이 들어 잘 지워지지 않기 때문이다.

일반적으로 여러 책에는 종자 받는 시기를 7~8월경으로 하고 있으나, 6월부터 계속 살피며 받는 게 많이 받을 수 있다. 금낭화 종자 발아에 관한 각종 문헌들과 연구보고가 많이 되고 있는데, 종자를 받아서 바로 뿌리는 것이 발아율이 높았고, 보관을 하면 할수록 발아율이 저하되는 경향을 보였다고 하며, 일부에서는 종자에 호르몬을 처리해서 발아율을 높이는 보고도 하고 있다.

통상 발아율이 낮은 종자들은 호르몬(GA-지베렐린)을 이용하여 발아율

야생화 화분 재배 157

을 향상시키기도 한다. 이 품종도 마찬가지로 종자를 호르몬에 30분 정도 침지한 후 뿌리면 발아율이 높다고 보고되고 있다.

   필자가 해 본 바에 의하면, 종자 발아율은 낮지만 오랫동안 보관하면서 수분 관리만 잘 해 주면 발아율은 충분히 높일 수 있었다.

   또한 종자 뿐만아니라 덩이줄기를 이용해 번식시키는 방법도 보고되고 있다. 가을에 덩이줄기를 캐서 길이 약 2㎝ 정도로 나눈 후 심어야 이듬해 작은 꽃들이 핀다. 물론 더 길게 잘라도 되지만 많은 개체를 얻기 위해서는 최소화시키는 것도 한 방법이다.

   여름에 덩이줄기를 자르면 속이 텅 비어 있고, 이것을 땅에 묻으면 썩으므로 여름은 피하고 가을이나 이른 봄에 하는 것이 가장 좋다.

   초기에 너무 수분을 많이 주게 되면 뿌리가 썩으므로 주의해야 한다.

야생에서 자란 금낭화

노루오줌

 이명 : 큰노루오줌, 왕노루오줌, 노루풀

 학명 : *Astilbe chinensis* (Maxim.) Franch. & Sav.

 과명 : 범의귀과

 개화기 : 7~8월

 생육특성 : 우리나라 각처의 산에서 자라는 다년생 초본이다. 생육 환경은 산지의 숲 아래나 습기와 물기가 많은 곳에서 자란다. 키는 60㎝ 내외이다. 잎은 넓은 타원형으로 끝이 길게 뾰족하며, 잎 가장자리가 깊게 패고 톱니가 있으며 길이 2~8㎝이다. 꽃은 연분홍색으로, 길이 25~30㎝ 정도이다. 열매는 9~10월에 달리며, 갈색으로 변한 열매 안에는 미세한 종자들이 많이 들어 있다. 이 품종은 뿌리를 캐면 오줌 냄새와 비슷한 냄새가 나고, 외국에서는 많은 품종들이 육종되어 '아스틸베(Astilbe)'라 하여 절화식물로 이용된다. 관상용으로 쓰이며, 어린순은 식용, 뿌리를 포함한 전초와 꽃은 약용으로 이용된다.

재배 및 관리 요령

노루오줌은 외국에서 astillbe라는 이름으로 이미 원예화 되어 있는 식물이다. 이렇게 원예화가 된 품종들은 포트나 화분에 재배가 가능하지만 자생하는 종은 재배가 여간 어려운 것이 아니다. 먼저 재배를 염두에 두고 있다면 다른 식물들이 거의 살 수 없는 습지와 같이 항상 물이 고이는 곳을 선정하는 것이 좋다. 자생지 조건이 물이 고여 발걸음을 옮길 때 빠지는 곳이기 때문이다. 또한 논과 같이 수분이 잘 빠지지 않는 곳을 선정해도 좋지만, 문제는 여름 가뭄에 땅이 마르면 모두 고사할 수 있기 때문에 신중하게 장소를 선정해야 한다.

화분에 심기에는 키가 큰 식물군에 속한다. 큰 항아리나 수조에 물을

화분에 재배된 노루오줌

노루오줌 꽃

받고 이를 다른 식물들과 함께 심어 관리하면 좋다.

예를 들면, 수련이나 어리연꽃, 노랑어리연을 심고 그 주변으로 흙을 올라오게 해서 완전히 물에 빠지지 않는 상태를 만들어 주고 그곳에 심으면 된다. 또한 단용으로 심을 때는 물이 잘 빠지지 않고 높이가 10~15㎝ 정도 되는 화분을 이용한다.

화분을 만들기 위해 준비

노루오줌 잎

해야 할 것들은 ① 높이 10~15㎝, 길이 50~70㎝ 정도 되는 낮은 화분, ② 흙은 배수가 잘 되지 않는 논흙이나 산흙이다.

다른 식물들을 키울 때는 시중에서 판매하는 일반 상토(피트모스, 버뮤큘라이트, 펄라이트 등을 함유한 것임.)를 조금씩 섞어 사용해도 되지만, 습지식물의 경우는 물이 잘 빠지지 않는 토양을 사용하는 것이 효과적이다.

물은 흙에 물이 마르지 않게 매일 주는 것을 권한다. 또한 같이 심을 수 있는 품종으로는 동자꽃, 여뀌와 같은 식물을 권한다.

야생에서 자란 노루오줌

05 돌단풍

 돌나리, 부처손, 장장포

 Mukdenia rossii (Oliv.) Koidz.

 범의귀과

 5월

 우리나라 충북 이북 지방의 돌에 붙어 자라는 다년생 초본이다. 생육 환경은 돌이 많은 곳에서 자라는데, 어느 정도의 토양은 있어야 생존이 가능하며, 반그늘에서 자란다. 키는 약 30㎝ 정도이다. 잎은 황록색 또는 연녹색이고 길이 20㎝ 정도이며, 뿌리줄기의 끝이나 그 근처에서 1~2개씩 나오고 긴 난형이다. 꽃줄기는 잎이 없고 비스듬히 자라며 높이 약 30㎝ 정도이고 흰색 바탕에 약간 붉은빛이 돌고 윗부분에 형성된다. 열매는 7~8월경에 달리고 난형이며 익으면 2개로 갈라지고 안에는 종자가 많이 들어 있다.

도로 건설이 많이 되면서 주변 생육 환경이 열악해져 많은 부분의 자생지가 훼손을 당하고 있다. 최근에는 실내 조경이 많이 행해지면서 중국에서 묘가 많이 수입되고 있다.

재배 및 관리 요령

야생화 화분이나 분경을 하는 사람들이 많이 이용하는 품종 중 하나다. 특히 목부작과 석부작에는 매우 좋은 소재임에 틀림없다. 이렇게 많은 소재거리로 이용하다 보니 자생지에 있는 돌단풍은 많이 사라지고 없는 게 현실이다.

많이 거래되는 품목일수록 대량의 번식 체계를 마련해야 할 것이다.

밭에서 대량으로 재배할 때는 골 높이를 약 30~50cm 정도로 높게 하여 물이 고이지 않게 하는 것이 좋다. 또한 처음부터 돌이나 나무에 붙여 재배

펄라이트

화분에 재배된 돌단풍

할 때는 분무기를 이용하여 입자가 고운 물을 준다.

  화분에 토양을 올려놓고 키울 때에는 물빠짐이 좋은 마사토를 이용하거나, 상토로 판매하는 펄라이트와 질석을 이용해도 좋다.

마사토

 번식법

  종자 결실이 되는 7~8월에 종자를 받아 바로 뿌리거나 9월경에 뿌린다. 7~8월경에 종자를 받으면 여름 고온기를 피하는 것이 좋다. 따라서

돌단풍 꽃

야생화 화분 재배

종자를 받아 바로 뿌리거나 종자를 받아서 종이에 싸서 물로 적신 후 냉장고에서 보관 후 9월경에 뿌린다.

작은 종자들이어서 종자를 뿌릴 때는 이끼나 수태를 이용하여 위에 뿌린 후 분무기를 이용하여 입자가 고운 물을 주거나, 파종상을 물에 넣어 잠기지 않게 하여 아래 물을 위로 올리는 저면관수를 한다. 이렇게 하여 종자를 가능한 한 낮게 묻히게 한 후 신문지나 비닐을 덮고 10~15일 동안 습도 관리를 하고 덮은 것을 제거한다. 조금씩 올라오는 싹은 본엽이 전개될 때까지 파종상에 둔 후 본엽이 전개되면 파종상에서 화분으로 옮겨 관리한다.

또한 가을이나 이른 봄에는 새순이 올라올 때 포기나누기를 하는 방법이 있다. 이는 많은 개체를 얻을 수 있지는 않지만 가장 안전하게 개화 포기를 얻을 수 있는 방법이기도 하다.

방법은 원뿌리 옆으로 나오는 작은 새순들을 날카로운 칼로 분리하고, 분리된 부분을 숯이나 다른 소독제를 이용하여 소독 후 심는다.

돌단풍 잎

06 동의나물

 Caltha palustris L.

 미나리아재비과

 4~5월

 우리나라 각처의 산에 자라는 다년생 초본이다. 생육 환경은 반그늘이며 습기가 많은 곳에서 자란다. 키는 약 50㎝ 정도이다. 잎은 길이 5~10㎝이고 둥근 심장형으로 가장자리에 둔한 톱니가 있다. 꽃이 시들고 종자가 익을 무렵이면 잎이 넓어지기 시작한다. 꽃은 노란색으로 줄기 끝에서 1~2 송이가 달린다. 열매는 6~7월경에 달리고, 갈색으로 된 씨방에는 많은 종자가 들어 있다. 물가에서 길러도 잘 사는 품종인데, 수분기가 없으면 고사하기 때문에 수생 식물과 같이 사는 경우도 볼 수 있고, 주변에는 '박새'와 습을 좋아하는 '노루오줌'이 함께 자란다.

재배 및 관리 요령

습기가 많은 곳이나 얕은 물속에서 자라는 품종이어서 일반적인 재배와는 다르게 재배해야 한다. 표토층에 물이 많아 다른 식물을 재배하기 힘든 곳에 심어 관리하면 좋은 품종이다.

시중에 판매되는 상품은 대부분 산채에 의해 유통되는 것이라 봐도 무관할 정도로 생산 기반이 없는 품종이다. 최근 아파트 베란다 등 식물을 심는 곳이 많아지면서 주목을 받는 품종이기도 하다.

물의 깊이는 5~10㎝ 정도가 적당할 정도로 얕은 곳에서 자라므로, 물이 흘러가는 곳에 두면 좋은 품종이다.

화분에 심을 때는 어느 곳에 두느냐에 따라 화분을 결정하는 것이 좋은데, 실내에서 키우려면 항아리 뚜껑과 같이 쉽게 움직일 수 있는 것에 심고, 야외에서 키울 경우는 물이 잘 빠지지 않는 플라스틱 화분을 이용한다.

상토는 물빠짐이 좋지 않은 논흙을 이용하며,

화분에 재배된 동의나물

논흙이 없을 때는 일반 흙을 이용해도 좋다. 하지만 시중에 판매되는 상토를 이용하면 상토가 물 위로 올라와 둥둥 떠다니기 때문에 피해야 한다.

화분에 심을 때는 햇볕이 잘 드는 곳을 선정하여 심고, 이른 봄에 꽃을 피우는 품종이어서 여름과 가을에도 꽃을 피우는 식물을 혼식하는 편이 좋다.

혼식할 때 권하는 식물로는 항아리와 같은 곳에는 노루오줌, 동자꽃과 같이 습지에서 자라는 품종을 심고, 야외에서 키울 때는 연꽃이나 수련과 같은 품종에 혼식해도 좋다.

동의나물 꽃

번식법

6월에 꽃이 시듦과 동시에 종자가 익기 시작하여 7~8월경이면 완숙된다. 완숙된 종자는 항아리와 같은 깊이가 얕은 물속에 담궈 발아를 시키는 방법과, 냉장고에 보관 후 9월경에 파종상에 뿌리는 두 가지 방법이 있다.

동의나물 잎

전자의 방법은 자연 상태에서 발아하는 것과 같은 이치로 하는 것으로 발아율은 낮다. 후자의 파종상을 이용하는 방법은 대량으로 번식시키는

좋은 방법으로, 종피에 상처를 주는 마쇄법이다. 모래나 상토에 종자를 혼합하고 이를 손과 발 또는 다른 기구를 이용하여 밀면서 종피에 상처를 줘 종자 발아율을 높이는 방법을 말하는 것이다.

두 방법 외에 다른 방법으로는 흐르는 물을 이용하는 것인데, 이는 종피를 둘러싸고 있는 발아 억제 물질을 제거하기 위한 방법으로, 주로 수변에 서식하는 품종에 적용하는 방법이다.

종자 발아율은 그다지 높지 않은 편이므로 많이 받아서 뿌려야 한다. 또한 가을이나 봄에 뿌리의 포기를 나누는 포기나누기를 이용해도 좋

다. 이는 가장 흔히 이용하는 방법 중의 하나로, 일반 가정에서 행하는 방법이다.

원뿌리 옆으로 해마다 새순을 내는 작은 뿌리들이 많이 나온다. 가을에는 새순이 잘 보이지 않으므로 이른 봄에 포기나누기를 하는데, 이때 주의할 것은 새순이 꺾이는 경우다. 분리한 새순은 깊지 않은 물에 흙을 조금 넣고 흙속에 뿌리를 넣어야 이듬해에도 계속 새순을 받을 수 있다.

야생에서 자란 동의나물

두루미꽃

 이명 : 좀두루미꽃

 학명 : *Maianthemum bifolium* (L.) F. W. Schmidt

 과명 : 백합과

 개화기 : 5~7월

 생육특성 :

우리나라 각처의 높은 산에서 자라는 다년생 초본이다. 생육 환경은 산속 숲 속의 반그늘의 습기가 많은 곳에서 자란다. 키는 8~15㎝ 내외이다. 잎은 길이 2~5㎝, 너비는 1.5~4㎝이고 심장형으로 줄기에서 2~3장이 나오며 끝은 뾰족하고 뒷면에는 돌기 모양의 털이 있다. 꽃은 흰색으로 줄기 끝에 5~20 송이 정도의 작은 꽃이 무리 지어 핀다. 잎과 잎 사이에서 줄기가 올라오며, 꽃이 필 무렵에 잎이 2장 더 나와 그 사이에서 꽃이 핀다. 열매는 8~9월경에 붉은색으로 달린다.

재배 및 관리 요령

재배하기는 어려움이 많은 품종이다. 대단위 재배는 거의 불가능한 품종이고 아직까지 재배에 성공했다는 보고는 없다. 키도 작고 관리에 어려움이 많으며, 이 식물을 아는 사람도 드물다. 하지만 야생화동호회에서는 상당한 매력을 가진 품종으로 알려져 있고, 자생지에는 매년 많은 사람들이 찾고 있기도 하다.

우리나라에는 울릉도에서 자생하는 큰두루미꽃과 이 품종 두 종만이 있다. 수년 전 울릉도의 큰두루미꽃과 두루미꽃이 유사하다고 하여 이름을 '두루미꽃'으로 통합한 종이다.

보습을 위한 이끼

일반인들에게 알려진 품종은 아니지만 동호회에서는 많이 알려진 품종이라 자생지에서의 수난 또한 많이 당하고 있는 품종이기도 하다.
　전자에 적은 것처럼 재배는 어렵고 화분에서 관리하는 것은 좀 쉬운 편이다.
　자생지 조건은 공중습도가 높고 반음지(봄의 반음지는 여름은 음지임.)의 돌이 있는 이끼 위에서 자란다. 화분에 재배할 때는 돌이나 마사토를 상토로 이용하고 위에 이끼를 올려놓고 그 이끼 위에 묘종을 심으면 된다. 심을 때는 몇 송이 심는 것이 아니라 화분 전체에 차도록 심어야 관리하기 편하다. 이유는, 이른 봄에도 햇볕이 많이 드는 곳에서는 엽소 현상이 일어나는 광에 매우 민감한 품종이기 때문이다.

마사토

 번식법

　8~9월경에 달리는 종자는 받아 바로 뿌리거나 종이에 싸서 냉장고에 보관 후 이듬해 이른 봄에 뿌린다. 자생지에서의 종자 발아율은 높은 편이나 종자를 받아서 상토에 뿌려 본

결과 매우 낮은 발아율을 보였다. 이는 주변 환경의 요인에서 기인된 것으로 생각된다.

일반적인 종자 발아와 같이 주변 습도를 높이고 어두운 상태를 유지해 주며 약 7~15일 정도 광을 완전히 차단하였을 때 발아율이 약간 높게 나타난 것으로 봐서는 파종상 안의 습도가 발아에 많은 영향을 끼치는 것으로 보인다.

이렇게 발아가 어렵기 때문에 원래 모본을 이용하여 가을에 뿌리나 누기를 하면 여러 개체를 안정적으로 얻을 수 있다. 이른 봄보다는 가을에 잎이 고사한 후 뿌리를 나누는 것을 권한다. 적절한 환경이면 옆으로 뻗어 가는 힘이 매우 강해 한 줄기에서 3~4개의 개체를 얻을 수 있을 만큼 개체의 번식이 왕성하다.

08 둥굴레

 맥도둥굴레, 애기둥굴레, 좀둥굴레, 제주둥굴레

 Polygonatum odoratum var. *pluriflorum* (Miq.) Ohwi

 백합과

 6~7월

 우리나라 각처의 산과 들에서 자라는 다년생 초본이다. 생육 환경은 양지 혹은 반그늘의 물빠짐이 좋고 토양이 비옥한 곳에서 자란다. 키는 30~60㎝이다. 잎은 길이 5~10㎝, 너비는 2~5㎝로 마주나는 잎은 한쪽으로 치우쳐서 달리며 대나무 잎과 유사하다. 꽃은 흰색으로 줄기의 중간 부분부터 1~2개씩 잎겨드랑이에 달리고 길이는 1.5~2㎝로 밑부분은 흰색, 윗부분은 녹색이다. 열매는 9~10월경에 검은색으로 달린다. 관상용으로 이용하며 어린순은 식용, 땅속줄기는 식용 또는 약용한다.

재배 및 관리 요령

약용식물로 많이 재배한다. 재배하는 요령은 물빠짐이 좋은 노지를 선정하고 골의 높이를 30~50㎝ 정도 높게 하여 물이 고이지 않게 한다. 뿌리를 이용하는 식물이어서 뿌리 부분이 상하게 하지 않기 위함이다.

화분에 심어 감상할 때는 밀식하는 것보다는 3~5㎝ 정도 간격을 두고 심는다. 이유는, 뿌리 발육이 왕성해서 다음해에 비운 부분을 채우기 때문이다. 이렇게 번식력이 좋은 식물은 다른 식물과의 혼식을 금한다.

화분 높이는 깊은 것과 깊지 않은 것 어느 것을 선정해서 심어도 좋을 만큼 화분에 적응을 잘하는 품종이다.

질석

펄라이트

피트모스

상토는 피트모스와 질석을 3 : 7 비율로 섞어서 사용해도 좋고, 펄라이트를 10% 넣어 2 : 7 : 1로 해도 좋다.

물빠짐이 좋아야 하므로 낮은 화분을 선정해 심을 때는 중앙부를 높게 하고, 높은 화분에 심을 때는 화분 아래 작은 돌을 많이 넣는다.

물 관리는 옆에 부처손을 심어 놓고 부처손의 잎이 오므라들 때 한 번씩 관수해 주어도 좋다.

둥굴레 꽃

번식법

10월이면 종자가 검게 익는다. 이 시기가 종자를 딸 수 있는 가장 좋은 시기이다. 종자결실율은 그다지 높지 않아서 한 줄기에 2~3개 정도가 붙어 있을 정도다. 많은 종자가 필요하면 큰 군락지를 찾아서 가능한 많이 받는다.

종자를 많이 받아야 하는 이유는 종자 발아율이 자생지에 나 있는 작은 새순들이 높을 것 같지만 그다지 높지 않기 때문이다. 옆에 나 있는 새순들은 대부분 괴근에서 분리된 것들이다.

둥굴레 잎

종자는 받은 후 냉장고에 일주일 정도 보관 후 뿌리는 것이 좋다. 수분이 많지 않은 상태여서 종자 내 수분을 공급하기 위함과 종피(종자를 둘러싸고 있는 껍질)를 약하게 하기 위함이다. 이렇게 냉장 보관을 하고 종자를 뿌릴 때는 종피를 더 약하게 만들기 위해 마쇄(모래와 같은 작은 입자들을 이용해 손이나 발로 비비는 것을 말함.)한 후 뿌린다.

종자 발아는 좀 늦은 편이어서 1~6개월이 지난 후에 발아하는 것도 있을 정도다. 종자 발아는 꾸준히 지켜보면서 물 관리를 해야 한다.

둥굴레는 종자와는 별개로 가을이나 이른 봄 새순이 올라올 시점에 괴근을 모체에서 분리하여 마디마디를 심는 방법이 있다.

이는 대량 번식에는 적합하지는 않지만 일반적인 번식 방법으로는 매우 권할 만한 번식법이다. 가을에 영양분이 뿌리로 흡수되고 잎이 고사하면 뿌리를 캐서 분리한다. 괴근으로 이루어진 뿌리 부분은 여러 개의 마디가 있고 이를 분리하는데, 분리되면 상처를 입기 때문에 이를 소독하기 위해 숯과 식물용 소독제가 필요하다.

이렇게 분리된 괴근을 이용하면 개화 시기도 빨라지고 이듬해 또 분리할 수 있으므로 이 방법을 권하는 것이다.

09 물매화

 이명 : 물매화풀, 풀매화

 학명 : *Parnassia palustris* L.

 과명 : 범의귀과

 개화기 : 7~9월

 생육특성 :

우리나라 각처의 산에서 자라는 다년생 초본이다. 생육 환경은 햇볕이 잘 드는 양지와 습기가 많지 않은 산기슭에서 자란다. 키는 약 10~30㎝이다. 잎은 길이 5~7㎝, 너비 3~5㎝로 끝은 뭉뚝하고 가장자리에 톱니가 없는 난형이다. 꽃은 흰색으로 줄기 끝에 한 송이가 달리는데, 수술 뒤쪽에 물방울 모양으로 많이 달린다. 열매는 길이 1~1.2㎝로 난형이고 안에는 작고 많은 종자가 들어 있다.

재배 및 관리 요령

화분에 재배하며, 돌이나 이끼 위에 올린다. 강한 햇볕을 받으면 잎 끝이 타는 엽소 현상이 생기는 경우가 많아 강한 햇볕을 보지 않게 하는 것이 중요하다. 가을에 꽃을 피우는 품종 중 키가 가장 작아 다른 품종들과 혼합해 심는다. 화분은 높이가 2~3cm 정도 되는 것을 선택하여 가운데 심어 관리한다. 물을 많이 줘도 좋고 마르면 물을 줘도 좋은 품종이어서 생리에 맞는 품종들을 선정하여 혼식하는 것이 좋다.

번식법

10월이나 11월에 완숙된 종자를 받아 뿌리는데, 종자가 워낙 미세하여 일반 상토에 뿌리면 종자 발아가 거의 이루어지지 않는다. 종자 파종상에 이끼를 올리고 이끼 위에 종자를 흩뿌린 후 비닐이나 신문지로 덮고 종자상의 습도를 충분히 올린 후 7일 후에 덮은 것을 제거한다. 이후 관리는 일반적인 관수를 한다.

화분에 재배된 물매화

미나리아재비

 이명: 놋동이, 자래초, 바구지, 참바구지

 학명: *Ranunculus japonicus* Thunb.

 과명: 미나리아재비과

 개화기: 6~7월

 생육특성: 우리나라 산이나 들에서 자라는 다년생 초본이다. 생육 환경은 햇볕이 잘 드는 곳의 약간 건조한 땅에서 자란다. 키는 50~70㎝이다. 잎은 길이 2.5~7㎝, 너비 3~10㎝로 뭉쳐나고, 잎자루는 길고 오각상 둥근 심장형으로서 3개로 갈라지고, 가장자리에는 톱니가 없다. 꽃은 짙은 노란색으로 줄기 끝에 여러 송이가 붙어서 핀다. 열매는 8~9월경에 길이 2~2.5㎜ 정도로 달리고 약간 편평하며 끝에 짧은 돌기가 있다. 꽃은 노란색이 마치 '유화'에 사용하는 물감처럼 광택이 많이 나서 쉽게 알 수 있다.

🪴 재배 및 관리 요령

양지와 건조한 땅에서 자라는 품종이어서 특별한 관리는 필요하지 않다. 원예용으로 판매되지 않는 품종이어서 특별히 재배하지는 않는다. 하지만 화분에 키우는 사람들이 많아지면서 그 수요는 예년에 비해 많이 늘어났다.

재배 방법에 대한 내용은 잘 알려져 있지 않지만 습지가 아닌 곳은 어디에서나 자라는 특성이 있고,

질석

피트모스

마른 땅이나 양지, 반음지에서 자라므로 밭토양이면 어디든지 재배 가능할 것으로 생각된다.

화분에 재배할 때는 채광율이 높은 곳을 선정하는 것이 바람직하여, 아파트 베란다에서의 화분 재배는 힘들고 야외에서 키우는 것이 바람직하다. 토양은 물빠짐을 좋게 하여 재배하는 것이 좋으며, 재배 토양은 마사토나 퇴비를 많이 섞지 않은 상토를 사

용한다. 시중에 판매되는 상토는 피트모스와 질석을 3 : 7 정도의 비율로 섞어 화분에 심어도 좋다.

특히 물빠짐을 좋게 하기 위해 토양을 마사토로 이용할 경우는 물 관리가 매우 중요하다. 꽃이 핀 상태에서는 물 관리를 조금만 해도 되지만, 잎이 많이 나온 경우에는 아침과 저녁에 꼭 물을 줘야 한다. 자생지에서도 가뭄이 지속되면 가장 먼저 이 품종이 시드는 것을 관찰할 수 있기 때문이다.

이렇게 가뭄에 피해를 입은 개체들은 회복도 느릴 뿐 아니라, 종자 결실도 잘 되지 않고, 개화 전에 가뭄 피해를 본 개체들은 꽃봉오리도 다른 개체에 비해 작게 달린다.

야생에서 자란 미나리아재비

번식법

종자 결실은 늦여름이나 초가을에 주로 이루어지며, 종자 보관을 해서 뿌려도 종자 발아율은 그다지 변하지 않는다. 종자 발아율은 50%를 약간 선회하는 수준으로 그다지 높지는 않다. 받은 종자를 9월에 뿌리거나 종이에 싸서 냉장고에 보관 후 이듬해 봄

화분에 재배된 미나리아재비

에 뿌린다. 냉장고에 보관 후 뿌리려고 하는 종자들은 수분 증발을 억제하기 위해 분무기로 물을 조금 뿌린 후 사각 박스에 넣고 종자를 보관한다.

뿌리 번식은 해마다 잎이 시든 가을이나 새순이 올라오는 이른 봄에 한다. 가을에 포기나누기를 할 때에는 원줄기 주변에 나오는 뿌리들을 분리하여 심으면 되고, 이른 봄에 포기나누기를 할 때에는 새순이 붙어 있는 순을 골라 하면 된다.

아직까지 대량 번식에 대한 정확한 내용은 보고된 것은 없지만, 일반적인 번식 방법으로 하면 많은 개체를 얻을 수 있는 품종이다.

바위솔

이명	와송(瓦松)
생약명	지붕직이, 와송, 넓은잎지붕지기, 오송, 넓은잎바위솔(북)
학명	*Orostachys japonica* (Maxim.) A. Berger
과명	돌나물과
개화기	9월

생육특성

우리나라 각처의 산과 바위에서 자라는 다년생 초본이다. 생육환경은 햇볕이 잘 드는 바위나 집 주변의 기와에서 자란다. 키는 20~40㎝ 정도이다. 잎은 원줄기에 많이 붙어 있으며 끝부분은 가시처럼 날카롭다. 꽃은 흰색으로 줄기 아랫부분에서 피며 위쪽으로 올라간다. 집 주변의 오래된 기와에서 흔히 볼 수 있는 품종으로 일명 '와송(瓦松)'이라고도 하며, 꽃대가 출현하면 아래에서 올라와 위로 올라가면서 촘촘하게 되어 있던 잎들은 모두 줄기를 따라 올라가며 느슨해진다. 꽃이 피고 씨앗이 열리면 잎은 모두 고사한 상태로 남아 있다.

재배 및 관리 요령

약용작물로 많이 이용되는 품종이어서 많은 곳에서 재배가 이루어지고 있다. 생육 환경이 바위나 기와와 같은 물기가 거의 없는 마른 땅에서 자라는데, 유사한 '둥근잎 바위솔', '좀바위솔', '정선바위솔'도 동일한 환경에서 자라며, 자생하는 장소만 다를 뿐이다.

석부작 바위솔

바위솔은 우리나라 전역에서 자라므로 어디서나 재배 가능하다. 위의 설명과 동일하게 마른 토양이면 좋다. 자생지에서 일반 토양에서 자라는 개체들을 보면 흙은 조금 있고 아래에는 바위나 돌이 있어 물빠짐이 아주 좋은 곳에 자란다. 따라서 일반 토양에서의 재배도 이런 곳을 선택하여 재배하는 것이 바람직하다.

화분에 재배된 바위솔

　물빠짐이 좋지 않은 곳에서의 문제점은, 초기 생육은 좋지만 어느 정도 자라는 늦봄이 되면 잎이 전체적으로 무르면서 고사하는 현상이 발생하는 것이다. 따라서 밭토양에서 재배할 때는 돌이나 자갈이 많아 다른 식물의 재배가 어려운 곳에서 하는 것이 좋다.

　또한 토양의 물빠짐을 좋게 하기 위해 볏짚을 넣어 토양의 공극을 넓히는 것도 한 방법이라 할 수 있다.

　화분에 재배할 때는 많은 신경을 쓰지 않아도 좋을 만큼 잘 자란다. 다른 식물과의 혼식을 많이 하는데, 혼식보다는 단용으로 식재하여 물 관리하는 편이 수월하다. 화분은 깊이 5~10㎝ 정도의 얕고 넓은 것을 이용한다. 상토는 일반 마사토나 작은 돌을 이용하여 뿌리 발육을 좋게 하기 위해 흙을 조금 넣고 그곳에 뿌리가 발육할 수 있게 한다.

주의할 점은, 꽃이 지고 난 후 화분에 줄기를 잡고 씨앗을 뿌려 줘야 다음해에도 화분에서 종자가 발아되어 꽃을 볼 수 있으므로 꼭 종자를 뿌려 줘야 하는 것이다.

🌱 번식법

바위솔은 10~11월이면 종자가 결실되기 시작한다. 종자를 받는 것보다는 줄기를 잘라 정전기가 발생되지 않는 봉투에 담아 그 줄기를 상토 위에서 붓이나 막대기를 이용해 천천히 털어 주면 종자가 떨어진다. 파종상을 준비할 때는 상토 위에 이끼나 수태를 살짝 올려 놓고 그 위에서 종자를 털어야 한다. 미세한 종자이기 때문에 이끼나 수태의 작은 틈 속으로 들어가게 하기 위해서는 종자를 뿌린 후 분무기를 이용하여 입자가 고운 물을 뿜어 줘야 뭉치지 않고 고루 퍼진다.

꽃이 핀 바위솔 옆에 꽃이 피지 않은 작은 개체들이 여러 개 뭉친 것을 볼 수 있는데, 이는 당해에 분리하여 심어도 개화하지 않고 다음해에 개화한다. 종자 번식을 하지 않고 옆에 있는 순을 이용하여 번식하고자 할 때는 이른 봄에 분리하여 심는다.

병아리난초

 바위난초, 병아리란

 Amitostigma gracilis (Blume) Schltr

 난초과

 6~7월

 우리나라 산지의 암벽에서 자라는 다년생 초본이다. 생육 환경은 공중습도가 높으며 반그늘인 바위에서 자란다. 키는 8~20㎝이다. 잎은 길이 3~8㎝, 너비 1~2㎝ 정도이고 긴 타원형으로 밑부분보다 약간 위에 1장 달린다. 꽃은 홍자색으로 길이 1~4㎝이며 한쪽으로 치우쳐서 달린다. 열매는 8~9월경에 타원형으로 달린다. 관상용으로 쓰인다.

🪴 재배 및 관리 요령

아주 작은 모양의 꽃들이 달리는 매력적인 품종이다. 이 품종은 화분에 키우는 것이 적합하다. 이유는, 원래 살아가는 생육 환경이 바위틈이나 마른 토양에서 자라기 때문이다. 수분 관리는 잎이 적어서 광합성량이 풍부하지 않아 그다지 많이 필요치 않다. 작은 잎으로 구성되어 있기 때문이다.

화분에 심어 키울 때는 목부작이나 석부작을 주로 이용하며, 물은 분무기를 이용하여 뿌려 주는 것이 좋다.

토양은 마사토나 모래가 좋으며, 일반 상토를 이용할 때는 마사토와 피트모스 혹은 마사토와 펄라이트를 각각 5 : 5 비율로 섞어도 좋다. 마사토 대용으로는 모래를 사용해도 좋다.

마사토

펄라이트

피트모스

혼합 재배된 석부작 병아리난초

 ## 번식법

종자가 결실되는 8~9월은 한여름이어서 종자를 뿌려도 쉽게 발아하지 못한다. 따라서 종자가 익을 때쯤 되면 완숙된 종자를 받아 파종상에 이끼나 수태를 약하게 깔고 위에서 붓이나 작은 막대기로 종자방을 툭툭 쳐서 아주 약하게 고루 여러 군데로 퍼질 수 있도록 한다. 이렇게 뿌린 후에는 분무기를 이용하여 물을 약 40~50㎝ 상공에서 뿌려 수분을 먹은 종자가 이끼나 수태에 깊이 들어가지 않게 한다. 종자를 뿌린 후 비닐이나 신문지로 덮어 습도

석부작 병아리난초

를 유지시키고, 약 15일 정도 경과 후 비닐이나 신문지를 제거하고 공기가 잘 통하게 만들어야 한다. 종자 발아율은 매우 낮은 편이다. 자생지에서의 종자 발아율은 일정 부분을 정해 놓고 5년 여간 번식률을 살핀 결과 거의 없었다.

종자 발아율이 낮아 다른 번식법으로는 포기나누기가 있다. 매년 포기를 나누는 것은 아니고, 3년 정도에 한 번씩 하면 좋다. 포기나누기는 이른 봄 순이 나오기 전에 하거나, 가을에 잎이 고사한 후 한다.

보춘화

 춘란, 보춘란

 Cymbidium goeringii (Rchb.f.) Rchb.f

 난초과

 3~4월

 우리나라 남부와 중남부 해안의 삼림 내에서 자라는 다년생 초본이다. 생육 환경은 자생하는 소나무가 많은 곳에서 집단적으로 자라며, 최근에는 내륙에서도 많은 자생지가 관찰된다. 꽃대 길이 10~25㎝, 잎 길이 20~50㎝ 정도이고, 잎은 끝이 뾰족하고 가장자리에 미세한 톱니가 있으며 가죽처럼 질기고 진녹색이고 길이 20~50㎝, 너비 0.6~1㎝로 뿌리에서 나온다. 꽃은 흰색 바탕에 짙은 홍자색 반점이 있으며 안쪽은 울퉁불퉁하고 중앙에 홈이 있으며 끝이 3개로 갈라지고 길이 3~3.5㎝ 가량이며 연한 황록색이다. 꽃은 뿌리 하나에 꽃이 하나씩 달리는 1경 1화이다. 열매는 길이 약 5㎝ 정도로 6~7월경에 달리고 안에는 먼지와 같은 종자가 무수히 많이 들어 있다.

　보춘화는 생육 환경 및 조건에 따라 잎과 꽃의 변이가 많이 일어나는 품종이다.

재배 및 관리 요령

휴면 관리가 그 이듬해의 춘란 생장과 번식, 내병성을 좌우하며, 꽃눈 분화는 7~8월에 이루어지고, 이듬해 3~4월에 개화한다.

광은 오전 햇빛이 좋으며, 9~10시까지는 직사광선을 쪼여 주고, 봄과 가을은 약 30% 차광, 여름은 강한 광선을 피해야 하므로 다소 빛을 많이 차단하는 50~60% 차광, 겨울은 오히려 빛을 많이 받아야 하므로 10~20%로 차광한다.

생육 최적 온도는 18℃~23℃이고, 휴면은 -5℃에서는 50일~60일의 휴면기를 거쳐야 건강하게 생장을 할 수 있고 신초가 잘 나오고 꽃이 잘 핀다. 휴면기를 마치고 18℃ 이상에서 관리하면 개화가 촉진된다.

- **비료** : 필수 영양소(탄소, 수소, 이산화탄소, 질소, 인, 칼륨, 칼슘, 황, 철, 아연, 망간, 몰리브덴, 염소), **다량 원소**(질소, 인, 칼륨), **미량 원소**(황, 철, 아연, 망간, 붕소, 몰리브덴, 염소, 칼슘, 탄소, 수소, 산소, 이산화탄소)

화분에 재배된 보춘화

- **비료의 종류** : 속효성(액비), 완효성(고형 비료), 무기질 비료(화학 비료), 유기질 비료(깻묵, 골분, 부엽토 등의 유기물)
- **시비법** : 여름 고온기와 겨울 휴면기에는 주지 않으며, 3~6월, 9~11월까지는 물 줄 때 희석해서 월 2회 정도 주는 것이 좋다.

🌱 겨울철 휴면 관리법

- 차광막이나 다른 수단을 이용하여 빛을 차광한다.
- 주·야간은 서늘한 5~10℃로 유지한다.
- 1주일이나 더 많은 시간 동안 물을 주지 않고 살아갈 수 있는 최소한의 수분을 공급한다.
- 비료 성분이 들어 있는 액비나 비료는 주지 않는다.

보춘화 뿌리 줄기

야생에서 자란 보춘화

산마늘

- **이명**: 망부추, 멩이풀, 서수레, 얼룩산마늘, 명이나물
- **학명**: *Allium victorialis* L.
- **과명**: 백합과
- **개화기**: 5~7월
- **생육특성**: 우리나라 지리산·설악산·울릉도의 숲 속이나 북부지방에서 자라는 다년생 초본이다. 생육 환경은 토양의 부엽질이 풍부하고 약간의 습기가 있는 반그늘에서 자란다. 키는 25~40cm이다. 잎은 2~3장이 줄기 밑에 붙어서 나며 약간 흰빛을 띤 녹색으로 길이 20~30cm, 너비 3~10cm가량이다. 꽃은 줄기 꼭대기에서 흰색으로 뭉쳐서 피며 둥글다. 보통의 마늘과 다른 점은, 산마늘의 경우 잎을 주 식용 부위로 하는 것이고 전체에서 마늘 냄새가 나는 것이다. 뿌리는 한 줄기로 되어 있기 때문에 다른 마늘과도 쉽게 구분이 가능하다.

재배 및 관리 요령

나물류 가운데 우리나라에서 가장 사랑 받는 품종 중 하나이다. 현재 강원도와 울릉도에서 많은 재배가 이루어지고 있고, well-being이 화두가 되면서 판매량이 급증한 품종이기도 하다. 잎은 장아찌류로 만들어져 대형 마트나 소매점을 통해 판매되고 있기도 하다.

재배법은 어렵지는 않으나 조건이 까다롭다. 먼저 조건을 보면 반음지여야 한다. 많은 곳에서 밭에서 재배하므로 고온기에는 잎 끝이 타는 엽소 현상이 발생한다. 자생지에서는 철저히 반음지 상태를 유지하고 있으므로, 재배하려고 하는 곳은 반드시 나무 아래나 반그늘이 지는 곳을 선정해서 심어야 한다.

최근에 유행하고 있는 자연농법(자연 생태계를 그대로 이용하여 빽빽한 나무를 솎아서 채광 조건을 좋게 하고 자연스럽게 그곳에 식물을 경작하는 것을 말함.)을 이용해야 하는 가장 대표적인 품종이기도 하다. 이렇게 재배할 경우 주성분인 캡사이신의 함량이 자연 그대로 나올 수 있다.

토양 조건은 유기질 함량이 높은 곳에 심고 물빠짐도 좋아야 한다. 이는 뿌리가 구근으로 형성된 품종의 가장 일반적인 내용이다. 밭토양에서 재배할 때는 물빠짐이 좋은 곳을

화분에 재배된 산마늘

펄라이트

피트모스

선정하고 골을 높이 파서 물빠짐을 좋게 한다. 다른 작물과는 달리 산마늘은 2년에 한 번은 골을 다시 파서 물빠짐을 좋게 해야 한다. 또한 토양의 유지질 함량을 높이는 것도 중요하다.

퇴비를 넣고 볏짚이나 낙엽을 혼합하여 깔고 물빠짐과 유기질 함량을 높인다.

화분에 재배하는 것은 관상용으로 하는데, 이때는 부엽질이 많은 상토를 이용하고 이에 물빠짐이 좋은 마사토를 섞는다. 한 두 개씩 넣는 것보다는 집단으로 심어 관리하는 것이 좋은 품종이다. 굴광성이 심한 품종이어서 햇볕이 나오는 쪽으로 꽃대가 굽으므로 자주 돌려 줘야 한다. 산마늘은 개화기에도 높은 관상 가치가 있지만, 종자 결실된 모습도 매우 좋은 관상 가치를 지니므로 집 안에서 키울 수 있는 아주 좋은 품종이라 할 수 있다.

또한 시중에서 판매되는 일반 상토를 이용할 때는 퇴비와 펄라이트 피트모스를 2 : 4 : 4 정도의 비율로 섞어도 좋다.

이렇게 잎이 넓어 수분 증발량이 많은 개체는 물 관리가 필수적인

야생에서 자란 산마늘

야생화 화분 재배 199

산마늘 꽃

조건이다. 새순이 올라오는 3~4월에는 2~3일 간격으로 주지만, 잎이 완전히 전개된 5~6월에는 아침 또는 저녁에 물을 충분히 줘서 구근에 수분이 충분히 저장될 수 있게 해야 한다.

번식법

종자는 9월경에 받아 냉장고에 2~3일 보관 후 물에 1~2일 침지시킨 다음 뿌린다. 완숙된 종자는 비교적 발아율이 높은 편이지만, 미성숙된 종자는 발아율이 급격히 떨어진다. 종자를 받아 냉장고에 저장하는 이유는 휴면을 타파하기 위한 일종의 전처리 과정이라 생각하면 된다. 종자 발아 때까지 습도 관리에 따라 발아율에 큰 차이를 보이므로 습도 관리를 잘 해 줘야 한다. 종자는 점파로 하며, 위에서 물을 주는 것보다는 저면관수하는 것을 권하고, 위에 비닐을 덮어 수분 증발을 최대한 억제하고 대기 습도를 높여 준다. 약 7일이 경과하면 수분의 상태에 따라 관수를 한 번 더 해 주고,

수분 증발이 덜 되었다면 다시 7일 정도 비닐을 씌우고 그 후에는 비닐을 완전히 제거한다. 종자 발아가 되었을 때는 수분의 양을 조절하여 과습하지 않게 해 줘야 한다.

뿌리나누기는 가을이나 봄에 하는데, 통상 가을에 많이 한다. 원뿌리에서 옆으로 나온 작은 뿌리를 분리하여 하나하나 따로 심어 관리한다. 종자 발아에서 개화 때까지 걸리는 기간은 통상 3~4년인 반면, 옆에서 때어 낸 자구들은 2년 정도가 경과하면 꽃이 펴서 화분에 옮길 때 많이 사용하는 방법이다.

한 개체에서 많은 양의 종자를 받을 수 있어 대량 번식이 가능한 품종이다.

새우난초

 이명 　새우란

 학명 　*Calanthe discolor* Lindl.

 과명 　난초과

 개화기 　4~5월

 생육특성

우리나라 남도지방에서 자라는 다년생 초본이다. 생육 환경은 날씨가 따뜻한 반그늘에서 자란다. 키는 30~50㎝이다. 잎은 길이 15~25㎝, 너비 4~6㎝이며 잎 밑이 날카롭고 끝도 날카로우며 세로로 주름져 겹쳐져 있다. 이년생으로, 첫해에는 2~3개의 잎이 자라지만, 이듬해에는 옆으로 늘어진다. 꽃은 꽃받침과 곁꽃잎은 붉은색이 도는 갈색이고, 입술꽃잎은 자줏빛을 띤 흰색으로 10여 개의 꽃이 약 15㎝ 정도의 꽃줄기에 걸쳐 윗부분에 뭉쳐 달린다. 잎 사이에서 꽃대가 나타나고 짧은 털이 있으며 1~2개의 비늘 같은 잎이 달린다. 뿌리 부분은 포복성으로 마디가 많고 수염뿌리이다. 열매는 긴 타원형으로 7~8월경에 달리고 안에는 작은 종자들이 많이 들어 있다.

🌱 재배 및 관리 요령

 이 품종은 꽃이 피면 풍성하며 관상 가치가 높아 여러 송이를 한꺼번에 심어 관상 가치를 높이는 것이 좋다. 심을 때는 거름이 많은 곳에서 잘 자라므로 마사토와 혼합석에 부엽토를 40%의 비율로 섞어서 사용한다. 새우난초의 잎은 겨울에도 남아 있으므로 가급적 잎이 서로 겹치지 않도록 관리하는 것이 좋고, 혹 잎이 겹치더라도 1/2 이상 겹치지 않게 관리해야 한다.

 오전에 햇볕이 드는 곳에 심는데, 이유는 겨울 휴면기를 잘 버틸 수 있기 때문이다. 최근 들어 과도하게 촉성 재배하여 나온 새우난초 종류들이 있는데, 이는 생육에는 치명적이다.

마사토

부엽토

따라서 새우난초의 경우는 자연 개화시키는 것이 바람직하다.

원래 따뜻한 지역에서 자라는 품종이어서 남부지방에서는 노지에서 멀칭을 해 주지 않아도 월동하지만, 중부지방에서는 짚이나 낙엽과 같은 자연적인 것으로 멀칭을 해 주거나 비닐로 상부를 덮어 월동시킨다.

새우난초 종자

화분에 심어 관리할 때는 분갈이 시기를 약 3년 단위로 하며, 분갈이 시기는 봄과 가을 중에 택해서 한다. 화분에 넣는 배양토는 시중에 판매하는 일반 난 배양토를 이용하거나, 아래에 물빠짐을 좋게 하는 잔돌을 넣고 위에는 거름기가 많은 흙을 넣는다.

구근은 너무 깊게 심지 않으며, 물을 충분히 준 후 반그늘에 두고 관리한다.

야생에서 자란 새우난초

🌱 번식법

새우난초 꽃봉오리

- **벌브(Bulb)를 이용한 번식법** : 가을과 초겨울에 지하에 묻힌 뿌리를 분리하여 심는 방법이다. 이는 3~4년 주기로 할 수 있는 방법으로, 가장 일반적으로 번식을 시키는 방법이다. 이는 종자 번식과 달리 이미 성숙된 개체를 모본에서 분리하여 심는 방법의 하나이다.

  모본에서 어린순을 분리시키기 좋은 시기는 가을에서 초겨울 시점이다. 이때는 양분이 이미 뿌리로 전달된 상태여서 생육에도 지장을 초래하지 않는다.

  이렇게 분리된 개체는 처음에는 모래나 마사토와 같은 거름기가 없는 곳에서 1~2달 정도 적응시킨 후 화분에 심어 관리한다.

- **종자 번식** : 종자는 7~8월경에 받는다. 종자는 아주 미세해서 털면 먼지처럼 날린다. 파종상을 준비할 때에는 밑에 상토(종묘상에서 판매하는 일반 상토를 이용)를 약 5~7㎝ 두께로 깔고 위에 1~2㎝ 두께의 이끼를 깐다. 종자가 들어 있는 꼬투리를 들고 준비한 파종상으로 가서 위에서 날리듯 뿌려 주면 된다. 뿌린 종자에 물을 주는 것은 생각보다 어렵다. 이유는, 물 입자가 굵으면 종자가 밑으로 들어가

새우난초 잎

발아율이 높지 않기 때문이다. 따라서 물을 줄 때는 분무기를 이용하여 입자가 고운 물을 약하게 오랫동안 주면서 종자가 얕게 묻히게 해야 한다. 이렇게 물을 준 후에는 수분을 보존하기 위해 파종상 위를 비닐이나 신문지로 덮고 빛을 차단함과 동시에 수분 증발을 최대한 억제한다. 공기의 흐름이 없으면 상토에는 곰팡이가 발생하기 때문에 10~15일이 경과하면 종자 발아가 되지 않아도 비닐과 신문지를 제거하고 이때부터 수분 관리에 들어간다. 특히 중요한 것은 어떤 경우에도 수분이 마르게 방치하면 안 된다는 것이다. 빠르면 20~30일 경과 후 작은 잎이 나오기 시작한다.

 종자를 이용하여 번식시키는 방법은 이 외에 조직배양을 이용하는 것이 있다. 이는 일반인들이 하기에 적합하지 않지만 상업적으로 이용하는 분들에게는 권하고 싶은 방법이다.

 먼저 일반 agar 배지에 아직 덜 여문 상태의 푸른색이 있는 종자 꼬투리를 잘라서 소독 후 배지에 뿌려 주는 형식이다. 일반적인 종자 발아보다는 발아율이 매우 높게 나타나지만 다른 요소는 harding, 즉 순화를 시켜 줘야 한다는 것이다.

 대부분의 난을 배양하고 나면 일반 토양이 아닌 거름기가 전혀 없는 상토에서 순화를 시켜서 화분에 올리는 것과 동일한 방법이다.

석곡

 이명: 석곡란

 학명: *Dendrobium moniliforme* (L.) Sw.

 과명: 난초과

 개화기: 4~6월

 생육특성:

우리나라 전라남도 목포, 완도, 경상남도, 제주도 등의 산지에서 나는 상록 다년생 초본이다. 생육 환경은 햇볕이 많이 들거나 반그늘진 곳의 바위틈에 흙이나 이끼, 수태가 있는 곳에서 자란다. 키는 약 20㎝ 정도이다. 잎은 오래된 개체는 잎이 없고 줄기 마디마디에 잎이 나오지만 오래되면 녹갈색으로 변하며, 길이 4~7㎝, 너비 0.7~1.5㎝로 뾰족하며 어긋나고 전체적으로 진녹색을 띤다. 줄기는 뿌리줄기로부터 여러 대가 나와 곧게 자란다. 뿌리는 흰색으로 굵은 뿌리가 나온다. 꽃은 2년 전의 원줄기 끝에 1~2개가 흰색 또는 연한 붉은색으로 달리며 향이 있고 지름은 약 3㎝ 정도이다. 중앙부의 꽃받침조각은 길이 2.2~2.5㎝, 너비 0.5~0.7㎝이고 옆부분의 찢어진 조각은 옆으로 퍼진다. 입술모양꽃부리는 약간 짧고 뒤쪽에 아래로 처진 것이 짧게 있다.

이 품종은 향이 은은하게 나며 색의 변이도 많은 품종이다. 1980년대부터 석곡은 돌이나 이끼에 올려 감상하는 이른바 석부작과 목부작에는 빠지지 않는 품종이었다. 그만큼 자생지에서의 무분별한 채취가 이루어졌다는 반증이기도 하다. 때문에 자생지는 대부분이 매우 심각하게 훼손되었고, 일부 사람이 접근할 수 없는 곳에서만 그 모습을 유지하고 있을 정도이다.

최근에는 지리산에서도 자생지를 확인하였는데, 인적이 드문 곳이라 아직 그 개체가 보존되고 있었다.

환경부에서는 이 품종을 멸종위기종으로 분류하여 자생지 보호를 하고 있다.

재배 및 관리 요령

대표적인 목부작(나무에 심어 관리하는 것)이나 석부작(돌에 심어 관리하는 것)을 하는 품종이다. 우리나라에 자생하는 난 가운데 가장 많이 이용되는 품종이다. 한때는 곳곳에 많은 자생지가 있었지만, 지금은 남해안에서도 몇몇 장소를 꼽을 정도로 자생지가 훼손되었다. 대량으로 심어 관리하는 곳은 없으며, 화분에 재배한 후 일부를 판매하는 곳이나, 수입 종을 판매하는 곳이 있다.

화분으로 판매되는 묘

석부작 석곡

석곡 꽃

종을 구입 후 돌이나 나무에 붙이는데, 처음에는 뿌리가 잘 붙지 않아 초보자들은 많은 어려움을 겪는다. 돌이나 나무에 붙일 때에는 이끼나 수태로 뿌리 주변을 감싸고, 실이나 얇은 낚시줄을 이용하여 뿌리가 잘 달라붙을 수 있게 이끼나 수태 주변을 고정한 후 분무기로 뿌리 부분에 물을 주면 1년 정도 경과한 후 뿌리가 안착하게 된다. 이때 묶은 실을 풀어 주면 된다. 분갈이는 3~4년 지난 후 개체가 많이 생기면 해 주고, 개체 수가 적으면 하지 않아도 된다.

번식법

대량 번식은 조직배양을 통해 이루어지고 있으며, 일반적인 종자 발아로는 거의 이루어지지 않고 포기나누기를 통해 번식한다.

포기나누기는 이른 봄이나 가을에 옆에서 새로 나오는 작은 가지를 원뿌리에서 분리한 후 심는다.

석곡 꽃봉오리

석곡 꽃대

세뿔석위

Pyrrosia hastata (Thunb.) Ching

고란초과

우리나라 제주, 전남, 전북, 경남에서 나는 상록 다년생 초본이다. 생육 환경은 반그늘 혹은 양지의 공중습도가 높은 바위틈에서 자란다. 잎은 길이 7~10㎝, 너비 2~3㎝이며 두껍고, 표면은 녹색이고 뒷면에는 붉은빛이 도는 갈색 털이 빽빽하게 있으며 토양이 마르거나 주변 습도가 높지 않으면 가장자리가 뒤로 말린다. 잎몸은 쌍날칼을 꽂은 창과 비슷한 모양으로 3~5개로 갈라진다. 포자는 잎 뒤 모든 부분에 붙는다.

재배 및 관리 요령

상록성이어서 재배에 용이한 품종이다. 분화식물로 판매량이 늘어나지만 대량 재배하는 곳은 없는 실정이다. 바위틈에서 자라는 품종이므로 일반 토양에서 재배하는 것이 어렵기 때문에 화분에 많이 재배하는 품종이다.

마사토

이렇게 일반 토양에서는 잘 재배되지 않지만 화분에서는 잘 자란다. 토양은 마사토와 유기질이 많지 않은 모래와 혼합된 흙을 골라서 심으면 된다. 화분을 선택할 때에는 낮은 화분이면 좋고, 다른 식물과 혼합하여 심는 혼식의 경우는 나무나 돌에 붙여 다른 식물을 돋보이게 하는 부재료로 이용한다.

물 관리는 입자가 고운 분무기나 물뿌리개를 이용하면 무방하다. 물을 많이 주면 뿌리 부분이 썩기 때문에 잎이 오그라들면 관수한다.

혼합 재배된 목부작 세뿔석위

번식법

 포자로 번식이 이루어지기도 하지만 발아율이 낮아 권하지 않는다. 하지만 모본을 이용한 가을이나 봄 또는 겨울에 포기나누기를 하는 방법을 권한다. 이는 이른 봄이면 작은 순이 나올 때 순이 상하지 않게 분리하여 심고, 가을과 겨울에는 잎이 완전히 성숙하여 잘 떨어지지 않기 때문에 뿌리 부분만 잘 분리하여 심으면 된다.

 이렇게 분리된 뿌리는 쉽게 상하므로 숯을 이용하여 소독하거나 일반 소독제를 이용하여 뿌리를 소독하기도 한다.

쑥부쟁이

 학명 *Aster yomena* (Kitam.) Honda

 과명 국화과

 개화기 7~8월

 생육특성

우리나라 각처의 산과 들에서 자라는 다년생 초본이다. 생육 환경은 반그늘 혹은 양지에서 자란다. 키는 35~50㎝ 정도이다. 잎은 길이 5~6㎝, 너비 2.5~3.5㎝로 타원형이며, 잎자루가 길고 잎 끝에는 큰 톱니와 털이 있고, 처음 올라온 잎은 꽃이 필 때 말라 죽는다. 꽃은 가지 끝과 원줄기 끝에 여러 송이가 달린다. 열매는 9~10월경에 달리고 종자 끝에 붉은빛이 도는 갓털이 달리며 길이 2.5~3㎜이다. 관상용으로 쓰이며, 어린순은 식용으로 사용한다.

재배 및 관리 요령

마사토

국화과 식물들의 특징인 물빠짐이 좋은 곳이면 어디든지 심어도 상관없다. 아직까지 대량으로 재배하는 곳은 없다. 최근 유행하는 꽃차를 만들기 위해 소량으로 재배하는 곳들은 있다. 화분 재배는 키가 너무 커서 힘든 품종 중의 하나지만 줄기를 계속 잘라 왜성화시키면 가능하다. 이 방법은 화분에 주로 재배하는 동호회에서 사용하는 방법으로, 6월까지 올라오는 순을 계속 잘라 줄기가 지상부로 많이 올라오지 못하게 하여 관리한다. 하지만 최근에는 왜성화된 다양한 색깔의 원예종이 개발되어 화분에 재배하기도 한다.

개량종이나 자생종을 심을 때 동일한 방법의 상토를 사용하는데, 이는 물빠짐이 좋은 마사토나 작은 알갱이의 돌이 주를 이룬다. 추비를 주는

화분에 재배된 쑥부쟁이

것은 시중에 판매되는 액비를 이용하거나 계분을 액비로 만들어 줘도 좋다.

쑥부쟁이 종자

 번식법

   10월과 11월에 종자를 받아 이를 바로 뿌리거나 종이에 싸서 냉장고에 보관 후 이른 봄 일찍 뿌린다. 종자에는 갓털이 많이 붙어 있어 뿌리기 전 손으로 한 번 비벼 갓털을 제거한 후 뿌리는 것이 좋다. 종자를 뿌릴 때에는 줄을 친 후 뿌리는 것보다 파종상에 상토를 일정 높이 올려놓고 그 위에 종자를 흩뿌린 후 상토를 0.5㎝ 정도 두께로 덮어 주고 물을 준 후 비닐이나 신문지로 덮고 습도를 유지한다. 7일 정도 경과하면 덮은 비닐이나 신문지를 제거하고 일반적인 방법으로 관수한다. 종자 발아율은 높은 편이다.

   이른 봄에는 새순을 이용하여 번식하는데, 종자 발아율이 높아 잘 사용하지는 않는다.

야생에서 자란 쑥부쟁이

 앵초

 Primula sieboldii E. Morren

 앵초과

 산지에서 자라는 다년생 초본으로, 배수가 잘 되고 비옥한 토양의 반그늘에서 잘 자란다. 키는 10~25㎝ 정도이다. 잎은 타원형이며 길이 4~10㎝, 너비 3~6㎝이다. 잎에는 가는 섬모가 있고 표면에 주름이 많이 지고 가장자리가 얕게 갈라지며 뿌리에 모여 있다. 꽃은 홍자색으로 4월에 피며 줄기 끝에 7~20개가 옆으로 펼쳐지듯 달린다. 열매는 8월경에 둥글게 맺는데, 지름은 5㎜ 정도이다.

흰앵초

재배 및 관리 요령

앵초는 프리뮬라속에 속하는 식물이며 원예종으로 유사 품종들이 많이 판매되고 있다. 앵초의 주 서식처는 물기가 많은 곳이어서, 재배를 원할 때는 물기가 많은 곳이나 주변에 습지가 많아 항상 대기습도가 높은 곳을 선정하는 것이 좋다.

마사토

이른 봄에 피는 꽃이어서 많은 사람들의 사랑을 받는 꽃이기도 하다. 꽃이 붉은색이어서 어느 공간에 두더라도 화사함을 나타내는 종류이기도 하다.

앵초는 다른 식물들과 함께 화분을 만들기도 하고 주로 단종으로 앵초만을 심기도 한다. 다른 식물과 혼식했을 때는 앵초의 뿌리 발달이 매우 왕성하고 가을까지 잎이 계속 남아 있어 다른 식물의 생장에 방해를 준다.

화분을 만들기 위해 준비해야 할 것들은, 먼저 지름 25㎝ 이상의 화분을 준비하고 다음으로 마사토 또는 모래를 준비하며, 식물은 심고자 하는 정도에 따라 10~30개체를 준비한다. 뿌리 발육이 매우 좋은 편이다.

화분에 재배된 앵초

 이른 봄 꽃이 피기 전에는 물 관리가 매우 중요하다. 물은 매일 흡족하게 줘도 마사토와 모래 그리고 무기질 성분이 함유된 토양에서는 빨리 빠져 수분이 흙에 머무는 시간이 많지 않다. 습기가 많은 곳에서 자라는 식물이므로 화분 아래 물을 담을 수 있는 작은 물받이를 두고 화분 하단부가 잠기게 두면 주변 습도가 높아 물이 마르지 않고 오래가며 습도도 유지되기 때문에 매우 잘 자란다.

번식법

 8월에 받은 종자를 바로 화분이나 화단에 뿌리고, 남은 종자는 냉장고에 보관 후 이른 봄에 뿌린다. 종자 발아에서 처음 새순이 올라올 때까지의 가장 큰 관리는 '습도 유지'이다. 자생지에서의 조건은 물기가 많은 곳이며, 종자가 떨어지고 나면 바로 비가 와서 종자를 싸고 있는 종피의 발아 억제 물질이 모두 물에 씻겨 버리므로 발아율이 높다. 하지만 일반 종자 발아에서 발아율이 높지 않은 이유는 자생지에서와 같은 습도 유지가 힘들기 때문이다.

 종자를 뿌리기 전에 물에 넣고 2~3일 정도 두면서, 첫날은 4~5회 정도 시간날 때마다 물을 저어 주고 다시 새 물로 갈아 주고를 반복한다. 이렇게 2~3일을 반복한 후 종자를 뿌리면 일반 파종한 것보다 월등히 발아율이 높게 나타난다.

 포기나누기는 잎이 지상부에서 없어지는 가을이나 새순이 올라오는 이른 봄에 하는데, 가을보다는 이른 봄에 하는 것을 권한다, 이는 새순이 올라오는 시점에 바로 옮겨 심으면 뿌리 활착율이 높고 개화도 잘 되기 때문이다.

 화분에서 키우기 좋은 품종으로, 이른 봄 솜털에 덮인 싹이 올라오면 2~3일에 한 번 물을 준다. 여름에 햇볕이 강한 곳에 두면 잎이 타기 때문에 반그늘에 둬야 한다.

용담

이명	초룡담, 섬용담, 과남풀, 선용담, 초용담, 룡담
생약명	용담(龍膽)
학명	*Gentiana scabra* Bunge
과명	용담과
개화기	8~10월

생육특성

우리나라 전국의 산과 들에서 자라는 숙근성 다년생 초본이다. 생육 환경은 풀숲이나 양지에서 자란다. 키는 20~60㎝이다. 잎은 표면이 녹색이고 뒷면은 회흰색을 띤 연녹색이며 길이 4~8 ㎝, 너비 1~3㎝로 마주나고 잎자루가 없이 뾰족하다. 꽃은 자주색이며 꽃자루가 없고 길이 4.5~6㎝로 윗부분의 잎겨드랑이와 끝에 달린다. 열매는 10~11월에 시든 꽃부리와 꽃받침에 달린다. 종자는 작은 것들이 씨방에 많이 들어 있다. 꽃이 많이 달리면 옆으로 처지는 경향이 많이 나타나고 바람에도 약해 쓰러짐이 많다. 하지만 쓰러진 잎과 잎 사이에서 꽃이 많이 피기 때문에 줄기가 상했다고 해서 끊어내서는 안된다.

재배 및 관리 요령

햇볕이 잘 드는 곳의 물빠짐이 좋은 곳에서 자라는 품종이다. 따라서 이 품종을 심을 때에는 물빠짐을 좋게 해 주는 것이 관건이다.

대량으로 재배하기 위해서는 경사가 급하지 않은 곳(경사도 10° 미만)을 선정하여 심는다. 이른 봄 묘가 자랄 때 다른 식물보다 잎과 초장(전체적인 길이)이 작아 쉽게 인접해 나는 잡초에 의해 생장이 억제되거나 자라지 못하는 일이 발생한다. 따라서 검은 멀칭 비닐을 이용해 잡초가 나는 것을 최대한 억제하고 골에 나는 잡초는 제거해야 한다.

골의 높이는 15~20cm가 적당하고, 이랑과 이랑의 넓이는 20~30cm 가량이면 좋다. 골의 높이를 약간 높게 해야 하는 이유는 물빠짐을 좋게 하기 위함이다.

석부작 용담

흰용담

화분으로 재배할 때는 화분의 높이는 10㎝ 내외가 좋고, 아래에는 물빠짐을 좋게 하기 위해 작은 돌을 깔고 위에는 상토를 올리는데, 가운데가 높고 옆으로 가면서 낮아지게 하면 물빠짐도 좋아지고 햇볕을 많이 받아 생육도 좋아진다.

또한 햇볕을 잘 받지 못하는 아파트의 베란다에서는 7월경에 순이 올라와 자란 것을 1/2 정도 잘라 전체적인 높이를 낮게 만들어 관리하면 좋다. 이렇게 하면 꽃은 많이 달리지만 꽃송이가 전체적으로 작아지는 단점이 있다.

🌱 번식법

11월에 달리는 종자를 받아 냉장고에 보관하거나 혹은 종자를 받은 즉시 바로 뿌려야 한다. 종자를 받을 때는 꽃봉오리를 따서 종이로 된 봉지에서 털어야 한다. 이유는, 종자가 너무 작아 비닐이나 다른 곳에 털면 잘 보이지 않기 때문이다.

용담 잎

일반 상토에서의 종자 발아율은 매우 낮은 편이다. 언급한 바와 같이, 미세 종자여서 일반 상토보다는 이끼에 뿌리는 것이 그나마 종자 발아율을 높일 수 있는 방법이다.

이렇게 종자를 뿌린 후에는 습도 관리가 매우 중요한데, 분무기를 이용하여 입자가 고운 물을 약하게 상토 또는 이끼에 종자가 스며들게 한 후 비닐이나 신문지로 덮어 약 10일이 경과한 후 제거하고, 이때부터는 분무기로 매일 아침 또는 저녁에 충분히 물을 주고 관리한다.

발표된 논문에 의하면, 종자 발아율을 높이기 위해 생장 촉진제인 GA(지베렐린)를 처리하기도 하는데, 일반적으로 농가에서 대량 재배를 하기 위해서는 GA를 100~500ppm 정도 희석한 후 종자를 담그고 이를 살포하면 일반적인 파종 때보다 높은 발아율을 보인다고 보고하고 있다.

이렇게 종자 발아에는 어려움이 있지만, 이 품종은 삽목도 잘 되어 작은 면적에서 재배하고자 할 때는 이 방법을 이용한다.

6월경에 3~5마디를 잘라 두 개로 나눈 후 잎을 하나 붙이고 시중에서 판매하고 있는 삽목 발근제인 rooton을 묻혀 삽목한다.

삽목 후 습도 유지를 위해 신문지나 비닐로 덮고 10~15일 정도 경과한 후에 제거한다.

21 우산나물

 섬우산나물, 대청우산나물, 삿갓나물

 Syneilesis palmata (Thunb.) Maxim.

 국화과

 6~8월

 우리나라 전국의 산에 넓게 분포하는 다년생 초본이다. 생육 환경은 야산에서부터 표고 1,000m 되는 고산지대까지의 수림 밑 반그늘진 습한 곳에 군락을 이루며 자생한다. 키는 70~120㎝이다. 잎은 지름 35~40㎝이며 손바닥 모양으로 7~9개가 끝이 깊게 두 갈래로 갈라지고 꽃이 피기 전에 윗부분에 달린다. 이른 봄 올라오는 잎은 우산대 모양으로 가는 털이 많이 나 있다. 꽃은 흰색, 지름 0.8~1㎝로 가운데 꽃줄기 길이는 길고 바깥으로 나가면서 작아지며 달린다. 작은 꽃들이 뭉쳐 피는 품종이며, 암술은 다른 품종들과는 달리 "∞"모양이다. 종자는 9~10월경에 결실되며 갈색의 갓털이 붙어 있는데, 결실이 완료되는 시점을 놓치면 종자는 금방 바람에 날아가 버린다.

재배 및 관리 요령

산나물로 많이 이용되는 품종이기는 하지만 대단위로 재배하는 곳은 없다. 봄나물로 곰취, 참취와 같은 취나물류와 산마늘, 고사리 같은 품종이 많아 약간은 소외된 품종이기도 하다. 하지만 맛이 좋아 산채가 빈번한 품종이다. 재배는 부엽질이 풍부한 토양에 물빠짐이 좋은 곳을 선정하면 아주 좋다. 처음 잎이 올라올 때 여리기 때문에 잡초와의 경합에서 우위를 뺏길 수 있으므로, 볏짚으로 위를 덮어 햇빛을 차단해 다른 식물들과의 경합을 피해야 한다.

원래 화분에는 잘 심지 않는 품종이긴 하지만 어린순이 올라오는 모습이 예뻐 분식용으로

질석

펄라이트

피트모스

흔히 재배한다. 이렇게 화분에 재배할 때 일반 상토는 피트모스 3~4 : 펄라이트 3 : 질석 3~4 비율로 섞어서 사용하면 좋다.

우산나물 꽃

번식법

꽃이 피고 얼마 지나지 않으면 종자 성숙기에 접어들기 시작한다. 종자 성숙기는 10월경으로, 이때 종자를 받아 바로 뿌리거나 종이에 싸서 냉장 보관하였다가 이듬해 봄에 화분이나 화단에 뿌린다. 종자 발아율은 그다지 높지 않은 편이고, 그 중 가장 높은 것은 보관 후 뿌리는 것보다는 바로 직파하는 것이다. 직파할 때는 파종상을 만들고 위에 종자를 뿌리듯 흩어 놓고 그 위에 얕게 상토를 올려놓은 다음 저면관수를 한다. 종자의 건실함을 알기 위해서는 갓털 아래 달린 종자가 통통한지 아닌지를 구분해야 한다. 덜 여문 종자는 종자 표면이 깨끗하지 못하고 울퉁불퉁하고, 잘 여문 종자는 밋밋하므로 쉽게 구

야생에서 자란 우산나물

분이 가능하다. 이렇게 종자가 잘 여문 종자들은 발아도 높게 나타난다. 하지만 작은 종자를 하나하나 살펴보는 것 또한 만만한 작업은 아니다.

종자 발아는 파종상에 뿌린 후 약 15일 정도면 이루어지고, 이른 봄 뿌린 개체 또한 마찬가지로 약 15일 정도 소요된다. 처음 순이 올라와 본엽이 전개되는 데 소요되는 기간은 대략 한 달 가량이므로 이를 맞춰 뿌리면 된다.

자칫 이른 봄 새순을 옮겨 외부에 둘 경우 본엽이 얼어 고사하는 경우가 생기므로 주의해서 옮겨 심어야 한다.

뿌리를 나누는 것은 가을이나 이른 봄에 하지만, 이른 봄에 할 것을 권한다. 물론 올라오는 순이 연하기 때문에 쉽게 상할 수 있는 단점이 있지만, 새눈이 나오는 정확한 위치를 알고 나누는 것이 중요하기 때문이다.

윤판나물

 이명 : 대애기나리, 큰가지애기나리, 금윤판나물

 학명 : *Disporum uniflorum* Baker

 과명 : 백합과

 개화기 : 4~6월

 생육특성 : 우리나라 중부 이남지방에 자생하는 다년생 초본이다. 생육 환경은 반그늘이 있는 토양이 비옥한 곳에서 서식한다. 키는 30~60㎝이다. 잎은 길이 5~15㎝, 너비 1.5~4㎝로 긴 타원형이고 끝이 뾰족하며 어긋난다. 꽃은 황색이며 길이 약 2㎝ 정도로 가지 끝에 1~3개가 통 모양으로 아래를 향해 달린다. 열매는 둥글고 검은색으로 7~8월경에 길이 약 1㎝ 정도로 달린다.

재배 및 관리 요령

질석

펄라이트

피트모스

반그늘진 곳에서 자라는 식물이어서 화분에 길러 집에서 보관하기 좋다. 화분에 심어 관리할 때는 10~15개체를 한꺼번에 심어 관리해도 좋다.

단지 이렇게 밀식할 때는 화분 아래에 밑거름을 많이 넣어 주는 것이 좋다. 그래야 계속해서 좋은 꽃을 피울 수 있기 때문이다. 이렇게 화분에 심으면 3년 주기로 화분 분갈이를 해 줘야 한다. 분갈이를 해 주지 않으면 몇 년 동안 화분에 있는 거름을 소진해 버렸기 때문에 생육에 많은 지장을 초래한다.

분갈이는 휴면에 들어가는 가을이나 새순이 올라오기 전인 이른 봄을 택해 한다. 특히 이른 봄에 분갈이를 할 때는 새순이 상하지 않게 조심해서 다뤄야 한다.

화단에 심을 때는 반그늘진 곳을 찾아 심는다. 봄꽃 중에는 키가 큰 편에 속하므로 중간이나 뒤쪽에 심는다.

시중에 판매되는 상토를 이용할 때는 퇴비를 20% 정도 첨가하고 피트모스와 퍼라이트, 질석을 각각 3 : 3 : 4의 비율로

윤판나물 잎

해도 좋다. 유기질 성분이 들어가야 하므로 꼭 퇴비는 넣어야 하며, 계분과 돈분이 많이 들어 있는 것보다는 우분이 많이 들어 있는 것이 냄새도 덜 나고 좋다.

 번식법

9월경 종자를 받아 바로 뿌리거나 이듬해 봄에 뿌린다. 종자는 이른 봄까지 보관하지 말고 9월경에 바로 뿌리는 것이 발아율이 높게 나타나며, 냉장고나 상온에 보관 후 뿌릴 경우 종자 발아율이 직파하는 것보다 월등히 떨어지는 경향을 보인다.

종자 파종 때는 흩어뿌림보다는 점파하는 것이 좋다.

발아율은 그다지 높지 않은 품종이다. 따라서 많은 개체를 확보하려면 종자를 많이 뿌려 개체 수를 늘리고 가을이나 이른 봄에 포기나누기를 해도 좋다. 이렇게 포기나누기를 하면 성묘에서 분리한 것이라 개화 시기도 빠르고 이식 후 고사하는 개체도 적어 권장하고 싶은 방법이다.

우산나물 꽃과 종자

23 은방울꽃

 비비추, 초롱꽃, 영란

 Convallaria keiskei Miq.

 백합과

 4~5월

 우리나라 전국 각처의 산에 분포하는 다년생 초본이다. 생육 환경은 토양이 비옥하고 물빠짐이 좋은 반그늘에서 자란다. 키는 20~30㎝이다. 잎은 길이 12~18㎝, 너비 3~7㎝로 3월경에 막에 둘러싸인 첫 잎이 지상부로 올라오고 가장자리는 밋밋하며, 표면은 짙은 녹색이고 뒷면은 연한 흰빛이 도는 긴 타원형 또는 난형이다. 꽃은 흰색으로 길이 0.6~0.8㎝로 종이나 항아리 모양이고 끝이 6개로 갈라져서 뒤로 젖혀진다. 두 잎 사이에서 꽃대가 출현하고 아래에서 위쪽으로 올라가며 개화하는 특성을 가지고 있다. 향은 바람이 불어오는 곳이면 은은한 사과향 혹은 레몬향이 강하게 전해 온다. 열매는 지름 약 0.6㎝ 정도로 둥글고 붉은색이며 9월경에 달린다.

재배 및 관리 요령

양지, 반음지에서 자라는 품종이어서 재배하는 것은 어렵지 않다. 일반 토양보다는 물빠짐이 좋은 곳에 퇴비를 많이 넣어 유기질이 풍부하게 만들어야 튼튼한 묘를 얻을 수 있다. 뿌리가

야생에서 자란 은방울꽃

많이 뻗는 개체는 아니지만 옆으로 뻗어 가는 눈(芽)들이 많이 나오므로 간격은 15~20㎝ 정도를 두고 심는다. 잎은 무성하게 자라 가을까지 남아 있으며, 아래는 작은 씨방이 붉게 달려 관상 가치도 높은 품종이다.

화단에 심을 경우는 가능하면 간격을 두고 심고, 화분에 심을 때에는

밀식하는 것이 바람직하다. 이는 관리가 쉬운 화분에 너무 많이 순이 나오면 솎아 줄 수 있지만 화단은 그렇지 못하기 때문이다.

화분은 높이에 관계없이 어느 곳에서나 잘 자라지만 적당한 높이는 5~10㎝ 정도이다. 이런 화분은 비교적 얕은 편에 속하지만 뿌리가 깊게 들어가지 않기 때문에 선택하는 것이 좋다.

상토는 시중에서 판매하는 일반 상토에 퇴비 10~15% 정도를 첨가하여 심으면 좋다. 흡지가 계속 뻗어 가는 품종이어서 유기질이 많아야 하기 때문이다.

또한 이른 봄 꽃이 필 때는 낮은 곳에 두고 감상하기보다는 눈높이에 두는 것이 좋다. 이유는, 잎보다 아래에 꽃이 숨어 있는 듯 피기 때문에 위에서 보면 꽃을 볼 수 없기 때문이다. 바람이 불어오는 곳에 두고 감상하면 바람따라 향이 전해진다.

은방울꽃 잎

번식법

종자가 완숙되는 8~9월경에 종자를 수확해서 화분에 바로 뿌리거나 냉장고에 보관 후 이듬해 봄에 뿌린다. 종자가 성숙되면 종자가 딱딱하기 때문에 종피를 약하게 자극을 줘 종자 발아를 촉진시켜야 하므로 모래와 종자를 각각 1 : 1 비율로 섞어 손으로 비벼 준다. 이렇게 한 종자는 발아율이 높게 나타난다. 그렇지 않으면 종자를 물에 2~3일 정도 불린 후 뿌려도 좋다. 종자 발아율은 그다지 높은 편이 아니다.

또한 포기나누기는 가을이나 이른 봄에 할 수 있는데, 촉이 나오는 이른 봄에 하는 것을 권한다. 이 품종은 잎이 다른 품종에 비해 질겨서 포기나누기에는 아주 적합하다. 이렇게 포기나누기를 해서 심으면 당년에 개화를 하므로 좋다.

많은 포기를 심지 않으면 포기나누기를 권한다.

자란

 대암풀, 대왕풀, 백급

 Bletilla striata (Thunb.) Rchb.f.

 난초과

 5~6월

 우리나라 전남 해안, 진도 및 목포의 일부 지역에서 자라는 다년생 초본이다. 생육 환경은 물빠짐이 좋고 햇볕을 많이 받으며 토양의 유기물 함량이 풍부한 곳에서 자란다. 키는 15~60㎝이다. 잎은 길이 20~30㎝, 너비 2~5㎝로 긴 타원형이며 끝이 뾰족하고 밑부분이 좁아져서 잎의 하단부에서 5~6개가 서로 감싸며 줄기를 둘러싸 원줄기처럼 되고 많은 세로 주름이 있다. 줄기는 굵고 곧게 서며 아랫부분에 잎싸개가 2~3개 있다. 뿌리는 길이 2~4㎝로 넓적한 둥근 모양으로 안은 흰색이고 육질성이다. 꽃은 잎 사이에서 나온 꽃줄기 끝에 3~7개가 홍자색으로 달린다. 열매는 8개월에 길이 2.5~3.5㎝의 긴 타원형으로 달린다.

재배 및 관리 요령

마사토

우리나라 야생 난 가운데 가장 널리 보급되어 가정이나 애호가들이 많이 재배하고 화분에 심어 감상하는 종이 아닌가 생각한다. 이 품종은 온도에 민감하게 반응하여 영하로 내려가는 곳에서는 잘 자라지 않는다. 현재 자생지는 몇몇 곳이 발견되고 있는데, 대부분 남도의 따뜻한 곳이다. 하지만 수년 전부터 내륙에서도 자생지가 발견되는데, 눈이 많고 겨울이면 영하의 기온을 기록하는 곳이어서 원래 자생지와는 차이를 보이고 있다. 앞으로 더 많이 관찰하고 논의되어야 하겠지만, 이는 예년에 비해 내륙의 기온이 더 상승한 데 기인한 것이 아닌가 생각된다.

화분에 재배된 자란

재배는 주로 따뜻한 남도지방에서 이루어지는 것이 바람직할 듯하고, 원래 자생지는 반음지 상태와 햇볕을 잘 받는 두 곳 모두에서 잘 자란다. 상업적으로 많이 이용되는 품종이어서 대단위 재배가 이루어진다면 판로는 충분할 것이라 생각된다.

토질은 물빠짐이 좋고 유기질 성분이 많은 곳을 선정하여 15~20㎝ 간격으로 심어 관리하면 구근도 충분히 비대해질 수 있다.

　이 품종은 늦가을에 지상부의 잎과 줄기가 마르고, 이듬해 봄에 새순이 올라오며 작년 가지가 아닌 새 줄기에서 꽃대가 출현하고 꽃이 핀다. 난대성 식물이긴 하지만 아침 기온이 영하 10℃ 이하로 내려가는 지역이라도 노지 월동에는 지장이 없고, 낮에 영하로 내려가는 지역이라도 월동에는 문제가 없다. 겨우내 영하로 내려가는 지역은 노지 월동이 어려우므로 하우스나 시설 내에 들여 보관해야 한다.

야생에서의 자란

　화분에 심어 관리할 때는 화분의 깊이가 중간 정도 되는 5~10㎝ 정도가 적당하며, 토양은 단일 토양으로 할 때는 마사토를 이용하여 심고, 혼합 용토를 이용할 때는 마사토와 밭흙을 1 : 1 비율로 섞어 심는다. 마사토 단용에 심을 때는 물빠짐이 좋으므로 물을 1~2일 간격으로 줘야 하고 채광이 좋은 곳에 둬야 꽃이 잘 핀다.

🌱 번식법

자란 꽃의 색과 생김새

8~9월경에 달리는 종자를 이용한다. 종자 번식은 난과에 속하는 식물들이 대부분 까다로운데, 이 품종도 마찬가지다. 1980년대부터 꾸준히 난의 조직배양을 통한 대량 번식이 이루어져 왔고, 이에 자란의 번식 체계에 관한 연구도 병행되어 왔다.

자란은 종자가 완숙되지 않은 종자 꼬투리를 이용하여 조직배양을 하며, 이는 다른 난도 마찬가지이다. 이제는 연구된 내용을 바탕으로 대량 생산 체계를 구축하는 것도 좋을 듯하다.

일반 가정에서의 종자 발아는 매우 어려운 것이 사실이다. 하지만 한 꼬투리에서 얻을 수 있는 종자 양이 많아 몇 개체만 발아되더라도 충분한 가치가 있는 품종이다.

종자 발아 때는 파종상을 만들고 파종상 위에 이끼나 수태를 얇게 깔아 그 위에 꼬투리를 흔들며 약하게 부채와 같은 것을 이용해 바람을 불어 고루 퍼질 수 있게 해 준다. 이렇게 종자를 파종하고 난 후 분무기를 이용하여 고운 입자의 물을 뿌려 주어 너무 깊이 종자가 들어가지 않게 하여 충분히 습도를 유지할 수 있게 해 줘야 한다. 이렇게 물을 뿌린 후 습도를 최대한 올려 주기 위해 파종상 위를 비닐이나 신문지로 덮은 다음 일주일이 지난 후 제거하고, 그 후부터는 공기 순환이 잘 될 수 있게 한다.

뿌리나누기는 화분에 심은 것은 3~4년 주기로 화분 분갈이를 할 때 털어서 가을에 나누기를 하거나 이른 봄에 하면 되고, 노지에 있는 것은 3월에 구근 주변을 조심스럽게 파고 옆에 있는 자구를 분리하여 심으면 된다.

자란 잎

점점 자생지가 훼손당하고 있으므로 이렇게 쉬운 번식법을 이용하여 개체를 늘려 나가는 것도 좋은 일이라 생각되고, 이 또한 자생지의 훼손을 막는 일이라 생각한다.

조개나물

 학명 · Ajuga multiflora Bunge

 과명 · 꿀풀과

 개화기 · 5~6월

 생육특성

우리나라 경기 이남에서 자라는 다년생 초본이다. 생육 환경은 양지의 토양이 비교적 메마른 곳, 즉 산소 주변이나 잔디가 많은 곳에서 자란다. 키는 30~40cm이다. 잎은 길이 1.5~3cm, 너비 0.7~2.0cm로 타원형 또는 난형이며 마주나고 가장자리에 톱니가 있다. 꽃은 자주색으로 잎겨드랑이에서 뭉쳐 위로 올라가며 달리고 통형이며 끝은 입술모양이고, 꽃잎 뒤쪽에는 작은 털이 나 있다. 열매는 납작하고 둥근 모양으로 7~8월경에 달린다.

재배 및 관리 요령

햇볕이 잘 드는 곳에 심어 관리한다. 야생에서 자라는 곳은 대부분이 햇볕이 잘 드는 양지이다. 이른 봄 할미꽃과 함께 가장 햇볕이 좋은 곳에서 자란다.

이런 식물을 화분에 옮겨 심어 관리하기란 여간 까다로운 것이 아니다. 이유는, 광을 많이 받아야 하고 물빠짐이 좋은 곳에서 자라야 하는

마사토   질석

펄라이트   피트모스

특성을 가지고 있기 때문이다. 지금 시중에 판매되는 조개나물은 대부분이 '아주가'라는 원예종으로 개발된 것들이다. 이렇게 원예화된 조개나물의 특성은 잎에 광택이 많이 나고 잎줄기에서 다른 잎줄기들이 길게 나오는 것이다. 아래 사진의 화분에 심겨져 있는 것은 원예종으로 개발된 품종이다.

화분에 사용하는 용토는 일반 토양과 마사토를 사용하거나, 마사토와 시중에서 판매하는 상토를 2 : 8 비율로 혼합하여 사용한다. 또한 피트모스와 펄라이트, 질석을 각각 3 : 3 : 4의 비율로 혼합한 후 약 10%의 마사를 혼합해도 좋다.

야생화 화분 재배 241

🌱 번식법

7~8월에 익은 종자를 받아 냉장 보관을 한 후 9월경에 뿌린다. 이유는, 한여름의 종자 발아는 발아율도 많이 떨어질 뿐 아니라 생육 초기에 잘록병(상토와 닿는 부분이 썩어 고사하는 것을 말함.)이 생겨 묘가 상하는 것이 많기 때문인데, 이는 습도가 높고 바람이 잘 통하지 않는 것이 원인이라 할 수 있다. 9월경에 종자를 뿌리면 발아 시간까지는 약 30일 정도가 소요되기 때문에 많이 기다려야 한다. 전체적으로 보면 더 짧은 기간에 발아되는 것도 있지만 대체로 약 30일 소요된다.

조개나물 꽃봉오리와 꽃대

이른 봄에 종자를 뿌릴 수도 있다. 이른 봄에 종자를 뿌리면 종자 발아 기간은 짧아지지만 종자 발아율이 좋지 못한 단점이 있다.

가을이나 이른 봄에 뿌리를 나눠서 심는 뿌리나누기가 있다. 이 방법은 많은 묘를 한번에 얻을 수 없는 단점은 있지만, 조금씩 키우고자 할 경우에는 알맞은 방법이다.

야생에서 자란 조개나물

26 족도리풀

 이명   세신

 학명   *Asarum sieboldii* Miq.

 과명   쥐방울덩굴과

 개화기   5~6월

 생육특성   우리나라 각처의 산지에서 자라는 다년생 초본이다. 생육 환경은 반그늘 또는 양지의 토양이 비옥한 곳에서 자란다. 키는 15~20㎝이다. 잎은 너비 5~10㎝로 줄기 끝에서 2장이 나며 표면은 녹색이고 뒷면은 잔털이 많으며, 줄기는 자줏빛을 띤다. 꽃은 자줏빛으로 끝이 3갈래로 갈라지고 항아리 모양이며, 잎 사이에서 올라오기 때문에 잎에 쌓여 있는 낙엽을 들추면 그 속에 꽃이 숨어 있다. 열매는 두툼하고 둥글며 8~9월경에 달린다. 유사종으로는 '뿔족도리'와 '개족도리'가 있다.

재배 및 관리 요령

뿌리를 약재로 이용하므로 많이 재배하는 품종이다. 생육 특성을 보면 대부분의 곳에서 반음지 상태를 유지하고 있으며, 특히 '자주족도리', '선운족도리', '금오족도리'와 같은 품종은 채광이 거의 되지

야생에서 자란 족도리풀

않는 70% 이상 차광이 된 곳에서 자생한다. 족도리풀을 제외하고는 약용으로 사용하는 것이 없으며, 대량으로 재배하는 곳도 없다.

뿌리 발육이 좋다는 것은 각종 유기물을 찾아 흡수하는 것이 많다는 것으로 볼 수 있다.

족도리풀과 유사종들의 가장 큰 특징은 꽃이 잎과 땅에 거의 붙어서

피기 때문에 꽃을 잘 찾을 수 없다는 것이고, 이런 상황은 땅에서 다니는 벌레들에게 종자 결실을 의지하기 때문이다. 이렇게 땅에 각종 벌레가 많다는 것은 유기질이 풍부한 곳이란 의미이다.

마사토

이 품종은 재배할 때 물빠짐이 좋은 곳을 선정하고, 토질은 유기물 함량이 높은 곳을 택하거나 퇴비를 많이 넣고 재배해야 한다. 물빠짐이 좋지 못한 토양에서는 잎과 뿌리 사이가 썩어 분리되는 개체들이 많아 잎의 양분이 뿌리까지 전달되지 못하기 때문이다.

화분에 재배할 때는 마사토와 일반 토양의 비율을 1 : 1 또는 2 : 1로 해도 좋다. 화분은 소형부터 대형까지 어디에 심어도 좋은 품종이고, 다른 품종들과의 혼식을 해도 좋지만 정확히 구분하여 심어야 한다. 이유는, 뿌리 발육이 좋은 품종이어서 다른 식물과 경합을 벌이기 때문이다.

화분에 심어 꽃을 감상할 때는 잎을 약간 올리거나 햇볕이 드는 곳에 두면 꽃이 위쪽으로 살짝 올라온다.

번식법

족도리풀 꽃

9월경에 받은 종자를 바로 뿌리거나 종이에 싸서 수분 증발을 최대한 억제하고 냉장고에 보관 후 이듬해 봄에 일찍 뿌린다. 직파와 보관 후 파종하는 것과의 종자 발아율에 대한 차이는 크지 않은 것으로 관찰된다. 다른 종자들과 마찬가지로 초기 습도를 맞춰 주는 것이 중요하므로, 파종상에 종자를 뿌리고 그 위를 비닐로 덮고 10일 정도 지난 후 비닐을 제거한다. 본엽이 전개되면 뿌리 발육이 완성해지므로 가급적 뿌리 발육이 많이 되지 않은 시점에 화분에 옮겨 관리한다.

가을이나 봄에 뿌리나누기를 하는데, 시기는 봄보다는 가을을 권한다. 이유는, 이른 봄에 올라오는 순이 너무 연해 분리할 때 자칫 새 순을 상하게 할 수도 있기 때문이며, 가을에는 뿌리에서 나온 순을 보며 나누기를 할 수 있는 이유도 있다.

27 지네발란

 이명 — 지네난초

 학명 — *Sarcanthus scolopendrifolius* Makino

 과명 — 난초과

 개화기 — 6~7월

 생육특성 —
우리나라 전라남도의 신안과 목포, 제주도에서 자라는 상록 다년생 초본이다. 생육 환경은 해안가 근처의 습기가 많고 햇볕이 잘 들거나 반그늘진 곳의 나무와 바위에 붙어 자란다. 키는 1~3㎝이다. 잎은 길이 0.6~1㎝로 가죽질로 줄기를 따라 좌우 2줄로 배열되고 어긋나며 딱딱하고 끝이 둔하다. 줄기는 딱딱하고 가늘며 느슨하게 가지가 갈라진다. 꽃은 잎자루가 칼집 모양으로 되고 줄기를 싸고 있는 곳에서 연한 홍색으로 1개씩 달려 나오고, 꽃줄기는 길이 약 0.2㎝이며, 아래 잎은 3갈래로 갈라지고 흰색이며 주머니 모양으로 꽃 끝에 돌기가 달린다. 옆으로 찢어진 꽃잎은 귀 같고, 중앙에 찢어진 꽃잎은 난형이며 흰색으로 끝이 둔

하고 꽃받침잎은 긴 타원형이다. 열매는 9~10월경에 길이 약 0.6cm로 거꾸로 된 달걀 모양으로 달린다.

자생지는 점점 확대되고 있는 반면, 제주도의 경우는 태풍이 많이 불어 나무에 착생하고 있는 개체들이 많이 떨어진다. 전라남도 자생지는 2011년에 거의 훼손되었다고 알려져 있어 안타까움이 더한다. 이 품종은 기후 변화에 의해 점점 남부 해안가로 올라오고 있기 때문에 앞으로 자생지가 더 철저히 보호되어야 하겠다.

우리나라에서는 멸종위기 식물로 분류하여 관리하고 있다.

재배 및 관리 요령

자생지가 한정되어 있어 멸종위기 식물로 분류하고 있는 품종이어서 재배는 이루어지지 않고 있다. 하지만 난 동호회와 야생화 동호회에서는 시중에서 판매하는 묘종을 구입 후 이를 목부작과 석부작에 이용하고 있

목부작 지네발란

다. 나무나 돌에 착생시키는 품종은 먼저 돌과 나무에 이끼를 올려놓고 뿌리를 실로 고정한 후 분무기를 이용하여 입자가 고운 물을 주고, 뿌리가 완전히 활착되는 1년이 지난 후 실을 제거해 준다. 뿌리가 완전히 활착해 꽃이 피고 나면 시중에서 판매하는 액비(액체로 된 비료)를 이용하여 여러 차례 관수한다.

지네발란 꽃

번식법

지네발란 줄기

해마다 나오는 새순을 분리하여 번식시키는 방법과, 종자를 이용하는 방법이 알려져 있다. 종자는 10월경에 받은 종자를 상토에 이끼나 수태를 올려놓고 그 위에 종자를 뿌린 후 분무기를 이용하여 입자가 고운 물을 준다. 이른 봄에도 동일한 방법으로 하며, 파종상에 종자를 뿌린 다음에는 신문지나 비닐로 덮고 15일 정도 지난 후 제거한다.

28 천남성

 학명 Arisaema amurense f. serratum (Nakai) Kitag.

 과명 천남성과

 개화기 5~7월

 생육특성 우리나라 각처 숲의 나무 밑이나 습기가 많은 곳에서 자라는 다년생 초본이다. 생육 환경은 토양이 비옥하고 물빠짐이 좋은 곳에서 자란다. 키는 20~50㎝이다. 잎은 길이 10~20㎝이고 5~10갈래로 갈라지며 긴 타원형이고, 작은 잎은 양 끝이 뾰족하고 톱니가 있다. 꽃은 녹색 바탕에 흰 선이 있고 깔때기 모양으로 가운데 꽃차례 중의 하나인 곤봉과 같은 것이 달려 있으며, 꽃잎 끝은 활처럼 말린다. 열매는 붉은색으로 10~11월에 포도송이처럼 달린다.

재배 및 관리 요령

자생지 환경은 물기가 많지 않고 광이 잘 드는 곳에서 자라는 특성을 가지고 있다. 따라서 천남성은 물기가 많은 곳을 좋아하지만, 너무 물기가 많으면 구근이 썩는 현상이 발생하기 때문에 물빠짐이 좋은 화단을 선택해야 한다.

근래에는 화분에 심기 좋은 작은 품종들이 원예종으로 개발되어 많이 판매되고 있다. 원예종은 화려한 꽃과 더불어 잎에도 노란 선이 들어가 관상 가치를 높이고 있기도 하다. 이런 구근식물들을 화분에 심을 때는 낮은 화분보다는 깊이가 최소 10㎝ 정도 되는 화분을 선택해 심는 것이 바람직하다. 또 낮은 화분에 심을 때는 구근이 노출되지 않게 심는 것도 중요하다. 물 관리는 노지에 심었을 때는 비가 오는 것만으로도 충분하지만, 화분에 심었을 때는 4~5일 간격으로 한 번씩 물을 줘서 관리해야 한다.

물빠짐이 좋아야 하는 품종이므로 마사토의 비

마사토 질석

펄라이트 피트모스

율이 높아야 한다. 일반 퇴비와 섞어 사용할 경우는 마사토 5 : 퇴비 2 : 일반 밭흙 3의 비율로 사용한다. 그렇지 않고 일반 시중에 판매하는 상토와 조제하는 것은 마사토 5 : 피트모스 3 : 펄라이트 2 정도의 비율로 사용해도 좋다.

🌱 번식법

10~11월경에 붉게 익은 종자를 받아 뿌린다. 완숙되기 전에는 파란색인데, 전체적으로 붉게 변했을 때가 종자를 따는 적기라고 할 수 있다. 종자를 딸 때는 다른 식물과는 달리 고무장갑이나 일회용 비닐장갑을 끼고 따는 것이 좋다. 간혹 손에 물이 들기도 하고, 종자를 오랫동안 만지면 가려운 증상이 생길 수도 있기 때문이

다. 이렇게 받은 종자는 파종상에 뿌리기 전 물에 2~3일 정도 불려 종피를 약하게 하여 뿌린다. 파종상에 뿌릴 때는 종자를 흩어 뿌리지 말고 점파(구멍 또는 줄을 파서 한 알 한 알 넣는 것을 말함.)하는 것을 권한다. 종자 발아율은 높은 편이다.

뿌리를 분구하여 심는 방법도 있다. 가을에 구근을 파면 아래에 많은 구근들이 생긴 것을 하나하나 분리하여 심는 것을 말한다. 이는 종자 발아보다는 빨리 개화하고, 심는 것도 훨씬 쉽다. 하지만 대량 증식을 하고자 할 때는 다소 불리한 측면도 있다.

따라서 천남성의 경우는 해마다 종자 발아와 분리한 구근을 병행해서 번식시키는 것도 좋은 방법이다.

천남성 열매

화분에 재배된 천남성

콩짜개덩굴

 이명   콩조각고사리, 콩짜개고사리

 학명   *Lemmaphyllum microphyllum* C. Presl

 과명   잔고사리과

 개화기   상록성

 생육특성

우리나라 제주도를 비롯한 남부지방과 섬 지역, 대둔산, 태백산 등지에서 자라는 상록성 다년생 초본으로 난대성 양치류에 속한다. 생육 환경은 공중습도가 높거나 주변 습도가 높은 곳의 바위나 나무에 붙어 자란다. 잎은 길이 1~2cm, 너비 0.6~1.5cm로 타원형이며, 잎몸 밑부분은 마디가 있으며 인편이 많고, 포자낭이 달리는 포자 잎은 주걱 모양으로 길이 2~4cm, 너비 약 0.4cm로 끝이 둥글며 밑부분이 좁아지고 양쪽에 포자낭이 달린다. 줄기는 황갈색으로 뿌리줄기 부분은 둥글고 불규칙하게 가지가 갈라진다. 관상용 및 뿌리줄기를 포함한 전초를 약용한다.

재배 및 관리

화분이나 석부작 또는 목부작에 가장 많이 이용되는 품종 중 하나이다. 자생지 특징은 크게 두 가지로 구분되는데, 한 곳은 습도가 매우 높은 곳(주로 해안가)인 반면, 다른 한 곳은 습도가 높지 않은 단지 나무 그늘이 많아 수분 증발을 억제하는 곳에서 자란다.

목부작 콩짜개덩굴

나무에 붙인 목부작에 사용하는 것은 물을 많이 주어서 나무가 수분을 머금어 콩짜개덩굴의 뿌리가 천천히 수분을 흡수하게 만들어야 한다. 아침에 관수하는 것이 좋다.

돌에 붙여 관리하는 석부작은 이끼와 함께 심는 경우가 많으므로 이끼에 분무기를 이용하여 물을 준다. 아침과 저녁에 관수한다.

이 두 조건은 자생지에서의 경우와 따로 관리하면 좋다.

즉, 목부작은 반그늘 또는 양지에 두고, 석부작은 반음지나 음지에서 관리하는 편이 좋다. 이유는, 여름에 햇볕을 많이 받는 석부작의 경우는 돌이 햇볕을 받아 온도가 올라가기 때문이고, 목부작의 경우는 나무에 붙어 있기 때문에 반그늘 또는 양지에서 재배해도 서늘한 기운을 느낄 수 있기 때문이다.

콩짜개덩굴 포자

번식법

이른 봄 줄기의 영양분이 이동하는 시기를 이용하여 삽목한다. 삽목할 때는 잎과 공기에 노출된 기근(氣根)을 붙인 개체를 하나하나 따로 심는다. 심을 때는 상토나 이끼를 이용하지만, 뿌리를 빨리 내리게 하는 상토를 이용하는 것이 훨씬 효율적이다. 처음 심고 난 후 7~10일 동안은 습도를 높여 주기 위해 신문지나 비닐을 덮고 그 후 제거한다. 생존율은 90% 이상 높게 나타난다. 또한 가을에 익은 포자를 수태나 이끼에 뿌려서 하는 방법도 있다. 고사리과 식물이 거의 그렇듯 발아율이 높은 편은 아니다.

다른 식물과는 달리 대량으로 번식하고자 할 때도 모본에서 분리된 개체를 이용하여 위에 적은 방법으로 해도 많은 개체를 얻을 수 있다.

야생에서 자란 콩짜개덩굴

큰꽃으아리

 개비머리, 어사리

 Clematis patens C. Morren & Decne.

 미나리아재비과

 5~6월

 우리나라 각처의 해발이 낮은 곳에서 자라는 낙엽성 활엽 만경목이다. 생육 환경은 반그늘과 토양이 거름지고 습기가 많지 않은 곳에서 자란다. 키는 1~3m이고, 잎은 가장자리는 밋밋하고 표면에 털이 없으며 길이 4~10㎝ 정도이다. 꽃은 흰색으로 지름 10~15㎝이고 가지 끝에 1개씩 달리고 꽃잎 끝은 뾰족하다. 암술과 수술은 여러 개인데, 수술대는 편평하고 암술대는 끝 부근에 가는 털이 두 개가 있다. 열매는 9~10월에 성숙하고 암술대가 그대로 달려 있다.

재배 및 관리법

이 품종은 원예종으로 '클레마티스(Clematis)'로 잘 알려져 있다. 이른 봄 화원에서 볼 수 있는 '시계꽃'도 클레마티스종이다. 이 품종은 덩굴로 올라가면서 피며 한 줄기에 많은 꽃들이 달리는데, 꽃이 크고 아름다운 반면 개화기가 짧은 것이 단점이다.

그렇지만 외국에서는 이미 유사종으로 많은 원예종이 육종되어 생산, 판매되고 있어 주목해서 봐야 하는 품종이기도 하다.

대량으로 재배하려면 나무가 있는 곳의 반그늘에 물빠짐을 좋게 한 후 재배하는 것이 바람직하다. 이는 품종의 자생지 환경이 반그늘에 물빠짐이 좋은 곳이나 아주 척박한 곳이기 때문이다. 덩굴성 식물이어서 다른 식물과의 경합도 많은 만큼 단일 품종으로 심고 나무가 있는 곳을 선정한다.

화분 재배를 할 때는 대형 화분(50㎝ 이상 됨.)에 철사로 유인을 할 수 있는 것을 만들어 주어 철사를 타고 올라가게 한다. 몇 개체 심지 않아도 잎이 무성해서 풍성하게 보이며, 잎이 서로 겹치더라도 다른 품종들과는 달리 잘 자라므로 밀식을 해서 심어도 좋다.

잎이 무성하다는 말은 광합성을 많이 해서 수분이 많이 필요하다는 말과 일맥상통한다. 따라서 물은 이른 봄부터 종자가 결실되는 시점까지 마르지 않게 준다.

화분에 사용하는 토양은 잎이 무성해 다비성 식물이므로 퇴비를 약 20% 정도 첨가하며 밭흙이나 마사토의 비율을 7 : 3 정도로 한다. 시중에 판매되는 상토는 피트모스와 펄라이트, 마사토를 각각 3 : 4 : 3 비율로 혼합하고 여기에 다시 퇴비를 약 20% 첨가하면 된다.

마사토

펄라이트

피트모스

 번식법

종자가 익으면 갓털이 길게 달리고 아래에 검은 종자가 하나씩 달린다. 종자에 붙은 갓털을 제거하고 물에 2~3일 정도 종자를 불린 후 파종상에 뿌린

큰꽃으아리 잎

다. 갓털을 제거한 종자는 바짝 마른 상태여서 그냥 뿌리면 종자 발아율도 낮고 발아도 늦다. 종자에 수분을 충분히 공급하고 이를 파종상에 뿌려 습도를 유지하면 발아율이 높아진다.

또한 줄기를 이용한 삽목으로도 번식이 가능하다. 줄기는 새로 나온 순을 이용하여 4~5월경 꽃봉오리가 달리기 전에 하거나, 꽃이 피고 종자가 결실된 시점에 해도 좋다.

처음 새순을 삽수로 이용하는 것을 녹지삽이라 하고, 가을에 묵은 가지를 이용하는 것을 숙지삽이라 한다.

화단에 재배된 큰꽃으아리

녹지삽을 할 때는 잎을 두 장 정도 붙이고 잎의 2/3를 잘라 광합성 작용을 최소화시킨다. 이렇게 한 후 가지를 rooton과 같은 발근제를 바르고 상토에 심는다. 발근율은 녹지삽의 경우는 높은 편이다.

숙지삽은 가지가 목질화되어 있어 발근되는 데 많은 시간이 소요되고 발근이 되지 않고 고사하는 확률도 높다. 그래도 숙지삽을 하는 이유는 개체를 원하는 만큼 얻지 못했기 때문이다.

이렇게 삽목을 할 경우는 파종상에 삽수를 정식하고 움직이지 않게 저면관수(물통에 물을 가득 채우고 파종상을 올려놓으면 물리 삼투압에 의해 위로 올라오는 것을 말함.)를 해 준다. 그 후 약 10~15일 동안은 차광막이나 비닐을 이용하여 습도를 유지시켜 주고, 이후는 차광막과 비닐을 제거하여 산소 공급이 원활하게 이루어지게 한다.

31 투구꽃

 선투구꽃, 개싹눈바꽃, 진돌쩌귀, 싹눈바꽃, 세잎돌쩌귀, 그늘돌쩌귀

 Aconitum jaluense Kom.

 미나리아재비과

 8~9월

 우리나라 각처의 산에서 자라는 다년생 초본이다. 생육 환경은 반그늘 혹은 양지의 물빠짐이 좋은 곳에서 자란다. 키는 약 1m 정도이다. 잎은 잎자루 끝에서 손바닥을 편 모양으로 3~5갈래로 깊이 갈라지고 어긋난다. 꽃은 자주색 혹은 흰색으로 모양은 고깔이나 투구와 같으며 줄기에 여러 개의 꽃이 어긋나고 아래에서 위로 올라가며 핀다. 열매는 타원형이며 10~11월에 맺고 뾰족한 암술대가 남아 있다.

🪴 재배 및 관리 요령

물빠짐이 좋은 곳을 선정하는 것이 포인트다. 이는 뿌리가 일반 뿌리가 아닌 괴근과 구근의 형식을 가진 대다수의 품종들의 특성이기도 하다. 문헌에 따르면, 조선시대에는 이 품종을 재배한 흔적이 있으나 최근에는 재배되지 않고 있다. 이유는, 독성이 강한 품종이어서 일반 유통이 금지되어 있기 때문이다. 따라서 대단위 재배가 아닌 약재로 사용하기 위한 소량의 재배가 이루어지고 있을 뿐이다.

하지만 꽃이 아름다워 화분으로 재배하는 동호회에서는 화분에 심어 이를 관상용으로 재배하고 있기도 하다. 화분에서의 재배는 일반 노지보다는 어려운 점은 있으나, 물빠짐이 좋아 자생지만큼의 화려한 꽃을 피운다. 화분에 재배할 때는 깊이가 깊은 15~20㎝ 정도의 화분을 이용하는 것이 좋으나, 5~10㎝ 이하의 낮은 화분에서 키울 때는 괴근 뿌리를 옆으로 누운 상태에서 키운다. 이런 화분 재배 방법은 동호인들 사이에서 많이 알려져 있으며, 최근에는 가을에 야생화 전시회를 개최하는 곳들이 생겨 화분 재배가 많이 이루어지

야생에서 자란 투구꽃

고 있기도 하다.

하지만 관리상의 문제는 가을에 꽃을 피우는 품종이어서 여름의 고온을 거치면서 잎 끝이 타는 엽소 현상이 발생하고, 또 햇볕을 많이 받지 않는 곳에 두면서 웃자람 현상이 나타나고 있다. 화분을 관리할 때는 햇볕이 잘 드는 곳에 두고, 한여름 고온에는 그늘지고 서늘한 곳에 보관하여 키우면 좋다.

 번식법

종자 결실이 잘 된 10월경 종자를 받아 파종상에 바로 뿌리거나, 종자를 종이에 싸서 냉장고에 보관 후 이듬해 봄에 뿌린다. 종자 발아율은 높지 않은 편이지만 한 꼬투리에서 많은 종자를 받을 수 있어 많은 개체를 얻을 수 있다. 뿌리 부분에 대한 번식법은 따로 알려져 있지 않다.

패랭이꽃

 이명: 패랭이, 꽃패랭이꽃, 석죽

 학명: *Dianthus chinensis* L.

 과명: 석죽과

 개화기: 6~8월

 생육특성: 전국 각처에 자생하는 숙근성 다년생 초본이다. 생육 환경은 반그늘나 양지에서 많은 군락은 이루지 않고 조금씩 간격을 두고 자란다. 키는 약 30㎝이다. 잎은 길이 3~4㎝, 너비 0.7~1㎝이고 끝이 뾰족하며 마주난다. 꽃은 진분홍색으로 길이 약 2㎝ 정도이고 줄기 끝에 2~3송이가 달리며, 꽃잎은 5장으로 끝이 약하게 갈라지며 안쪽에 붉은색 선이 선명하고 전체적으로 둥글게 보인다. 열매는 9월에 검게 익으며 원통형이다.

재배 및 관리 요령

야생에서 자란 패랭이꽃

우선시되는 통풍이 해결되면 재배하기 매우 쉬운 품종이다. 심어 놓은 곳을 가 보면 항상 밀식(빽빽하게 심은 것)된 곳이 많이 있는데, 관찰해 보면 중간중간 고사한 개체들이 많이 있다. 이는 석죽과 식물 재배지 대부분의 곳에서 나타나는 동일한 현상이다. 이유는 통풍이다. 다른 품종들과 달리 바람이 잘 통하는 곳을 좋아하는 품종이기 때문이다.

또한 이 품종은 잎이 옆에 있는 다른 잎과 겹쳐 받는 광을 간섭 받으면 세력이 약해지면서 땅으로 줄기를 뻗어 나간다. 이런 개체들은 종자 결실을 끝으로 대부분이 고사한다.

질석

펄라이트

피트모스

한꺼번에 석죽과 식물을 심지 말고 다른 식물들과 혼용하여 심는 것도 좋은 방법이다.

석죽과 식물들은 잎은 많지만 잎 면적이 넓지 않고 좁아 그 사이로 다른 식물들이 많이 자라는 것을 볼 수 있다. 필히 제초 작업을 하거나 혹은 다른 식물들과의 경합을 피하는 것이 좋다.

화분에 심은 것의 물 관리는 2~3일 간격으로 하지만, 재배하기 위해 밭에 심은 품종은 물 관리를 따로 하지 않아도 좋다.

이 품종과 술패랭이는 물빠짐이 좋고 가급적 습해를 받지 않게 토양을 구성해야 한다. 즉, 물빠짐도 좋고 습도가 높지 않게 해 줘야 한다는 것이다. 토양의 경우는 일반 밭흙 5 : 마사토 5 비율로 하고 퇴비를 10%가량 첨가하며, 판매하는 상토는 피트모스 3 : 펄라이트 2 : 질석 5 비율로 혼합하며 여기에 퇴비를 10%가량 첨가한다.

 **번식법**

9월경에 익은 종자를 받아 바로 파종한다. 이 시기가 가장 좋고 발아율도 높게 나타난다. 석죽과에 속하는 식물들은 종자 발아율이 매우 높다. 하지만 새순이 올라와 얼마되지 않으면 입고병 또는 잘록병을 얻어

패랭이꽃 줄기

대부분의 묘가 고사한다.

　종자는 뿌린 후 3일 정도 경과하면 습도 관리를 위해 덮은 비닐과 신문지를 제거한다. 3~4일 정도 경과되면 처음 올라오는 순들은 거의 올라오기 때문이다. 7일 정도 경과 후 비닐을 열면 실처럼 위로 웃자란 묘들이 너무 많다.

　종자 발아 후 본엽이 전개되는 시기는 6~10일 정도이다. 이때는 본엽이 전개된 것부터 바로 화분에 이식해야 한다. 그렇지 않으면 어린 묘들이 뿌리와 토양이 만나는 지점에서 줄기와 분리되는 잘록병이 발생한다.

　따라서 석죽과 식물들은 종자를 뿌릴 때 점파(하나하나 뿌리는 것)를 하는 것이 훨씬 좋다고 할 수 있다. 종자 발아율은 높은 편이다.

　삽목으로도 번식을 많이 하는데, 계절에 관계없이 잘 된다.

　길이 10~15cm 정도 자란 묘를 이용하는데, 윗부분을 포함해 전체 줄기의 2/3를 날카로운 전정가위를 이용하여 자른다. 이 방법은 측지를 발생시키는 장점도 있다.

　이렇게 얻은 삽수는 줄기 두 마디에 잎 두 장만 남기고 나머지는 제거한 후 시중에 판매하는 발근제를 묻혀 모래 또는 상토에 심는다. 이렇게 삽목한 경우 약 20일 정도 경과 후에 뿌리가 나오기 시작한다. 또 많은 개체를 얻으려면 삽목을 한 곳에서 다시 삽수를 얻어 해도 높은 발근율을 보인다.

　석죽과에 속하는 식물은 희귀식물의 경우는 삽목을 권하지만, 많이 보는 품종은 삽목보다는 종자 번식을 권한다.

풀솜대

 솜대, 솜죽대, 솜때, 지장보살, 왕솜대, 큰솜죽대, 품솜대

 Smilacina japonica A. Gray

 백합과

 5~7월

 우리나라 전국 각처 산중에 자라는 다년생 초본이다. 생육 환경은 반그늘과 부엽질이 많은 토양에서 잘 자란다. 키는 20~50㎝이다. 잎은 길이 6~15㎝, 너비 2~5㎝로서 줄기를 따라 두 줄로 나 있으며 긴 타원형으로 끝이 좁아진다. 꽃은 흰색으로 원줄기 끝에 작은 꽃들이 뭉쳐 하나의 꽃을 이루며 핀다. 열매는 9월경에 달리며 둥글고 붉은색이다. 잎이 지상부로 올라오면 얼핏 보기에는 둥굴레와 많이 닮은 것처럼 보이지만, 잎의 크기와 줄기를 보면 확연히 다른 것을 알 수 있다.

재배 및 관리 요령

잎이 가을까지 남아 있어 관상용으로 좋은 품종이다. 재배할 때는 골 높이를 20㎝ 정도로 하고 퇴비를 많이 넣어 관리한다. 물빠짐이 좋은 곳을 선정하는 것이 좋다. 잎은 줄기에서 위쪽으로 올라가며 달리기 때문에 잎 면적을 최대한 확보하기 위해 15㎝ 이상 간격을 띄우고 심는다.

화분에 심을 때는 얕은 화분이나 깊은 화분 어디에 심어도 좋다. 뿌리의 발육이 얕은 곳에서도 잘 되기 때문이다. 꽃이 작은 망울로 여러 개 뭉쳐 피며 개화기도 오랫동안 유지된다. 토양은 마사토를 이용하면 키가

작아지는 단점이 있지만 원래 키가 큰 품종이어서 관상 가치는 더 있다. 하지만 퇴비기가 없기 때문에 매년 분갈이를 해야 하는 단점이 있다.

유기질이 풍부한 곳에서 살아가는 품종이어서 상토는 마사토와 밭흙을 각각 3:7 비율로 하고, 여기에 퇴비를 약 20%가량 첨가하거나, 일반 상토의 경우는 피트모스 3 : 펄라이트 2 : 질석 5의 비율로 한 후 퇴비를 약 20%가량 첨가한다.

마사토   질석

펄라이트   피트모스

번식법

종자가 익는 9월에 완숙된 종자를 받아 바로 뿌린다. 종자 발아율은 높은 편이다. 종자 받는 시기가 늦으면 모두 떨어지기 때문에 지켜보면서 빨리 받아야 한다. 종자는 받아서 바로 뿌리는 것은 발아율이 높다. 그러나 냉장고에 보관 후 뿌리는 것은 종자 발아율이 낮게 나타났다. 종자가 크지 않기 때문에 상토를 약하게 덮어 줘야 한다. 가을

풀솜대 꽃

과 이른 봄에는 포기나누기를 해서 번식하는 법도 있다. 가을에는 잎이 완전히 고사한 후 뿌리를 캐서 뿌리를 나누면 되고, 이른 봄에는 새순이 올라올 때를 이용해 새순이 상하지 않게 조심스럽게 뿌리를 나눈다. 뿌리나누기는 종자 발아보다 대량 번식에는 적합하지 않지만 화분에서 재배하는 경우는 적합한 번식법이다.

풀솜대 열매

야생에서 자란 풀솜대

야생화 화분 재배 273

하늘매발톱

 학명 *Aquilegia japonica* Nakai & H. Hara

 과명 미나리아재비과

 개화기 4~6월

 생육특성 우리나라 각처의 산에서 자라는 다년생 초본이다. 생육 환경은 양지나 반그늘의 토양이 비옥한 곳에 자란다. 키는 약 1m 정도이다. 잎은 길이 5~7㎝, 너비 6~8㎝로 2~3갈래로 깊게 갈라지고 뒷면은 분흰색이다. 꽃은 흰색, 연분홍색 등이 있고 가지 끝에서 아래를 향해 달린다. 꽃잎 끝부분은 5갈래로 매발톱처럼 꼬부라져 있는데, 꽃봉오리 때는 아래를 향하지만 꽃이 피면서 점점 하늘을 보며 씨가 맺히면 하늘을 향한다. 열매는 7~8월경에 달리고, 종자는 검은색으로 광택이 많이 나고 씨방에 많이 들어 있다.

재배 및 관리 요령

화분에 재배된 하늘매발톱

시중에서 판매되는 야생화 가운데 순위 안에 들 정도로 인기 있는 품종이다. 어느 곳을 가든지 원예종 하늘매발톱을 쉽게 볼 수 있다.

인기가 있는 종인 만큼 재배나 관리도 수월하다. 햇볕이 잘 드는 곳에 두고 관리하거나 재배하면 된다.

원래 이 품종이 자라는 곳은 고산 지역인 백두산 일원이고, '노랑하늘매발톱', '흰하늘매발톱'은 주변 습도가 아주 높은 계곡의 반그늘에서 자라는 반면, 하늘매발톱은 고산의 햇살이 잘 드는 곳에서 자란다.

재배할 때는 물기가 많지 않은 곳의 양지에 20㎝ 정도의 간격으로 심으면 되고, 화분에 심어 관리할 때는 깊이 15~20㎝ 정도 깊은 화분을 선정하여 자갈과 상토를 이용하여 물빠짐이 좋게 하고 심는다.

상토는 물빠짐을 좋게 하기 위해 마사토 3 : 밭흙 6 : 퇴비 1의 비율로 하거나, 시중에서 판매되는 상토의 경우는 피트모스 3 : 펄라이트 3 : 질석 4의 비율로 혼합 후 10% 정도의 퇴비를 혼합한다.

이 품종은 많은 개체를 한꺼번에 심어 관리하는 것보다는 2~3개씩 여러 화분을 만들어 관리하는 것이 좋다. 이유는, 꽃이 고사한 후 잎이 계속 자라 여름에는 제법 큰 잎이 되기 때문이다.

번식법

7월에 종자가 완숙되어 위 꼬투리가 벌어지기 시작하면 전정가위를 이용해 씨방을 조심해 자른다. 씨방이 흔들리면 옆에 있는 씨방에 들어있는 종자가 떨어지기 때문이다. 완숙된 종자는 검은색으로 광택이 나므로 쉽게 구분할 수 있다. 이렇게 받은 종자는 바로 뿌리지 말고 종이에 싸서 냉장고에 보관 후 9월경부터 뿌린다. 종자 파종 후 발아까지 소요되는 기간은 약 일주일 정도이지만, 뿌리가 자라고 본엽이 전개되어 화분에 이식하는 데까지 소요되는 기간은 약 한 달 정도여서 가능한 여름 고온기를 피하는 것이다. 여름 고온기에는 묘종이 올라오고 바로 이식하지 않으면 뿌리 부분이 썩어 묘종을 사용할 수 없기 때문이다.

9월경에 뿌리면 종자 발아가 이루어지는 기간은 약 7일 정도이다. 본엽이 전개되면 바로 이식하여 화분에 옮기고 관리한다.

종자 발아율은 85~90% 정도로 높은 편이다.

하늘매발톱 잎

할미꽃

 노고초, 가는할미꽃(중국)

 Pulsatilla koreana (Yabe ex Nakai) Nakai ex Mori

 미나리아재비과

 4~5월

 우리나라 제주도를 제외한 전국의 각처에서 자라는 다년생 초본이다. 생육 환경은 양지바른 곳의 토양이 중성화된 곳에서 서식한다. 키는 30~40cm이다. 잎은 길이 30~40cm로 새의 깃처럼 깊게 2~5갈래로 갈라지며 전체에 긴 흰색 털이 빽빽하여 흰빛이 돌지만 표면은 짙은 녹색이고 털이 없다. 꽃은 붉은색으로 길이 약 3cm 정도이고 잎 끝에서 줄기가 올라오며 줄기 끝에 한 개가 긴 종 모양으로 달린다. 꽃잎 겉 표면은 잔털이 많이 나 있고, 안쪽은 검붉은 자주색이다. 열매는 5~6월경에 익으며 긴 난형이고 겉에는 가는 흰색 털이 나 있으며 아래쪽에 검은색의 종자가 붙어 있다.

재배 및 관리 요령

할미꽃 종자

예년에는 할미꽃이 지천에 널려 있었다고 해도 과언은 아니다. 하지만 산림이 울창해지면서 양지에서 자라던 품종들이 자취를 감추면서 가장 먼저 자취를 감춘 품종 중 하나이다.

이 품종의 재배는 생각보다 쉽지 않은 게 사실이다. 이는 현재 밭 토양이 각종 화학 비료로 인해 산성화가 많이 되어 있는 것이 주 원인이고, 물빠짐이 좋지 못한 것도 하나의 원인이라 할 수 있다

재배를 하기 위해서는 석회와 같은 강알카리를 이용하여 산성화된 토

양을 중화시켜야 하고 모래나 마사토를 많이 넣어 물빠짐을 좋게 해야 한다.

할미꽃의 화분 재배는 다른 품종보다는 쉽게 할 수 있다. 이는 화분에 마사토와 모래를 적절히 배합하고 약간의 퇴비를 섞어서 관리를 해 주면 되기 때문이다. 겨울에도 뿌리가 동사하는 경우가 거의 없어 밖에서 키워도 좋다. 하지만 실내에서의 화분 재배는 권하지 않는다. 이유는, 광을 많이 받는 품종이기 때문이다.

마사토

이렇게 할미꽃에서 나타나는 것처럼, 특정 지역에서 살아가는 품종들은 그 식물의 특성을 정확하게 파악한다면 노지 재배와 화분 재배가 어렵지 않으리라 생각한다.

야생에서 자란 할미꽃

🌱 번식법

　5~6월경에 종자가 익으면서 은빛으로 변하고 은빛에서 하얗게 변하게 된다. 이렇게 하얗게 변한 상태에서 종자를 받는다. 종자가 완숙되었는지는 종자를 씨방에서 떨어뜨릴 때 쉽게 떨어지면 완숙된 것이고, 약간의 힘을 가해서 떨어지면 덜 성숙된 것이라 생각하면 된다. 이렇게 완숙된 종자를 받아서 바로 뿌리는 것이 종자 발아율이 가장 높다. 종자 발아율은 약 80% 이상으로 높다.

　종자를 파종상에 뿌리고 약 4일 정도가 경과하면 그때부터 하루에 한 번씩 새순이 올라오는 것을 관찰할 수 있고, 종자 파종량의 약 30~40%가 발아하면 비닐이나 신문지를 제거하고 일반 관리를 한다. 이유는, 습도 유지를 위해서 덮은 비닐이나 신문지가 광을 차단해 발아된 개체들이 도장(=웃자람)하는 경우가 많기 때문이다.

　이렇게 종자 발아가 되어 포트로 옮길 때는 퇴비기가 없는 토양을 사용하여 이식한다. 필자가 해 본 결과, 어린 묘에 퇴비기가 있는 상토를 사용하면 뿌리가 썩는 경우가 많았기 때문이다. 이식 후 물 관리는 일반적인 묘 관리와 같이 하고, 큰 화분이나 노지에 심을 때는 퇴비기가 약간 있는 토양에 심어도 상관없이 잘 자란다.

종자 발아율은 처음에는 높지만 보관 기간이 길면 길수록 낮아지는 경향을 보였고, 장기간 보관할 때는 냉장고에 보관 후에 뿌리는 것도 한 방법이다.

7월에 종자가 완숙되어 위 꼬투리가 벌어지기 시작하면 전정가위를 이용해 씨방을 조심해 자른다. 씨방이 흔들리면 옆에 있는 씨방에 들어 있는 종자가 떨어지기 때문이다. 완숙된 종자는 검은색으로

광택이 나므로 쉽게 구분할 수 있다. 이렇게 받은 종자는 바로 뿌리지 말고 종이에 싸서 냉장고에 보관 후 9월경부터 뿌린다. 종자 파종 후 발아까지 소요되는 기간은 약 일주일 정도지만, 뿌리가 자라고 본엽이 전개되어 화분에 이식하는 데까지 소요되는 기간은 약 한 달 정도여서 가능한 여름 고온기를 피하는 것이다. 여름 고온기에는 묘종이 올라오고 바로 이식하지 않으면 뿌리 부분이 썩어 묘종을 사용할 수 없기 때문이다.

9월경에 뿌리면 종자 발아가 이루어지는 기간은 약 7일 정도이다. 본엽이 전개되면 바로 이식하여 화분에 옮기고 관리한다.

종자 발아율은 85~90% 정도로 높은 편이다.

36 해국

 이명 　왕해국, 흰해국

 학명 　*Aster sphathulifolius* Maxim.

 과명 　국화과

 개화기 　7~11월

 생육특성

우리나라 중부 이남의 해변에서 자라는 다년생 초본이다. 생육 환경은 햇볕이 잘 드는 암벽이나 경사진 곳에서 자란다. 키는 30~60㎝이다. 잎은 양면에 융모가 많으며 어긋난다. 잎은 위에서 보면 뭉치듯 전개되고, 잎과 잎 사이는 간격이 거의 없는 정도이다. 겨울에도 잎은 고사하지 않고 상단부가 남아 있는 반상록 상태이다. 꽃은 연한 자주색으로 가지 끝에 하나씩 달리고 지름 3.5~4㎝이다.

　잎은 끈적거리는 감이 있어서 여름철에 애벌레가 많이 먹는다. 벌레가 많다고 살충제를 뿌리지 않아도 될 만큼 잎이 많다.

재배 및 관리 요령

해안가 바위에 붙어 사는 품종이어서 재배하기 까다로울 것 같지만, 의외로 노지에서도 재배가 잘되는 품종이다. 재배 조건은 물빠짐이 좋은 곳을 선정한 후 비옥한 토질이 아니어도 가능하지만, 심을 때는 유기질이 많은 퇴비를 충분히 넣어 주고 석회를 조금 넣어 토양이 알칼리에 가깝게 만들어 준다. 이는 심은 지 한 해가 지나면 잎이 무성해져 양분이 많이 필요하기 때문이며, 바위에 붙어 사는 이유는 산성보다는 알카리성 토양을 좋아하기 때문이다.

석부작 해국

잎이 상록이어서 화분에 심기에 좋은 품종이다. 돌에 붙여 심는 것이 좋은데, 화분에 넣은 상토에 비옥도가 높으면 잎이 무성지기 때문이다. 돌에 붙여 심을 때는 안에 뿌리가 뻗을 수 있는 공간을 충분히 만들고 흙을 조금 넣어 뿌리가 내릴 수 있도록 하는 것이 좋다. 이렇게 한 후 올라오는 잎을 솎아 내어 최소한 식

물이 살 수 있는 조건을 만들어 줘야 한다. 그래야 꽃을 많이 달지 않으면서 좋은 꽃을 매년 볼 수 있다. 잎이 상록 상태라서 장점과 단점을 잘 활용하면 좋은 꽃을 해마다 볼 수 있다.

번식법

야생에서 자란 해국

11월과 12월에 완숙한 종자를 받아 바로 뿌리거나, 이듬해 봄에 일찍 뿌린다. 종자 발아율은 매우 높은 품종이어서 개체 수는 걱정하지 않아도 된다. 종자 뿌리는 요령은 줄을 파서 뿌리는 줄파보다는 상토 위에 바로 흩어 뿌리고, 이후 상토를 약 0.5㎝ 정도 덮어 주고 물을 준 후 신문지나 비닐로 7~10일 정도 덮은 후 이를 제거하면 된다. 빨리 올라오는 종자는 4~5일경이면 올라오므로 종자 발아율이 약 30%를 넘으면 덮은 것을 제거해 줘야 식물이 웃자라는 것을 방지할 수 있다.

종자 발아가 잘 되는 품종이어서 따로 뿌리나누기를 할 필요는 없지만, 꽃대가 완전히 시든 늦가을이나 이른 봄에 뿌리를 캐서 옆으로 뻗어나간 흡지를 분리하여 심으면 된다. 종자 발아 후에는 2년만에 꽃이 피지만, 흡지를 이용하면 그해에 꽃을 볼 수 있으므로 빨리 꽃을 보고 싶으면 흡지를 이용하면 된다.

홀아비꽃대

 이명: 홀애비꽃대, 호래비꽃대

 학명: *Chloranthus japonicus* Siebold

 과명: 홀아비꽃대과

 개화기: 4~5월

 우리나라 전국의 산지에서 자라는 다년생 초본이다. 생육 환경은 양지와 반그늘의 푹신할 정도로 낙엽이 많고 부엽질이 풍부한 토양에 자란다. 키는 20~30㎝ 정도이다. 잎은 길이 4~12㎝, 너비 2~6㎝로 끝이 뾰족하고 가장자리에 자줏빛을 한 톱니가 있으며 광택이 나는 난형 또는 타원형이다. 꽃은 흰색이고 길이 2~3㎝이며 1개의 꽃줄기에 길고 많은 꽃이 원을 그리며 뭉쳐 달린다. 꽃줄기 안쪽은 노란색이고, 줄기 끝에는 왕관 모양으로 된 것이 붙어 있다. 열매는 8~9월경에 익으며 길이 2~3㎜ 정도이다.

재배 및 관리 요령

자생지는 반음지 혹은 양지에서 자라며 습기가 많지 않은 곳이다. 습이 많이 끼지 않는 곳에 심는데, 이는 이 품종이 습기가 많으면 뿌리 부분이 쉽게 상하기 때문이다. 대량으로 재배할 때는 밭에 골을 깊이 20㎝ 정도로 파고 10~15㎝ 간격으로 심어 관리한다. 잎이 넓지 않아 간격을 좁게 심어도 좋다.

화분에 심어 관리할 때는 다른 식물들과 함께 심어 관리하면 좋은데, 여름이면 지상부에서 잎이 고사하기 때문이다.

야생에서 자란 홀아비꽃대

화분에 심을 때는 '부처손'과 '기린초'와 같은 식물을 같이 심어도 좋다. 화분 깊이는 5~20㎝ 정도까지 다양하게 이용해도 좋다.

여러 식물을 혼합하여 심을 때는 얕은 화분에 심고, 단용으로 심을 때는 깊은 화분에 심어 관리하면 좋다. 토양은 거름기가 많은 것을 이용하여 마사토와 혼합하여 물빠짐을 좋게 만들어야 한다.

물은 2~3일 간격으로 준다.

번식법

　종자는 8~9월경에 완숙되면 받아 바로 뿌리는 게 좋다. 종자 발아를 위해 저장 후 뿌린 종자들의 발아율이 낮아지는 것을 관찰했기 때문이다. 종자가 딱딱해서 뿌리기 전에는 물에 2~3일 정도 불린 후 뿌리면 발아율이 높고, 또한 뿌리기 전 종피와 모래를 섞어 손으로 비빈 후 뿌려도 발아율이 높다. 종자를 뿌린 후 발아 때까지 소요 기간이 약 한 달 정도이므로 수분 관리를 잘 하여 종자가 건조해지지 않게 하고, 뿌리를 포기나누기 한다. 가을에 뿌리를 나누는 것은 뿌리가 발달해 있어 쉽지 않아 봄에 새 순이 움틀 때 하는 것을 권한다. 순이 작게 움트는 것을 나누는 것이 쉽지 않으나 이 시기가 가장 좋기 때문에 권하는 것이다.

　한 해에 모본에서 분리할 수 있는 것이 3~4배 정도 되기 때문에 쉽게 번식이 가능하다.

홀아비꽃대 꽃

홀아비꽃대 잎

홀아비꽃대 종자

야생화
화단·노지 재배기술

감국

Demdramthema indicum (L.) Des Moal.

🌱 생육 특징

우리나라 전국의 산과 들에서 자라는 다년생 초본이다. 생육 환경은 양지 혹은 반그늘의 풀숲에서 자란다. 키는 30~80㎝이다. 잎은 길이 3~5㎝, 너비 2.5~4㎝이며 새의 깃털처럼 깊게 갈라지고 끝에 톱니가 있다. 꽃은 황색으로 줄기와 가지 끝에 펼쳐지듯 뭉쳐 달리며 지름은 2.5㎝ 정도이다. 열매는 12월경에 달리고 작은 종자들이 많이 들어 있다.

가을에 피는 국화처럼 단일 조건에 의해 개화가 유도되는 단일성 식물이다. 자생지 환경은 산속의 임도나 등산로 주변처럼 햇볕이 어느 정도 드는 곳이다. 보통은 산국과 혼재되어 있다.

장소에 따라 부엽토가 어느 정도 있는 곳에서부터 바위 곁 등 척박지에 이르기까지 광범위하게 자란다.

재배 및 관리 요령

• 재배 요령

자생 조건은 물빠짐이 좋고 반그늘진 곳이므로, 재배할 때는 물빠짐이 좋은 곳을 선정해 심는다. 자생지와 같이 반그늘진 곳을 만들려면 50% 정도의 차광막을 설치해야 하는데, 이는 현실적으로 매우 어려운 부분이다. 하지만 물빠짐은 매우 중요하여 여름 우기에 물이 조금이라도 고여 있는 곳은 묘가 습해를 받아 고사하는 경우가 많다. 반면에, 추위에는 아주 잘 견디는 품종이어서 한겨울에도 다른 멀칭을 하지 않고 월동이 가능하다.

퇴비는 심기 전에 주며, 완숙 퇴비는 2,000kg/10a을 넣어 땅을 갈고, 심은 후에는 생육 상태에 따라 4종복비 1,000~1,500배를 월 3~5회 잎과 전초에 고루 뿌려 준다.

감국 묘종

분화용 재배할 때 토양은 부엽토, 배양토, 모래의 비율이 4 : 4 : 2 정도가 알맞다.

• 병충해

늦은 봄과 여름에 진딧물 발생이 많으므로 예방 차원에서 살충제 및 진딧물 약을 뿌려 준다.

번식법

종자 번식은 가을에 잘 익은 종자를 골라 하우스나 보온 시설이 있는 곳이면 바로 뿌리는 것이 가장 좋고, 종자를 보관한 후 이듬해 봄에 뿌린다면 충실한 종자를 선별하여 습기가 없는 곳에 보관하거나 또는 종이에 싸서 냉장고에 보관한다.

종자를 뿌릴 때는 원예용 상토나 부엽토 등을 채운 파종상이나 묘판에 파종한 후 흙을 얕게 덮어 주고 습도를 잘 유지하면 5~7일 정도 후 종자가 발아되기 시작한다.

가을에 꽃을 피게 하려면 이른 봄에 종자를 파종하여 4월경에 심으면 된다.

이 품종은 국화과의 다른 식물들처럼 삽목으로도 번식을 한다. 삽목하는 시기는 이른 봄 순이 올라와 6마디 이상이 생기면 위의 3마디 정도를 삽목하거나, 7월 초순에 줄기의 윗부분 6~8㎝ 정도를 잘라 2~3개 정도로 나눈 후 모래에 꽂으면 뿌리가 쉽게 발생한다.

분재용으로 쓸 것은 1~2월경 포기나누기를 하여 키우고, 현애작(=화분 아래로 꽃송이가 휘어지며 자라게 하는 방법)으로 만들 것은 늦은 가을에 포기나누기를 하여 튼튼하게 키운다.

02

곰취

Ligularia fischeri (Ledeb.) Turcz.

 생육 특징

우리나라 각처의 깊은 산에서 자생하는 다년생 식물이다. 생육 환경은 산에 물기가 많은 곳에서 주로 자라며, 키는 1~2m 정도이다. 잎은 심장형이며 길이 약 30~35㎝, 너비 40㎝가량이다. 잎 가장자리에는 규칙적인 톱니가 있으며, 잎 표면은 녹색이고 뒷면은 엷은 녹색이다. 꽃은 노란색이며 지름 약 4~5㎝ 정도이고, 잎 가운데 줄기에서 자주색을 띤 꽃대가 올라오고 줄기에는 3~4장의 잎이 달려 있다. 열매는 10월경에 원통형으로 달리고, 종자에는 갈색 혹은 갈자색의 갓털이 있다. Well-being 시대에 쌈으로 먹는 것에서 빠질 수 없는 식물 가운데 하나이지만 너무 많은 훼손으로 인해 지금은 자

곰취 노지 상태

생지 보호가 절실한 식물군 중의 하나이다. 관상용으로 이용되며, 어린 잎은 식용, 뿌리줄기와 잔뿌리는 약용으로 쓰인다.

재배 및 관리 요령

• 포장 준비

곰취는 물빠짐이 좋고 비교적 서늘한 곳에서 잘 자란다. 덥고 건조한 지역에서는 잎이 오그라들거나 여름이면 잎 끝이 타는 엽소 현상이 발생해 생육이 좋지 않고, 꽃도 잘 피지 않거나 작게 달리고 종자 결실도 불량해진다. 대체로 재배지는 고랭지 혹은 준 고랭지가 가장 적합하며, 이는 해발 500~1,400m에 해당한다. 자생지 조건은 음지 혹은 반음지의 부엽질이 풍부하고 항상 습기를 함유하고 있는 곳에서 잘 자란다.

• 파종 및 정식

종자는 완전히 익은 종자를 받아 좋은 종자를 고른 후 바로 뿌리거나 상온에 보관한다. 종자를 뿌리기 전에는 물에 충분히 불린 후 4℃의 저온항온기나 가정에서 사용하는 냉장고의 냉장실에서 약 15일 정도 저온 처리를 해야 휴면이 타파되어 발아율을 높일 수 있다.

종자를 뿌리기 전에 GA(지베렐린) 10~30ppm에 30분간 담갔다가 파종하면 발아율을 높일 수 있다. 종자 파종은 직접 노지에 뿌리거나 파종상 또는 105공 플러그 트레이에 파종하고 종자가 발아하면 뿌리가 완전히 성숙되었을 때 심는다.

본밭에 심을 때는 1년간 기른 종묘나 포기나누기를 한 묘를 키 크기와 뿌리의 건실한 정도 등으로 여러 등급으로 나누어 구분하여 두둑 넓이 90㎝, 높이 20㎝로 만들고 20×20㎝ 간격으로 하여 심는다. 심은 후에는 충분히 물을 준 다음 차광막을 설치하여 직접 광을 받는 것을 방지하는 것이 좋다. 또한 고품질의 상품을 얻으려면 비가림 재배를 하는 것이 더욱 효과적이다.

● 재배 요령

보통 재배는 5월 중순~하순에 하는데, 이 재배법은 30~50% 차광을 해 주고 통풍이 잘 되어 서늘한 환경을 만들어 주면 생육이 왕성하여 수량이 높은 것으로 나타나며, 7월 하순까지 총 3회 수확할 수 있다.

조기 재배는 4월 상순경에 잎을 나물로 판매할 목적으로 재배하는 것이며, 이는 시설 하우스 내에서 2월 하순에서 3월 상순 사이에 온풍기나 기타 온도를 높이는 난로 종류들을 이용하여 가온하는 방식이다. 이 재배 형태는 초기 잎을 수확하고 난 후인 5월 상순부터 30~50% 차광 망을 씌워 주어 이후의 수확량을 높이는 것이다. 수확은 9월 중순까지 총 8회 수확할 수 있으며, 30% 차광에서 6,705kg/10a으로 수확량이 가장 높았다

● 관리 요령

곰취는 키가 크고 세력이 좋아 양분을 많이 필요로 하는 식물이다. 밭을 갈기 전에 밑거름을 심으려고 하는 토양의 전면에 흩어 뿌리고 농기

곰취 꽃봉오리

구를 이용하여 밭의 거름이 고루 섞이게 한 후 두둑을 만든다. 비료는 화학 비료 대신 유기질 비료로 대체 사용하는 것이 좋다. 이 품종은 퇴비를 많이 필요로 하는 품종이어서 추가로 6월 하순과 7월 하순에 두 차례에 거쳐서 주되, 수확 횟수 및 생육 상태를 관찰하여 너무 많이 주거나 부족함이 없이 적당량을 조절하여 사용하는 것이 좋다.

 번식법

종자량은 10a당 3~4L 정도가 소요되고, 심을 묘종은 10a당 25,000~30,000주 정도가 소요된다. 식물의 씨나 싹을 심어서 가꾼 것은 포기나누기와 잎자루 삽목법, 종자 파종 육묘법을 이용한다. 포기나누기는 잎이 나오기 전인 3~4월경이나 가을에 잎이 시든 10~11월경에 오래 된 포기를 캐내 3~4 등분하여 모판 또는 본밭에 심는다. 잎자루 삽목은 잎자루 끝을 시중에서 가장 널리 판매되는 루톤 1000배 액이나 IBA 1000~2000배 액에 약 10초 정도 순간적으로 담근 후 삽목한다. 삽목 후에는 삽목상이나 포장에 물을 많이 주고 수분 증발을 억제하기 위해 검은색 비닐을 이용한 소형 터널을 설치한 다음 그늘에 두면 뿌리내림이 빨라진다.

03 구절초

Dendranthema zawadskii var. *latilobum* (Maxim.) Kitam.

 생육 특징

　우리나라 산지에서 많이 자라는 다년생 초본이다. 생육 환경은 산의 등산로 부근이나 양지바른 곳 혹은 반그늘의 풀숲에서 자란다. 키는 50~100㎝ 정도이다. 잎은 타원형으로 가장자리가 얇게 갈라지고 길이 4~7㎝, 너비 3~5㎝이다. 꽃은 흰색이며 향기가 있고 줄기 가지 끝에서 한 송이씩 피고 한 포기에 다섯 송이 정도 핀다. 처음 꽃대가 올라올 때는 분홍빛이 도는 흰색이고 개화하면서 흰색으로 변한다. 꽃의 지름은 6~8㎝ 정도이다. 열매는 10~11월에 맺는다. 구절초는 '울릉국화', '낙동구절초', '포천구절초', '서흥구절초', '남구절초', '한라구절초' 등 우리나라에 자생하는 종류가 30여 가지가 넘고, 대부분 '들국화'로 불리고 있다. 관상용으로 쓰이고, 꽃은 식용, 전초는 약용으로 쓰인다.

재배 및 관리 요령

• **재배 요령**

심을 장소는 양지로 물빠짐이 좋은 곳이 좋으나, 적당한 습기를 가진 토양에 심어도 좋다. 봄 가뭄 때 충분히 물을 주지 않으면 전체적인 세력이 약해질 수 있다.

• **관리 요령**

국화과 식물들이 생육 초기에는 많은 거름이 필요하지만 너무 많이 주게 되면 그해에는 생육이 좋지만, 다음해에는 뿌리가 썩는 경우가 많으므로 거름을 적절히 조절하여 주어야 한다.

재배 시에는 종자를 뿌린 후 1년이 지나지 않은 묘나 삽목을 해서 늦게 토양에 옮겨 심은 묘는 여름 이후에 순을 자르면 꽃을 볼 수가 없을 뿐 아니라, 비료를 너무 많이 주어도 개화가 잘 되지 않으므로 질소비료를 늦게까지 주지 않도록 주의해야 한다.

병충해에는 강한 편이나, 병해로는 여름철 장마기에 고온 다습으로 인한 탄저병 등의 바이러스 감염의 피해가 우려되므로 식용이 목적이 아니면 주기적으로 살균제를 뿌려야 한다. 여름이 지난 후에는 진딧물이 많이 생기므로 이를 사전에 막으면 관상 가치를 높일 수 있다. 최상의 생육 상태를 유지하기 위하여 2년에 한 번 흙을 돋우어 주면 좋다.

구절초는 뿌리에서 발

구절초 묘종

달한 흡지(땅속으로 뻗어 가는 줄기를 말함.)의 발달이 왕성하여 주변에 심어져 있는 다른 식물과의 경합에 약하므로 바람이 잘 통하게 적절한 간격을 유지하는 것이 중요하다. 장마 때나 집중 호우 때는 주변에 물이 잘 빠지지 않아 과습하여 잎이 녹는 경우가 많이 발생한다.  따라서 포기가 무성해져 바람이 잘 통하지 않을 경우에는 적절한 포기 솎음 또는 적심을 해서 바람이 잘 통하게 하여 과습하는 것을 막고, 경사가 급하지 않는 곳에 심어 물빠짐이 좋게 하며, 심은 후에는 비닐이나 다른 멀칭 도구를 이용하여 적당한 습을 유지시키고 잡초도 억제하는 것이 좋다.

꽃도 예쁘고 번식도 용이하여 널리 보급되고 있으나, 재배 관리는 까다로운 품종이다.

5월 중순부터 6월 초까지 건조기에 관수를 해 주고, 6월에서 7월 큰 장마기에는 배수에 신경을 써야 하며, 7월에서 8월 고온기에는 수시로 물을 뿌려 지온을 낮추어 주어야 좋은 꽃을 감상할 수 있다.

 번식법

• 종자 번식

종자를 받은 즉시 파종하는 것이 효과적이다. 구절초는 10월부터 12월 초에 걸쳐 종자를 받아 바로 파종상에 뿌리거나, 밭에 바로 뿌릴 경우는 습기를 약간 머물게 하여 보관 후 이른 봄에 파종하는 것이 바람직하다. 그러나 파종 시기가 늦을수록 발아율은 현격히 떨어진다. 파종 상토는 펄라이트 1 : 버미큘라이트 1 : 피트모스 1의 비율로 섞어 만든 토양에 뿌렸을 때 종자 발아율도 높고 어린 묘의 생육도 좋다.

● 삽목 번식

삽목은 꽃눈 분화 시기 이전인 7월 초까지 가능하며, 적정 시기는 5월과 6월이다. 근삽에 의한 번식을 하지만 번식률이 낮다. 삽목할 상토는 질석 2 : 펄라이트 1 : 피트모스 2의 비율로 섞은 용토를 사용하고, 삽수 채취 후 30분 정도까지 자연 보관 후 시중에서 판매되는 발근 촉진제를 처리하여 삽목한다. 구절초에 발근 촉진제 처리 시 아무 처리도 하지 않은 것과 비교하여 발근율이 높거나 같고, 뿌리의 형성 수도 발근 촉진제 처리가 아무 처리하지 않은 것보다는 현저하게 많다. 발근 촉진제 분말 처리는 뿌리 발육에 효과적이고, 뿌리 수의 증가에 의하여 지상부 생육도 아무 처리하지 않은 것에 비해 현저하게 좋다.

실험에 의한 결과를 보면, 발근 촉진제인 NAA보다는 IBA 10mg/L에 6시간 담가 처리했을 때 가장 좋은 뿌리 촉진 효과를 가져왔고, 발근 촉진제의 농도에서 일정한 차이를 보였다. 그러나 저농도에서의 장시간 처리보다 높은 농도에서 단시간 처리하는 것이 뿌리의 발육과 형성에 좋다.

● 육묘

심한 건조와 과습을 피하고 육묘 상태를 보아 가면서 관수를 조절하면 된다.

기린초

Sedum kamtschaticum Fisch. & Mey.

 생육 특징

　우리나라 중부 이남의 산에서 자라는 다년생 초본이다. 생육 환경은 산의 바위틈이나 과습하지 않은 곳에서 자생한다. 키는 약 20~30㎝ 정도이다. 잎은 넓은 달걀 모양으로 길이 3~5㎝, 너비 3~4㎝ 정도이며 잎 가장자리에 작은 톱니와 같은 것이 있다. 꽃은 노란색으로 지름 5~7㎝이고 상층부 한 줄기에 5~7㎝개 정도의 꽃이 뭉쳐서 핀다. 열매는 9~10월경에 5갈래로 갈라져 검은색으로 달리고 안에는 갈색으로 된 작은 종자가 먼지처럼 들어 있다.

　잎의 모양이 마치 다육식물과 같이 두툼하면서 육질이 좋기 때문에 식용으로도 많이 이용되는 식물이다. 남도지방에서는 겨울에도 고사하지 않고 잘 자라는 우리나라에서 몇 안 되는 식물 중 하나이다. 어린잎은 식용, 뿌리를 포함한 전초는 약용으로 쓰인다.

재배 및 관리 요령

• 재배 요령

화분이나 화단에 심고, 직접 햇볕을 많이 받는 곳은 가급적 피한다. 처음에 올라오는 잎은 작지만, 봄에서 여름 사이에는 커지기 때문에 공간을 잘 배치하는 것이 좋다. 물은 자주 주지 않아도 좋으며 3~4일 간격으로 준다.

• 관리 요령

물빠짐이 좋고 약간의 거름기만 있으면 잘 생육한다. 심기 전에는 부엽질이 많은 퇴비나 효능이 서서히 나타나는 비료 같은 것을 뿌려 준다. 특별한 병해충은 없으나 너무 습하면 줄기 아랫부분이 물러지는 연부병이나 뿌리썩음병이 생기므로 땅이 습하지 않게 하여야 하며, 여름 고온 건조기에는 응애가 많이 발생하는데, 잎에 2~3마리 정도가 관찰되면 응애약을 뿌려 준다.

 번식법

• 종자 번식

종자 채취는 8~9월에 줄기를 가위

기린초 꽃

나 칼로 자른 후 한 곳에 모아 놓고 신문지나 종이를 깔고 줄기를 잡고 털면 미세한 종자들을 받을 수 있다. 종자를 그해 뿌리지 않고 보관하려면 종이에 싸서 냉장고에 보관한 후 이듬해 봄에 뿌리면 된다. 종자를 파종할 상토는 시중에서 판매하는 원예용 조제 상토를 쓰면 균일한 묘를 많이 얻을 수 있다. 종자를 뿌릴 때는 파종상에 수태나 이끼를 올려놓고 그 위에 뿌리거나, 상토에 직접 뿌릴 때는 모래나 혹은 상토 5: 씨앗 1의 비율로 섞어 뿌리고, 물은 분무기를 이용하여 입자가 고운 물을 주어 종자가 안으로 스며들 수 있게 한다. 이렇게 한 후에는 위에 신문지나 비닐 등을 이용하여 덮어 수분의 증발을 억제하는 것이 좋다.

• **삽목 번식**

가운데 줄기를 따라 올라가면 잎이 달린 마디가 있는데, 이 마디가 2~3개 정도 들어가도록 자른 후 시중에서 판매하는 루톤을 발라 모래나 상토에 꽂으면 거의 뿌리를 내리고, 아

기린초 묘종

무 처리도 하지 않고 삽목을 해도 50% 이상이 뿌리를 내리므로 어느 것을 이용해도 좋다. 잎이 올라와 있는 동안은 어느 때나 삽목이 가능하지만, 대기 중에 습도가 높은 장마철에 하는 것이 더 바람직하다. 하지만 너무 고온다습하면 줄기 조직이 물러지거나 썩을 우려가 있으므로, 한여름철에는 차광막을 쳐 그늘을 만들어 온도를 낮추어 주는 것이 좋다. 뿌리가 내리기 시작하면 물을 충분히 주고 개체들 사이에 바람이 잘 통하게 하면서 서서히 햇볕에 노출시킨다.

꽃창포

Iris ensata var. *spontanea* (Makino) Nakai

 생육 특징

우리나라 전국 각처의 산지에서 자라는 다년생 초본이다. 생육 환경은 햇볕이 많이 드는 습지에서 자란다. 키는 60~120㎝이다. 잎은 표면은 광택이 많이 나는 녹색이고 가운데 줄이 선명하게 나타나며 길이 20~60㎝, 너비 0.5~1.5㎝이다. 꽃은 적자색으로 잎 사이에서 잎보다 작게 원줄기 혹은 가지 끝에 달린다.

뿌리는 짧고 굵으며 갈색 섬유로 덮여 있다. 열매는 9월경에 갈색으로 끝이 뾰족하게 달리며 길이 약 2.5~3㎝ 정도로 안에 적갈색 종자가 많이 들어 있다. 관상용으로 쓰인다.

꽃창포 종자

재배 및 관리 요령

● 재배 요령

강한 식물이므로 재배에 큰 어려움은 없으나 햇볕이 잘 들고 적당히 습기를 유지하는 토양에 재배한다. 건조한 땅에서도 잘 적응하는 편이지만, 한여름에는 습도가 충분하지 않으면 자라는 데 문제가 생기고, 퇴비기가 너무 많은 곳에서는 키가 너무 커지므로 이용에 문제가 있다.

종자를 뿌리는 시기는 종자를 받고 바로 뿌리는 10월경이며, 옮겨 심는 시기는 3, 9, 10, 11월이다. 포기나누기는 가을이나 이른 봄인 3월경에 한다.

꽃창포 묘종

● 관리 요령

실내에서는 수반에 물을 많이 담고 햇볕이 잘 드는 곳에서 키운다. 실외에서 키울 때는 물웅덩이를 파서 안에 다른 붓꽃과 식물들과 함께 심어 주면 좋다. 물 관리는 따로 하지 않는다.

 **번식법**

　9월에 결실되는 종자를 냉장 보관 후 이듬해 봄에 뿌리는데, 종자가 딱딱하기 때문에 물을 넣고 3~5일 정도 불려서 사용한다. 또한 잎이 올라오는 봄에 줄기를 분리하여 번식시킨다.
　종자 및 포기나누기로 번식한다.

● **종자 번식**
　가을에 채취한 종자는 받아서 바로 반그늘 상태인 곳에 직파하고 멀칭을 해 준다. 이듬해 봄에 발아한 어린 묘는 7~8월경에 이식해 준다.

● **포기나누기 번식**
　가을철의 포기나누기도 가능하다.

맥문동

Liriope platyphylla F. T. Wang & T. Tang

 생육 특징

우리나라 중부 이남의 산지에서 자라는 상록 다년생 초본이다. 생육 환경은 반그늘 혹은 햇볕이 잘 드는 나무 아래에서 자란다. 키는 30~50㎝이다. 잎은 납작하고 길이 30~50㎝, 너비 0.8~1.2㎝로 끝이 뭉뚝하다. 꽃은 연분홍으로 한 마디에 여러 송이가 핀다. 주변에 조경용으로 많이 심어져 있어 친숙한 품종이다. 열매는 10~11월에 익으며 푸른색이다.

껍질이 벗겨지면 검은색 종자가 나타난다. 종자가 익으면 검게 변하고, 잎이 겨울에도 지상부에 남아 있기 때문에 쉽게 찾을 수 있는 품종이다. 관상용으로 쓰이며, 뿌리는 약용으로 쓰인다. 맥문동은 3~5 포기가 생산 기준이 된다.

재배 및 관리 요령

● 재배 요령

1) 재배 장소
재배 장소는 그늘진 곳이나 반그늘진 곳을 선정한다.

2) 토양 조건
　습기가 적절한 모래와 진흙이 적게 섞인 부드러운 흙 또는 부드러운 흙을 준비한다. 모래와 진흙이 적게 섞인 부드러운 흙은 가뭄을 타기 쉬우므로 늦가을에 퇴비와 계분 등을 섞어 뿌리고 땅을 2~3회 갈은 후 윗부분을 고르고 겨울을 지낸다. 이렇게 하여 봄에 땅을 경운하지 않고 이랑을 만들고 심으면 토양의 수분 유지가 잘 되어 뿌리가 빨리 내리고 생육도 좋다.

　봄에 밭을 갈고 심을 때 잘 썩지 않는 퇴비를 밑거름으로 사용하면 토양에서 올라오는 물을 억제하여 뿌리가 잘 내리지 못해 쉽게 가뭄을 타 생육에 지장을 줄 수도 있다.

　묘종을 밭에 심을 때는 높이를 150~180㎝로 하고, 심는 간격은 10㎝ 정도로 좁게 하는데, 심을 때는 4~6 포기를 한꺼번에 심는다. 또 잡초 방제와 수분의 증발을 억제하기 위해 비닐을 덮는 것이 좋은데, 비닐을 덮을 때는 투명 비닐이나 선형 저밀도 비닐 등으로 덮어 재배하면 수량이 늘어난다.

묘를 심을 때는 먼저 묘를 너무 얕게 심으면 뿌리가 내리기 전에 바람이나 외부의 영향에 의해 뿌리 발육이 잘 되지 않고, 반면, 너무 깊게 심으면 공기 순환이 잘 되지 않아 뿌리가 잘 발달하지 못하고 윗부분의 지상부 생육도 나빠지므로 주의한다.

맥문동 묘종

3) 심는 시기

묘종 심기는 이른 봄에 하므로 겨울에 미리해 둔 경운 작업과 수분억제가 이루어져 토양 내에 수분이 많이 남아 있게 된다. 따라서 뿌리를 내리는 데는 지장이 없으나, 이른 봄은 항상 늦추위와 가뭄이 동반되므로 심은 묘가 살아가는 데 지장을 초래하게 된다. 심는 시기는 남부지방에서는 3월~4월경, 중부 이북에서는 4월 이후 따뜻해지고 언 땅이 풀려 땅이 부드러워지면 심는다.

옮겨 심는 것은 묘종을 수확 후 10일 이내에 하며, 묘종의 수분이 마르지 않고 잎과 뿌리에 수분이 적당하게 남아 있을 때 심는다.

4) 비료량

수량을 증가시키려면 인산과 칼리를 많이 넣어 덩이뿌리의 형성이 잘 되도록 해야 한다. 따라서 10a당 밑거름은 계분과 유박을 각각 200kg, 질소는 22kg 정도를 혼합하여 사용한다. 인산과 칼리는 아직까지 적정한 사용량이 밝혀진 것은 없으나 일반적으로 인산 18kg, 칼리 18kg을 넣는다.

밑거름을 할 때는 밭을 갈기 전에 심을 면적에 전체적으로 고루 뿌리고 농기계를 이용하여 고루 섞일 수 있게 한다. 일반적으로 처음에 넣는

비료 외에 생육이 부진할 경우를 대비해서 원래 넣을 비율 중 질소는 40%만 처음 땅을 갈 때 넣어 주고, 나머지 60%는 6월 상순, 9월 상순, 12월 상순경에 3회에 걸쳐서 나누어 뿌려 준다. 이렇게 하는 것을 추비(追肥, 추가로 주는 비료)라고 하는데, 이렇게 비료를 나누어 주는 이유는, 처음 넣은 비료가 첫 생장을 할 때 사용되어 없어져 버리므로 어느 정도 기간이 경과 후 또 줘서 정상적인 생육을 할 수 있게 하기 위함이다.

5) 관리 요령

일년생 잡초를 방제하기 위해서는 이식 후 3일 이내에 10a당 펜디입제 2kg을 고루 뿌린다. 정식 후 제초 및 각종 작업을 할 때는 가급적 포기 아래 부분을 밟지 않는 것이 좋다. 또한 수량을 증대시키기 위해서는 꽃이 필 때 꽃대를 제거해 주면 영양분이 종자로 가지 않아 약 20% 정도의 수량을 높일 수 있다.

 번식법

- 포기나누기 번식

가을 수확 후 괴경을 따낸 포기를 나누어 심는 방법으로, 대량 번식을 할 수는 없으나 그해에 수확할 수 있는 장점이 있어 주로 이용되는 재배이다.

번식용으로 이용하는 포기는 생육이 좋고 덩이뿌리가 잘 성장한 것을 선택한다. 번식용 포기는 수확할 때 따로 모아 뿌리를 5~7㎝ 정도 남기고 자르고, 잎도 2/3 정도 자른 다음 묶음으로 하여 수분이 마르지 않도록 흙 속에 저장한다. 본밭에 심을 준비가 되면 포기가 큰 것은 4~6개 정도로 나누어 심는다. 뿌리를 짧게 끊어 줄기 가까이에서 덩이뿌리가 생기도록 하고, 잎을 잘라 주어 뿌리가 내릴 때까지 수분 증발을 최소화시킨다. 일반적으로 수확한 면적의 2~3배를 심을 수 있는 포기가 생긴다.

● 종자 번식

늦가을 종자가 흑자색으로 변하면 받아 껍질을 제거하고 7~10일 간 바람에 말려 썩지 않게 저장한다. 저장한 종자는 다음해 봄에 반그늘진 곳의 물이 잘 빠지는 곳을 선정하여 12~15cm 간격으로 고랑을 만들고 그 위에 줄을 쳐서 많이 뿌린다.

종자를 뿌리고 약 2~3개월이 지나면 어린순이 나오기 시작하고, 이때부터 1년 동안을 관리하여 묘로 이용한다. 이렇게 종자 번식은 대량 번식이 가능한 이점은 있지만 노력비가 많이 들고 품종의 균일도가 낮아 잘 사용하지 않고 있다.

병해충 방제

● 붉은점무늬병(Red leaf spot)

1) 병원균 및 병징

병원균은 Pseudocercospora sp.이고 주로 잎에 발생한다. 발생 초기에는 등황색의 원형 반점이 생기나 병으로 인해 생기는 반점이 진행되면서 내부는 담갈색을 띠고, 외부는 적갈색의 큰 둥근 반점을 형성한다. 병이나 탈이 없이 건강한 부분과의 경계 부위는 담황색을 띤다. 발병이 심하면 잎 전체가 변색되며 고사한다.

2) 전염 경로 및 발병 시기

병든 조직 내에서 균사체로 월동하고, 공기로 전염하며, 고온 다습한 조건에서의 피해가 심하다.

3) 예방 및 방제

생물학적 또는 밭을 새로 경운하는 방법으로 예방하고, 병든 포기는 즉시 뽑아 불에 태운다.

- **굼벵이나방**

굼벵이나방의 유충인 굼벵이가 뿌리에 해를 입히는 것으로 처음에는 잎이 시들고 황색으로 변하며, 시간이 지남에 따라 나중에는 고사한다. 원인은 잘 썩지 않은 퇴비를 뿌려서 사용하면 발생하는 것으로, 완전히 썩은 퇴비를 뿌려 사용하고, 피해가 발견된 포기 주위를 파서 굼벵이를 제거하는 것도 효과적이다.

배초향

Agastache rugosa (Fisch. & Mey.) Kuntze

 생육 특징

우리나라 전역의 산과 들에서 자라는 다년생 초본이다. 생육 환경은 양지 혹은 반그늘의 부엽질이 풍부한 토양에서 자란다. 키는 40~100㎝이다. 잎은 길이 5~10㎝, 너비 3~7㎝로 끝이 뾰족하고 심장형이다. 꽃은 길이 5~15㎝, 너비 2㎝로 자주색이고 가지 끝과 원줄기 끝에 우산 모양으로 달린다. 열매는 10~11월에 맺고, 짙은 갈색으로 변한 씨방에 미세한 종자가 많이 들어 있다.

재배 및 관리 요령

양지와 반음지의 약간 건조한 토양에서 자라고, 재배를 목적으로 하는 것은 어느 토양에서나 잘 자라므로 특별히 재배 조건이 까다롭지 않다.

퇴비를 많이 넣을 경우 웃자라는 경향을 보이며, 음지에 심을 경우는 꽃색이 불량해지고 꽃 수도 감소한다.

 번식법

● 종자 번식

가을인 9월 중순부터 10월까지 지상부의 전초를 잘라 바람이 잘 통하는 곳에서 말린 후 아래에 신문지와 같은 종이류를 깔고 가지를 털어 종자를 받는다. 이렇게 받은 종자는 바로 뿌리지 않고 냉장고나 일반 상온에 보관 후 이듬해 봄인 4월에 노지에 흩어 뿌리면 발아가 잘 된다.

이렇게 노지에 그냥 뿌리는 방법이 가장 수월하지만, 대량 생산에는 한계가 있으므로 받은 종자를 파종상에 뿌려 종자 발아 후 묘를 트레이에 옮겨 심고 1개월 정도가 지난 후 심고자 하는 밭에 옮겨 심으면 종자의 소비도 줄어들고 좋은 묘를 얻을 수 있다.

배초향 묘종

● 영양 번식

가을이나 이른 봄 싹 트기 전에 포기를 캐내 싹을 2~3개씩 붙여 포기나누

배초향 꽃

기를 한 후 약 30㎝ 간격으로 심는다. 삽목 번식이 가능하나 종자 번식이 더 용이하여 종자 번식법을 주로 이용한다.

● 육묘

종자 발아와 생장이 잘 되므로 포장에 흩어 뿌린 후 발아된 개체를 골라서 다른 곳에 옮겨 심어도 된다. 또한 집단적으로 재배하고자 할 경우에는 발아된 묘중 연약한 개체를 솎아내고 건실한 묘만 기르는 것도 한 방법이다. 종자마다 발아세의 차이가 있어서 일정한 공간을 부여하는 육묘용 트레이를 이용한 파종도 가능하다.

08

백리향

Thymus quinquecostatus Celak.

🌱 생육 특징

우리나라 각처의 높은 산에서 자라는 낙엽 소관목이다. 생육 환경은 햇볕이 잘 드는 바위 위에서 자란다. 키는 7~12㎝가량이다. 잎은 마주 나며 달걀 모양을 한 타원형으로 길이 0.5~1.2㎝, 너비 0.3~0.8㎝이다. 잎 양면에 오목하게 들어간 선점이 있으며, 잎 가장자리에는 거의 톱니가 없다. 꽃은 상층부에 촘촘히 달라붙어 있으며 분홍색으로 길이 0.7~0.9㎝가량이다.

이 식물은 향이 매우 진하여 향료 식물로도 많이 이용한다. 열매는 9~10월경에 지름 약 0.1㎝ 정도의 아주 작은 것들이 암갈색으로 익는다. 관상용으로 쓰이며, 꽃을 포함한 모든 부분이 약용으로 쓰인

백리향 묘종

다. 시중에 판매되는 허브 종류 중 '타임'이라는 품종이 있는데, 이와 유사하다.

재배 및 관리 요령

- **재배 요령**

이른 봄 새순이 전개되어 올라올 때 묘를 분리해 주면서 옮겨 심는 것도 병행한다. 작은 뿌리들이 많아 심을 때는 뿌리가 완전히 땅에 묻히게 심는다. 꽃과 줄기가 시든 가을에 옮겨 심는 것을 피하는데, 이유는, 뿌리가 얕아서 쉽게 동해(凍害)를 입을 수 있기 때문이다.

- **관리 요령**

화분이나 화단에 심어 햇볕이 잘 드는 돌 틈이나 양지에 놓는다. 공중

습도를 높여 주는 것이 중요한데, 하루에 2~3번 정도 분무기로 물을 뿌려 습도를 유지해 주고, 물은 2~3일 간격으로 준다. 여름 고온기에 바람이 잘 통하지 않으면 속에 있는 식물체는 고사하는 경우가 많기 때문에 바람이 잘 통하는 곳에 심어 관리해야 한다. 현재 백리향이 심어진 곳을 보면 많은 곳에서 줄기가 고사한 것을 목격할 수 있는데, 여름철 바람이 통하지 않아 내부 온도가 올라가 고사한 대표적인 경우이다. 이렇게 고사하는 것을 방지하기 위해서는 4~5월경에 무작위로 위에 올라온 순을 잘라 준다.

번식법

봄에 나온 새싹을 이용하여 화단에 삽목하거나 가을이나 봄에 뿌리를 나누며, 9월에 결실되는 종자를 바로 화분에 뿌린다. 이른 봄이나 가을에 옆으로 뻗어 나온 가지를 떼어내어 심으면 새로운 개체가 된다. 종자 번식보다는 삽목이나 포기나누기를 권한다.

백리향 꽃

09 벌개미취

Aster koraiensis Nakai

 생육 특징

경기도 이남의 산이나 들에 자라는 다년생 초본이다. 생육 환경은 햇볕이 잘 들고 물기가 많은 곳에서 자란다. 키는 50~60㎝이다. 잎은 앞으로 길게 뻗어나며 끝이 뾰족하고 길이 12~19㎝, 너비 1.5~3㎝가량이며, 잎 가장자리에 작은 톱니가 있고 위쪽으로 올라가면서 잎이 작아진다. 상층부의 꽃은 연한 자주색과 연한 보라색이며 줄기나 가지 끝에 한 개씩 달린다.

열매는 11월에 시든 꽃잎을 붙인 채 결실하며 길이 약 0.4㎝, 너비 약 0.1㎝ 내외 정도로 타원형이고 털이 없다. 관상용으로 쓰이고, 어린순은 식용한다.

재배 및 관리 요령

• 재배 요령

양지나 반음지에서도 잘 자라는 품종이어서 특별한 관리는 필요없으나 가능하면 양지에서 재배하는 것이 좋다. 많은 퇴비를 넣지 않아도 되고, 적당한 시비 관리로 식물체의 생육을 왕성하게 한다. 토양이 비옥하면 꽃대도 튼튼하고 꽃의 색도 좋아지므로 토양을 만들 때 처음부터 완숙된 퇴비를 충분히 넣어 주는 것이 좋다.

벌개미취 묘종

비료를 주는 양은 10a당 1,000kg 정도가 적당하다. 일반 묘 포장에서는 2월 말에서 3월 초경 새순이 올라오기 전 즈음에 완숙된 퇴비를 묘 포장 위에 고루 뿌려 주면 된다. 옮겨 심는 곳을 만들 때에는 완숙된 퇴비를 밭 전체에 고루 뿌려 주고 농기계를 이용하여 고루 섞은 후 이랑을 만들어 심으면 좋다.

• 관리 요령

시중에 꽃대만을 잘라서 판매하고자 할 때는 최소 80㎝ 이상으로 길러야 하므로, 꽃이 피었을 때 바람이나 무게에 의해 쓰러지는 것을 막기 위해 화훼용 그물을 2단 정도 쳐 준다.

화분에 올려서 소품으로 만들고자 할 때는 키가 크는 것을 방지해야 하므로 순자르기를 게을리 해서는 안 되며, 물주기와 거름, 비료 등 영양분 공급의 양을 최소화한다.

 번식법

벌개미취 꽃

- **실생 번식**

종자는 10월 중에 채취하여 기건 저장하고, 파종은 3~4월에 한다.

1) 파종상의 넓이는 약 1.2m 정도로 하고, 높이는 보통 10㎝ 미만으로 한다.
2) 종자 파종은 줄을 그어 그 위에 종자를 뿌리는 줄뿌림이 좋고, 제초와 관리가 쉽도록 세로로 얕게 골을 5개로 길게 만들고 종자를 4~5㎝ 간격으로 뿌린 후 갈퀴와 같은 연장을 사용하여 가볍게 긁어 주면 종자가 얇게 덮여져 제때에 발아하게 된다.
3) 고랑에 나는 풀을 쉽게 제거하고 토양의 건조를 줄이기 위해서는 썩은 왕겨를 얇게 뿌려 주면 보다 효과적이다.
4) 종자 발아가 잘 되어 성장하게 되면 너무 많이 난 곳은 뽑아 주어 건전하게 묘를 관리한다.

- **포기나누기 번식**

1) 포기나누기를 할 목적으로 식물을 재배하면 꽃대가 올라오기 시작할 때 농기구(예 : 예초기, 낫 등)를 이용하여 지상에서 약 15㎝ 정도 높이에 맞춰 잘라 주면 개체의 생성이 보다 많아진다.
2) 보통 3년 정도 자란 개체는 10여 개 이상의 개체를 만들 수 있다.
3) 포기나누기를 할 때 뿌리는 생육에 지장이 없을 정도만 남기고 자른다.
4) 심는 방법은 파종묘 이식에 준하여 하면 된다.

범부채

Belamcanda chinensis (L.)DC.

생육 특징

우리나라 중부 이남 섬 지방과 해안을 중심으로 자라는 다년생 초본이다. 생육 환경은 물빠짐이 좋은 양지 혹은 반그늘의 숲에서 자란다. 키는 50~100㎝이다. 잎은 어긋나며 녹색 바탕에 약간 분흰색이 돌며 길이 30~50㎝, 너비 2~4㎝로 끝이 뾰족하고 부채살 모양으로 퍼진다.

꽃은 황적색 바탕에 반점이 있으며 원줄기 끝과 가지 끝이 1~2회 갈라져 한 군데에 몇 개가 달린다.

열매는 9~10월경에 달리고 타원형이며 길이 3㎝ 정도이다. 종자는 포도송이처럼 달리고 검은색 윤기가 난다. 관상용으로 쓰이며, 뿌리는 약용으로 쓰인다.

재배 및 관리 요령

• 재배 요령

범부채는 비료나 퇴비기가 많은 곳에서 자라는 품종이다. 재배할 때 밑거름으로 10a당 퇴비 300kg, 계분(=닭똥) 200kg, 복합 비료 20kg을 넣고 토양을 잘 갈아 퇴비와 비료가 균일하게 잘 섞이도록 하고 뿌리만 묻힐 정도로 얕게 심는다. 비료를 많이 필요로 하는 품종이어서, 여름과 꽃이 피기 전에 복합 비료 10kg(10a당)을 포장 전면에 골고루 뿌려 준다.

범부채 묘종

• 관리 요령

반그늘진 화단이나 화분에 키울 때에는 베란다 등의 반그늘진 곳에서 키우면 어느 곳에서나 잘 자란다. 화분에서 재배할 때는 알뿌리를 깊게 넣고 물빠짐이 좋게 해 주어야 한다. 화단이나 조격용으로 이용할 때는 집단으로 심어 관리하면 좋다. 이유는, 여름에 비가 많고 바람이 많이 불어 잎의 면적이 많아 쉽게 쓰러지기 때문이다.

병해충은 거의 없지만 햇볕이 적고 물빠짐이 좋지 못하면 뿌리썩음병이나 녹병이 올 수 있다. 녹병은 잎에 주로 발생하며, 병징으로 나타나는 것은 가루 모양의 다갈색 반점을 형성한다.

6월 하순 잎 사이로 꽃대가 올라와 꽃봉오리가 형성되기 시작하면 살균제를 전체적으로 뿌려 주면 효과적이다.

 ## 번식법

범부채 꽃

종자 파종 또는 포기나누기로 번식한다. 종자 수명은 2~3년 정도로 긴 편에 속한다. 종자가 매우 딱딱하기 때문에 종자를 뿌리기 전에 종자를 물에 48~72시간 정도 담갔다가 뿌리면 발아율이 높고, 호르몬 GA 100㎎/L에 12시간 정도 담갔다가 종자를 뿌리면 싹이 더 잘 나온다. 또 다른 방법으로는, 모래에 종자를 섞고 딱딱한 종이나 합판을 이용하여 종피(종자 껍질)에 상처를 주어서 하는 방법도 있다. 발아 조건으로 광은 어두운 상태보다는 밝은 상태가 더 좋으며, 온도는 20~25℃가 적당하다. 일반 토양에 종자를 직접 뿌릴 때는 10a당 2~3L 정도의 종자를 흩어 뿌린 후 종자 지름의 2~3배 정도 되는 약 0.5㎝ 정도로 흙을 덮어 주면 된다. 종자를 뿌린 후는 겉흙이 마르지 않도록 짚이나 신문지와 같은 것을 이용하여 덮어 주는데, 이는 수분이 증발되는 것을 최대한 억제하기 위함이다. 일반적으로 범부채는 종자를 뿌린 후 수분 관리를 계속하면서 길게는 4~6개월 정도 기간이 지나야 발아한다. 싹이 본격적으로 나오기 시작하면 트레이나 포트에 옮겨 심고 육묘한다.

부처꽃

Lythrum anceps (Koehne) Makino

생육 특징

우리나라 각처의 산과 들의 습지에서 나는 다년생 초본이다. 생육 환경은 양지 혹은 반음지의 습기가 많은 곳에서 자란다. 키는 약 1m 정도이다. 잎은 길이 3~4㎝, 너비 1㎝ 내외로 끝이 뾰족하며 마주난다. 꽃은 자홍색으로 정상부 잎겨드랑이에서 3~5개 정도가 달리며 줄기를 따라 올라가며 핀다.

열매는 9월경에 긴 타원형으로 달린다. 습지 및 냇가에서 자란다. 관상용으로 쓰이며, 전초는 약용으로 쓰인다.

재배 및 관리 요령

• **재배 요령**

　습기가 많으며 햇볕이 잘 드는 곳에 심거나, 작은 웅덩이와 같이 물을 항상 머금고 있는 곳에 심어도 좋다. 습기가 많지 않은 땅에서 자라는 품종은 주로 키가 작고 꽃 피는 기간도 짧은데 비해, 물이 고인 곳에 심은 것은 키도 크고 꽃 피는 기간도 훨씬 길다.

• **관리 요령**

　거름을 줄 때는 많이 넣으면 웃자람(=도장)되는 경향이 있고, 병충해는 특별히 나타나는 것이 없어 별다른 관리를 필요로 하지 않는다. 5~6월에 2~3회에 걸쳐 적심을 하여 키를 낮추면 정부우세성에 의해 위로 올라가던 줄기가 옆으로 뻗어 나가면서 세력이 좋아진다.

 번식법

• **종자 번식**

　종자는 미세 종자로, 씨방이 갈색으로 변하기 시작할 무렵 지상부를 자른 후 바람이 잘 통하는 음지에서 말린 후 신문지를 깔고 지상부를 털어 종자만 골라낸다. 종자 파종은 피트모스와 같이 습

부채꽃 묘종

기를 잘 머금고 있는 토양에 뿌리는 것이 좋다. 습기가 있는 연못 주변에서는 자연 발아율이 높아 자연 번식이 잘 된다.

● 영양 번식

포기가 커지거나 뿌리줄기가 뻗어 나와 새로운 개체가 생기므로 이를 나누어 심으면 된다. 연중 어느 때나 포기나누기가 가능하지만, 새순이 올라오기 전인 봄과 지

상부가 완전히 시든 가을에 하는 것이 좋다. 그러나 종자 발아율이 좋아 포기나누기는 효율적이지 못하다.

● 육묘

종자를 받아 바로 뿌리는 경우에는 파종 후 비닐이나 신문지와 같은 것으로 위를 덮어 습기가 날아가는 것을 막는다. 이듬해 봄 종자 발아가 시작되면 위에 덮은 것을 제거하고 물을 주며 동시에 잡초를 제거해야 한다. 이른 봄과 여름에 잡초가 크게 자라기 시작하면 심은 묘의 생장을 억제할 뿐만 아니라 제초 작업 시에 심은 묘종도 상처를 입거나 뽑히는 경우가 많다. 파종 상자에 종자를 뿌릴 경우에는 상토 위에 붓이나 다른 부드러운 것으로 살살 뿌리고 물을 자주 준다. 이렇게 한 후 어린 묘가 생산되면 작은 포트나 트레이묘판에 옮겨 심은 후 적절한 간격으로 재배하고자 하는 곳에 옮겨 심는다.

붓꽃

Iris sanguinea Donn ex Horn

생육 특징

우리나라 각처의 산과 들에 자라는 다년생 초본이다. 생육 환경은 양지바른 곳의 습기가 많은 곳이나 메마른 땅에서 자란다. 키는 30~60㎝이다. 잎은 길이 30~50㎝, 너비 0.5~1㎝로 줄기에 2줄로 붙어 올라간다. 꽃은 자주색으로 밖으로 나가 있는 꽃잎은 안쪽에 노란색과 검은 자주색의 선이 있고 꽃줄기 끝에 2~3개 정도 달린다. 열매는 8~9월경에 결실하며 갈색으로 길이 3~4㎝이며 끝이 갈라지고 안에 검고 광채가 나는 종자가 많이 들어 있다.

🪴 재배 및 관리 요령

• 재배 요령

붓꽃 묘종

양지나 반그늘의 건조한 토양을 좋아한다. 판매를 목적으로 키울 때는 포트에서 키우는 것보다는 한꺼번에 관리가 쉬운 트레이 묘에서 키워 재배하는 것이 좋다. 가뭄 시에는 잎이 타는 현상이 발생할 수 있으므로 충분히 물을 줘야 하고, 오래된 뿌리는 굼벵이의 피해가 있을 수 있으므로 유의한다.

• 관리 요령

늦은 봄과 여름 고온기에는 진딧물에 의한 '모자이크 바이러스'가 발생할 수 있으므로, 진딧물이 발생하면 진딧물 약을 용법에 맞추어 규칙적으로 뿌려 준다. 간혹 반점병이 발생하기도 하므로 살균제를 뿌려 예방한다. 꽃이 필 무렵에는 담배나방, 청벌레나 총채벌레의 유충이 꽃을 뚫고 들어가거나 파먹으므로 꽃 피는 시기 전후에 살충제를 뿌려 사전에 예방해 주어야 한다.

 번식법

• 종자 번식

종자 번식은 8~10월경 종자 껍질이 황갈색으로 익으면 받아 바로 뿌리거나 종자를 음지에서 말렸다가 이듬

해 봄에 뿌린다. 저장 후 뿌리는 종자는 건조한 상태여서 종자를 2~24시간 정도 물에 담근 후 뿌리면 발아율이 높아진다.

　종자 발아율을 높이려면 받은 즉시 뿌려 그 해에 어린 묘로 월동시키는 방법이 가장 좋다. 이렇게 얻어진 묘는 2~3년 후에 꽃을 볼 수가 있다.

　실험보고서에 의하면, 종피(종자 껍질) 및 발아공 절제 처리가 발아율 및 발아 속도 향상에 영향을 주며, 뿌린 후 20일이 지난 후 86% 정도의 높은 발아율을 보였다고 한다. 종자 파종 밀도가 높으면 발아 후 산소 공급이 좋지 않아 묘의 손상이 우려되므로 육묘용 트레이를 이용한 대량 번식이 요구된다.

● 영양 번식

　포기나누기가 가장 이상적인 방법이다. 1~2년에 한 번씩 옮겨 심을 때마다 이른 봄이나 지상부가 고사한 가을에 뿌리줄기를 나누어 심으면 2~3년 정도 지난 후 다시 포기를 나눌 수 있을 만큼 무성하게 된다. 뿌리줄기를 너무 작게 나누어 번식하면 그해에는 포기 자체의 힘이 약해져 꽃이 잘 피지 않으므로 새싹의 눈이 3~4개씩 정도 붙도록 하여 자르는 것이 좋다.

● 육묘

　어린 묘는 모래가 많이 포함된 토양에 부엽을 섞거나 육묘용 상토에 심는 것이 좋으며, 포트에 심어서 키우고 옮겨 심는 것이 좋다. 묘를 키울 때에는 햇볕이 잘 드는 곳에서 건조시키지 말고 물을 충분히 주면 생육이 빨라진다.

비비추

Hosta longipes (Franch. & Sav.) Matsum.

생육 특징

우리나라 중부 이남의 산골짜기에 자라는 다년생 초본이다. 생육 환경은 반그늘이나 햇볕이 잘 드는 약간 습한 지역에서 자란다. 키는 약 35㎝ 내외이다. 잎은 심장형 혹은 넓은 타원형으로 암자색의 가는 점이 많이 있다.

잎은 진한 녹색을 띠며 길이 5~15㎝가량이다. 꽃은 얇은 막질을 한 포에 싸여 줄기를 따라 종 모양으로 피며 연한 보라색이다. 열매는 9~10월경에 긴 타원형으로 달리고 안에는 검은색으로 얇은 막을 하고 있는 종자가 들어 있다. 관상용으로 쓰이며, 어린잎은 식용으로 쓰인다.

어린잎을 먹을 때 잎에서 거품이 나올 때까지 손으로 비벼서 먹는다 하여 '비비추'라

야생화 화단·노지 재배기술 331

고 불렀다고 하며, 일부 지방에서는 '지부' 혹은 '자부'라고도 한다.

🪴 재배 및 관리 요령

• **재배 요령**

반그늘이나 햇볕이 잘 드는 곳에서 자란다. 물은 뿌리가 내리기 전까지는 매일 주고, 뿌리가 완전히 내린 후에는 2~3일 간격으로 준다. 흙을 섞어서 사용하고자 할 때는 부엽토 5 : 배합토 3 : 모래 2의 비율로 사용하며, 오랜 기간을 그대로 두고 퇴비기가 없어지는 7~8년 정도가 지나면 새로 심도록 한다.

• **관리 요령**

화분이나 화단에 심는다. 이때 공중습도를 높이고 토양을 비옥하게 한 다음 물빠짐이 좋게 만들어야 한다. 햇볕이 많이 드는 곳에 심으면 잎 끝이 타는 현상이 발생한다. 물은 1~2일 간격으로 준다. 반그늘에서 자라는 식물이어서 베란다에 길러도 좋은 식물이다.

다 썩지 않은 퇴비를 사용할 경우 고온기인 여름에 흰비단병이 발생할 우려가 있다.

비비추 꽃

🌱 번식법

비비추 묘종

가을이나 봄에 포기나누기를 해도 되며, 9월에 검게 결실되는 종자는 검은 막을 손으로 비벼 약간 제거시킨 후 가을이나 이른 봄에 화분이나 화단에 뿌린다. 종자 파종 후 묘로 키운 것은 꽃을 피우는 데 약 3~4년이 걸린다. 실생 및 포기나누기로 번식한다.

● 종자 번식

가을에 잘 익은 씨를 받아 바로 뿌린다. 습기가 있는 파종상에 흩어 뿌린 후 흙이나 짚을 덮어 수분이 증발하는 것을 방지한다. 파종상이 과습하면 썩기 쉽고, 건조하면 그해에는 발아하지 않을 수 있다. 추운 겨울이 지나야 종자의 휴면이 타파되므로 종자를 내부에 보관할 때는 꼭 냉장 보관을 해야 한다.

● 포기나누기

포기에서 곁눈이 나와 옆으로 퍼지므로 가을이나 이른 봄 싹트기 전에 캐서 싹을 2개 정도씩 붙여 쪼개 심는다. 뿌리는 상하기 쉬우므로 이른 봄에는 마르지 않게 해야 하고 겨울에는 얼지 않도록 빨리 심는다.

산수국

Hydrangea serrata f. *acuminata* (Siebold & Zucc.) E.H.Wilson

생육 특징

우리나라 중부 이남의 산에서 자라는 낙엽 관목이다. 생육 환경은 산골짜기나 돌무더기의 습기가 많은 곳에서 자란다. 키는 약 1m 내외이다. 잎은 난형으로 끝이 꼬리처럼 길고 날카로우며 가장자리에 날카로운 톱니가 나 있고 길이 5~15㎝, 너비 2~10㎝가량으로 표면에 난 줄과 뒷면 줄 위에만 털이 있다. 꽃은 희고 붉은색이 도는 하늘색으로, 수술과 암술을 가운데 두고 앞에는 지

산수국 꽃

름 2~3㎝가량의 무성화(=수정을 하지 않는 가짜 꽃)가 있다. 열매는 9~10월 경에 익는데, 이 시기 꽃 색은 갈색으로 변해 있다. 이처럼 꽃 색이 변하는 것은 꽃이 아닌 것이 꽃으로 되기 때문인데, 처음에는 희고 붉은 색이지만 종자가 익기 시작하면 다시 갈색으로 변하면서 무성화는 꽃줄기가 뒤틀어진다. 관상용으로 쓰인다.

재배 및 관리 요령

● 재배 요령

반음지 혹은 약간 음지에서도 잘 자란다. 주변의 상대습도가 높거나 또는 땅에 습기를 많이 포함하고 있는 토양에 심는 것이 생육에 좋다.

심을 때 간격은 1㎡ 당 5~6주 정도로 심는다. 옆으로 뻗어 나가는 성질이 강한 품종이어서 처음 심을 때 이를 고려하고 심으면 좋지만, 그렇지 않고 빽빽하게 심었다면 굵은 가지를 솎아 바람이 잘 통하게 하거나 옮겨 심는 것도 한 방법이다.

● 관리 요령

잎이 많아 물을 많이 필요로 하는 품종이어서 잎이 무성한 여름에는 매일 물을 주고 뿌리가 완전히 활착되면 2~3일 간격으로 물을 준다. 또한 자생지에서 부엽질이

많은 환경에서 자라는 품종이므로 재배하는 곳은 거름을 많이 주어야 좋은 생육을 할 수 있다. 병충해에는 강하기 때문에 특별한 관리를 요하지 않는다.

 번식법

● 종자 번식

종자가 결실되어 완전하게 익은 9월에서 10월에 종자를 받아 가는 채로 쳐서 수태나 이끼 위에 뿌리고 분무기로 입자가 고운 물을 충분히 줘서 종자가 이끼나 수태 안에 들어가게 한 후 잘 고른다. 이때 수분의 증발을 막기 위해 신문지나 비닐을 덮어 마르지 않게 해 준다. 산수국의 종자는 아주 작아서 일반 파종상에 뿌리면 발아 밀도나 발아력이 매우 약해진다. 발아 후에는 밀도가 너무 높아 바람이 잘 통하지 않으면 어린 묘가 상할 수도 있으니 주의가 필요하다.

하지만 육묘용 트레이를 이용하여 저면관수(큰 물통에 물을 받아 트레이를 올리면 삼투압에 의해 물이 위로 올라오며 흙을 적시는 것을 말함.)를 하면 이러한 문제를 줄이고 대량 번식이 가능하다. 파종상은 반그늘지고 서늘한 환경을 만들어 줘 수분을 충분히 유지할 수 있게 하며, 종자를 뿌릴 때는 모래와 섞어서 파종하고, 본잎이 나고 포트에 옮겨 심은 후 1년 정도 자라면 노지에 옮겨 심는다.

● 영양 번식

연중 삽목 번식이 잘 되는 수종으로서 녹지삽(=그해에 나온 가지를 말함.), 숙지삽(=전년도에 나온 가지를 말함.) 및 반숙지삽이 가능하다. 그렇지만 여름 고온기는 피하고 이른 봄이나 가을에 삽목을 한다. 삽목할 때는 시중에서 판매하는 rooton을 이용하는 것이 가장 일반적이고, 호르몬 종류의 이용은 NAA와 IBA를 이용하여 500ppm 이하의 저농도에 삽수를 담구는 것도 좋다. 포기나누기로도 번식이 가능하지만 대량 번식에는 한계가 있어 잘 이용하지는 않는다. 뿌리가 내릴 때는 물빠짐이 좋지 않은 곳에서는 뿌리의 생장에 지장을 줄 수 있으므로 가급적 물빠짐이 좋은 곳을 선정한다.

- 육묘

종자를 뿌려 키울 때 어린 묘는 고온다습하면 '묘잘록병'이 발생하기 쉬우므로 반음지 조건에서 바람이 잘 통하게 해 주며, 특히 토양이 마르지 않도록 관리를 해 주며 2년 차에 옮겨 심는다. 삽목 묘는 종자 발아 묘와 달리 뿌리가 내리면 바로 옮겨 심으며, 1년이 지나면 꽃을 피운다.

삼백초
Saururus chinensis (Lour.) Baill.

생육 특징

우리나라 제주도와 지리산 일부 지역에서 나는 다년생 초본이다. 생육 환경은 습기가 많은 계곡의 바람이 잘 통하고 공중습도가 높은 반그늘에서 자란다. 키는 50~100㎝이다. 잎은 길이 5~15㎝, 너비 0.3~0.8㎝로 긴 타원형이며 어긋나게 난다. 잎 표면은 연한 녹색이고 뒷면은 연한 흰색이며, 꽃이 필 무렵에는 위의 2~3개가 흰색으로 변하고 5~7개의 맥이 있으며 끝은 뾰족하고 가장자리는 밋밋하다. 뿌리는 흰색으로 흙속으로 파고들며 옆으로 뻗으면서 자란다. 꽃은 흰색으로 아래로 처지다가 끝부분은 위로 올라가며 잎과 마주나고 길이 10~15㎝이며 꼬불꼬불한 털이 있다. 열매는 9~10월경에 꽃망울에 한 개씩 둥글게 달린다. 관상용으로 이용하고, 꽃을 포함한 잎과 줄기 뿌리를 약재로 사용한다.

재배 및 관리 요령

• 재배 요령

자생지에서는 습기가 많은 곳에서 자라지만 재배할 때는 마른 토양이라도 무방하다. 최근 많은 지역에서 재배가 이루어지고 있는 품종이기도 하다. 이 품종은 지하경 발달이 활발하기 때문에 다른 품종과 혼식하는 것은 바람직하지 않다. 처음 심을 때 간격을 50~70㎝로 심으면 2년 후에는 간격이 벌어진 부분까지 모두 새순이 올라올 정도로 지하경의 발달이 좋은 식물이다. 또한 전문적으로 재배하고자 할 때는 이랑의 폭을 넓게 두지만 두둑의 높이는 높게 하지 않아도 되고, 물은 처음에는 1~2일 간격으로 주면 된다.

• 관리 요령

재배할 때는 번식력은 좋지만, 키 큰 잡초들과의 경쟁에서는 잎이 고사하는 경우가 많기 때문에 잡초를 제거해 주어야 한다.

번식법

• 종자 번식

가을에 종자를 채취하여 습기를 많이 함유한 축축한 땅에 바로 뿌리거나, 시중에서 판매되는 피트모스와 같은 용토를 이용하여

삼백초 잎

삼백초 꽃

파종 상자에 파종하면 이듬해 발아한다. 그러나 종자는 잘 맺히지 않거나 완전히 익지 않은 종자가 많으나 종자의 양이 워낙 많아 몇 개체에서만 종자를 받아도 많은 개체를 얻는 것이 가능하다.

● **영양 번식**

봄과 가을에 지하경의 포기나누기가 가능하며, 봄에 줄기를 삽목해도 번식이 가능하다.

● **육묘**

지하경을 포기나누기를 하여 식재하고 양지 및 반음지에서 재배한다. 포트 묘를 육성하고자 할 경우에는 식양토에 부엽을 섞거나 상토를 이용한다.

삼백초 묘종

석곡

Dendrobium moniliforme (L.) Sw.

생육 특징

우리나라 제주를 비롯한 경남, 전남의 해안 지방과 섬에서 자생한다. 그 중에서도 경남의 거제와 전남의 완도, 목포에 많이 퍼져 있다. 일본과 타이완에도 자생하며, 열대성 난의 덴드로비움과는 같은 속의 식물이다. 주로 노목의 가지에 붙어서 자라지만 바위에 착생하는 것도 있다. 영하 10℃까지 견디는 내한성 숙근으로서 착생 난의 일종이다. 길이 15~20㎝의 녹갈색을 띤 줄기는 밑에서부터 군생하며 전체적으로는 원추형을 이룬다. 너비 0.6㎜, 길이 6㎝ 정도의 작은 잎은 짙푸른 빛을 띠며 2~3년이면 자연히 낙엽이 진다. 꽃은 초여름에 낙엽 진 줄기의 윗부분에 1~2개씩 피며 희거나 연분홍색이며 연한 향기가 있다. 꽃줄기는 높이 3㎝ 정도이다.

석곡이란 이름은 중국명(石斛)을 우리말로 발음한 것이고, 대나무와 같이 곧은 가지 윗부분에 피어나는 작은 꽃은 난의 우아함보다는 귀여운

느낌을 준다. 속명의 *Dendrobium*은 그리스 어의 dendron(수목)과 bios (자란다)의 합성어로서, 이 식물이 주로 나무에 붙어서 자라는 기생 식물이란 뜻이다. 또한 종명의 *moniliforme*는 염주를 의미한다. 그것은 석곡대의 매듭이 짧고 매듭 사이가 둥글고 굵으므로 염주를 닮았다는 뜻이다.

재배 및 관리 요령

• 재배 요령

햇빛이 많이 들고 바람이 잘 통하는 곳이 적합하다. 선반에서 키우고자 할 때는 지상 60㎝ 정도의 높이로 설치하고 그 위에 발을 치거나 비를 맞지 않도록 비닐을 씌운다. 분갈이 시기는 3~4월경이 최적기이다. 온도가 높은 여름철과 영하로 내려가는 겨울철에는 분갈이 및 심기를 해서는 안 된다.

심을 때는 시중에서 판매하는 수태나 이끼를 사용하여 뿌리 사이에 수태나 이끼를 넣고 그 위를 다시 수태나 이끼로 가볍게 싼다. 화분 바닥에는 물빠짐과 공기의 순환이 잘 되게 하기 위해 굵은 돌이나 숯을 넣는다.

화분 속에 수태나 이끼로 싼 개체를 넣고 화분 주위에 틈이 생겼으면 수태나 이끼를 채워 전체적으로 화분 위쪽이 산 모양으로 되게 심는 것이 요령이다. 이때

수태나 이끼를 너무 꽉꽉 눌러서 단단해지지 않도록 주의한다. 배수도 좋고 공기의 유통도 좋도록 수태로 싸는 것이 요령이다.

- 관리 요령

영하의 기온으로 떨어지는 겨울철을 제외하고는 대부분 외부에서 재배하는데, 4~6월이 개화 시기이므로 비를 맞지 않도록 특히 주의한다. 기온이 올라가고 자외선이 많이 나오는 6월 중순부터는 오전 중에 햇빛을 충분히 받을 수 있게 하고, 오후에는 햇볕을 가릴 수 있는 발이나 차광막 등으로 가리도록 한다.

겨울철에는 외부에 두어 서리를 맞거나 기온이 영하로 떨어져 얼지 않도록 실내에 넣어 관리한다. 물주기는 수돗물을 바로 뿌리지 말고 물을 받아 2~3일 정도 둔 물을 사용하여 3~10월 사이에는 1일 1회 정도 저녁에 듬뿍 주고, 겨울에는 5일에 1회 정도를 기준으로 주지만 분이 너무 마르거나 너무 젖지 않도록 물의 양을 적당히 조절해야 한다. 봄에 분갈이한 10일 후와 장마가 갤 무렵의 연 2회 깻묵을 분 가장자리에 소량을

석곡 꽃

얹어 놓는 정도로 충분하다. 본래 석곡은 비료 없이도 재배할 수 있고, 초보자는 비료의 과다 시비로 인해 실패하는 수가 있다. 특히 새 뿌리를 내렸을 무렵에 퇴비를 하면 말라죽게 되므로 주의한다. 자기 나름대로의 재배를 할 수 있게 되기까지는 비료를 전혀 주지 않고 가꾸는 것이 안전하다.

번식법

• 포기나누기

잎이 떨어진 축은 간혹 축과 축의 밑부분에서 싹이 나오는 경우가 있는데, 새싹이 나옴과 동시에 뿌리가 나오고 뿌리는 축을 따라 아래로 뻗는다. 이 뿌리가 어느 정도 성장하기 시작할 상태로 되었을 때 잘라내어 포기를 나눈다.

• 삽목

축을 잘라서 수태나 이끼에 꽂아 싹이 트게 하는 방법으로서, 석곡만이 가진 특유의 번식법이다.

3~4월 봄의 분갈이 시기에 잎이 떨어진 축을 뿌리목에서 잘라내어 수태나 이끼를 깐 화분에 약간 비스듬히 꽂아 넣는다. 그리고 그 위를 수태나 이끼로 덮는다. 꽂은 후 너무 습기가 많게 하거나 마르지 않도록 관리하면 6~7월에 축의 마디에서 싹이 나오게 된다. 발아한 후 그 해는 그대로의 상태에서 직사광선에 쬐이지 않도록 재배하고, 이듬해 봄이 되면 분갈이를 한다.

석산

Lycoris radiata (L' Her.) Herb

🌿 생육 특징

우리나라 서해안과 남부지방의 사찰 근처에 주로 분포하고 가정에 흔히 심는 다년생 초본이다. 생육 환경은 반그늘이나 양지 어디에서도 잘 자라고 물기가 많은 곳에서도 잘 자란다. 잎은 짙은 녹색으로 광택이 나고 길이 30~40㎝, 너비 1.5㎝ 정도이며, 10월경 꽃이 시들면 알뿌리에서 새 잎이 올라온다. 꽃은 붉은색으로 길이 4㎝, 너비 0.5~0.6㎝로 끝부분이 뒤로 약간 말리고 주름이 진다. 열매는 맺지 않는다. 관상용으로 이용되며, 비늘줄기는 약용(유독성 식물)으로 쓰인다. 종에 따라 출엽 시기가 달라 춘계출엽형과 추계출엽형이 있다. 봄에 출엽을 시작하는 춘계출엽형은 *L. incarnata*(중국 남부 원산), *L. squamigera*(상사화), *L. sanguinea* (일본 자생종), *L. aurea*(진노랑상사화), *L. albiflrora*(위도상사화) 등이고, 가을에 시작하여 다음해 4~5월까지 생육하는 추계출엽형은 *L. radiata*(석산)가 있다. 상사화류는 두 가지 잎이 나오는 형태 모두 초여름이 되면 잎이 고사하고, 잎이 없는 기간에도 일반적으로 새로운 뿌리가 발생과 신장을 계속한다.

석산 꽃

재배 및 관리 요령

• 재배 요령

1) 절화 재배

재배하기 좋은 곳은 모래가 많이 섞여 물빠짐이 좋은 토양이다.

한 번 심고 나면 4~5년간은 한 장소에서 재배하므로 퇴비는 10a당 3,000kg 이상과 시중에서 판매되는 18-18-18복비 50kg을 넣고 잘 경운한 후 높이 90cm, 통로 약 50cm 정도로 만들어 15×15cm 간격(6조식)으로 심는다. 이는 평당으로 보면 150구 10a에 심는 것은 45,000구 정도가 필요하다. 심는 시기는 잎이 마르고 생육이 정지된 5월 이후가 좋고, 구근 높이의 2~3배로 깊이 심은 후 충분히 물을 준다.

2) 화단 재배

심는 장소는 온종일 햇빛이 드는 곳보다, 오전에는 햇빛이 들고 오후에는 그늘진 곳에 심는 것이 꽃이 오래 가고 꽃 색깔도 선명하다. 비료는 적당히 주고 10×10cm나 15×5cm 간격으로 원형이나 타원형으로 심는다.

석산 묘종

3) 화분 재배

화분에 심을 때는 구근을 한 개씩 따로 심는 것보다, 5~6개씩 붙여 구근의 1/3 정도가 흙 밖으로 나오도록 심는다. 물은 1주일에 한 번 정도 충분히 주고 생육이 정지된 5~8월에는 흙이 마르지 않게 가끔 준다. 화분 위는 굵고 깨끗한 모래나 가는 마사로 덮어 화분이 깨끗이 보이도록 하고, 기타 관리는 절화나 화단 재배에 준한다.

● 관리 요령

심은 직 후 라쏘아입제나 유제를 살포하고 톱밥이나 왕겨로 덮으면 잡초 방제에 효과적이다. 장마기엔 배수구 정비를 잘하여 물이 고이지 않도록 하고, 잡초가 보이면 수시로 뽑거나 그라목손 등의 제초제를 뿌리는데, 이 제초제는 8월 중순까지만 사용한다.

번식법

토질은 가리지 않고 약간 경사진 곳에서 잘 번식한다. 구근은 깊이 심지 말고 윗부분이 약간 보일 정도로 심는 것이 이상적이다. 잎은 가을과 겨울에는 파릇하지만 3~4월에 갈색으로 변하며 시드는데, 이때 분갈이하여 포기나누기를 한다.

섬기린초
Sedum takevimense Nakai

 생육 특징

　우리나라 경북 울릉도와 독도에 분포하며 다년생 초본이다. 높이 약 50㎝ 정도이다. 잎은 어긋나고 잎 끝이 무디며 길이 5~6㎝, 너비 1~1.4㎝로 양쪽 가장자리에 6~7쌍의 둔한 톱니가 있으며 표면은 황록색, 뒷면은 회녹색으로 양면에 털이 없다. 꽃은 7월경에 피고 지름 약 1.3㎝ 정도로 황색이며 줄기 끝에 뭉쳐서 편평하게 20~30송이가 달린다. 꽃받침은 부채꼴 모양, 꽃잎은 피침형이고 길이 약 0.7㎝ 정도로서 각각 5개이다. 수술은 10개, 꽃밥은 황적색이고 수술대는 황록색이다. 암술은 5개이고 암술머리는 가늘며 황록색으로서 길고 뾰족하다. 줄기는 높이 50㎝에 달하고 아랫부분 30㎝ 정도가 겨울 동안 살아남아 있다가 다음해 봄에 다시 싹이 나와서 자라는데, 줄기가 옆으로 비스듬히 뻗으면서 자란다. 열매는 5개의 방으로 되고 각 씨방에는 먼지 같은 종자가 들어 있다.

재배 및 관리 요령

• 재배 요령

화분이나 화단에 심고 직접 햇볕을 많이 받는 곳은 가급적 피한다. 처음에 올라오는 잎은 작지만 봄에서 여름 사이에는 커지기 때문에 공간을 잘 배치하는 것이 좋다. 물은 자주 주지 않아도 좋으며 3~4일 간격으로 준다.

상토는 혼합 상토 100%나 75%의 혼합 상토에 마사토 25%를 혼합한 배양토에서 생육이 좋아 충실한 모종을 양성할 수 있다. 일반 토양에서도 잘 자란다.

• 관리 요령

물빠짐이 좋고 약간의 거름기만 있으면 잘 생육한다. 심기 전에는 부엽질이 많은 퇴비나 효능이 서서히 나타나는 비료 같은 것을 뿌려 준다.

특별한 병해충은 없으나 너무 습하면 줄기 아랫부분이 물러지는 연부병이나 뿌리썩음병이 생기므로 땅이 습하지 않게 하여야 하며, 여름 고온 건조기에는 응애가 많이 발생하는데, 잎에 2~3마리 정도가 관찰되면 응애약을 뿌려 준다.

섬기린초 꽃

 번식법

• **종자 번식**

종자 채취는 8~9월에 가위나 칼로 줄기를 자른 후 한 곳에 모아 놓고 아래에 신문지나 종이를 깔고 줄기를 잡고 털면 미세한 종자들을 받을 수 있다. 종자를 그해 뿌리지 않고 보관하려면 종이에 싸서 냉장고에 보관한 후 이듬해 봄에 뿌리면 된다. 종자를 파종할 상토는 시중에서 판매하는 원예용 조제 상토를 쓰면 균일한 묘를 많이 얻을 수 있다.

종자를 뿌릴 때에는 파종상에 수태나 이끼를 올려놓고 그 위에 뿌리거

나, 상토에 직접 뿌릴 때는 모래나 혹은 상토 5 : 씨앗 1의 비율로 섞어 뿌리고 분무기를 이용하여 입자가 고운 물을 주어 종자가 안으로 스며들 수 있게 한다. 이렇게 한 후에는 위에 신문지나 비닐 등을 덮어 수분의 증발을 억제하는 것이 좋다.

섬기린초 묘종

• 삽목 번식

가운데 줄기를 따라 올라가면 잎이 달린 마디가 있는데, 이 마디가 2~3개 정도 들어가도록 자른 후 시중에서 판매하는 루톤을 발라 모래나 상토에 꽂으면 거의 뿌리를 내린다. 또 아무 처리도 하지 않고 삽목을 해도 50% 이상이 뿌리를 내리므로 어느 방법을 이용해도 좋다. 잎이 올라와 있는 동안은 어느 때나 삽목이 가능하지만 대기 중에 습도가 높은 장마철에 하는 것이 더 바람직하다. 하지만 너무 고온다습하면 줄기 조직이 물러지거나 썩을 우려가 있으므로, 한여름철에는 차광막을 쳐 그늘을 만들어 온도를 낮추어 주는 것이 좋다. 뿌리가 내리기 시작하면 물을 충분하게 주고 개체들 사이에 바람이 잘 통하게 하면서 서서히 햇볕에 노출시킨다.

• 육묘

육묘용 상토는 일반적으로 부엽, 배합토, 모래를 3 : 5 : 2의 비율로 조제하거나 원예용 상토를 사용한다.

섬초롱꽃

Campanula takesimana Nakai

생육 특징

울릉도에서 자라는 우리나라 특산 식물이다. 생육 환경은 햇볕이 잘 드는 풀밭 또는 절사면 등지에 분포하고, 배수성이 좋고 척박한 토양에 주로 자란다. 초롱꽃과 비슷하며, 전체에 털이 있고 줄기에 난 잎은 위로 갈수록 긴 타원형이며 잎자루가 짧다. 꽃도 초롱꽃과 비슷하게 5월 하순부터 8월 하순에 줄기 끝과 잎겨드랑이에 몇 개가 차례로 피며 밑을 향하고, 일반적으로 초롱꽃에 비하여 꽃에 자주색 반점이 많고 전체적으로 대형이다.

자주색 꽃이 피는 '자주

섬초롱꽃'과 흰 꽃이 피는 '흰섬초롱꽃'의 두 가지가 있다.

재배 및 관리 요령

• 재배 요령

추위에 매우 강하고, 햇볕이 잘 드는 양지나 반음지에서 재배하는 것이 가장 좋다. 토양은 물빠짐이 좋고 약간 척박한 것이 좋다. 땅속에 머물러 있는 지하부의 습기에 특히 약하고, 퇴비는 거의 뿌려 주지 않으며 일반적으로 유지하는 양만 뿌려 주면 된다. 퇴비를 많이 넣어 재배하면 뿌리가 썩는다.

번식법

9~10월경에 씨를 받아 파종상에 뿌리면 이듬해 봄에 싹이 난다. 이렇게 나온 싹은 잎이 작은 상태에서 뿌리의 발육이 좋을 때 옮겨 심는다.

또한 포기나누기로도 번식할 수 있는데, 새순이 올라오기 전이나 약간 올라온 이른 봄이나 줄기가 완전히 고사한 가을에 나누어 심는다.

수선화

Narcissus tazetta var. *chinensis* Roem.

생육 특징

지중해 연안이 원산지로, 우리나라 각처에서 재배되는 다년생 구근식물이다. 키는 20~50㎝ 내외로 자란다. 꽃은 12~3월에 피며 6개의 꽃잎으로 되어 있으며, 꽃부리 가운데는 나팔 모양 또는 접시 모양의 작은 꽃부리로 이루어져 있다. 한 가운데에 있는 작은꽃부리의 크기에 따라 품종을 나눈다. 작은꽃부리의 색은 오렌지색, 분홍색, 노란색, 흰색 등 다양하다. 잎은 늦가을에 자라기 시작하고 4~6개이며 길이 20~40㎝, 너비 8~15 ㎜로 긴 선형이고 끝이 둔하며

수선화 알뿌리

백록색을 띠고 두껍다.

수선이란 중국에서 사용하는 이름으로, 하늘에 있는 것은 천선(天仙), 땅에 있는 것을 지선(地仙), 물에 있는 것을 수선(水仙)이라고 한다.

재배 및 관리 요령

생육 적온은 야간 13~15℃이고 17℃가 넘지 않도록 한다. 주간은 야간보다 5~10℃ 높게 유지한다. 토양은 가리지 않는 편이나, 모래가 많이 포함된 토양이 바람직하고, 적정 토양 산도는 pH 6.0~7.0로 약산성 또는 중성 토양이다.

노지 재배는 남부 해안이나 제주도와 같이 비교적 겨울이 따뜻한 지역의 햇볕이 잘 드는 곳에서 재배한다. 일반적으로 토양이 많이 산성화되어 있으므로, 이 품종을 재배하는 곳은 석회와 같은 강알칼리성 비료를 이용하여 토양 산도가 pH 6~7이 되도록 한다.

화분에서 재배할 때는 높이 15~18cm의 화분에 4~5구(球)를 심는다. 배수가 좋은 거친 토양을 화분에 1/3 정도 넣은 후 배양토가 구근의 상부가 약간 묻힐 정도로 덮는다.

번식법

구근으로 번식하며, 구근 외부는 양분이 없고 얇은 막으로 된 묵은 인편이 둘러싸고 있고, 내부는 저장 양분을 가지고 있는 여러 개의 인편이

중심부를 둘러싸고 있다. 중심에는 금년에 새로 형성 및 신장하여 내년에 자라게 될 인편, 잎, 꽃의 원기가 있고, 그 외측에는 금년에 개화한 꽃대가 납작한 모양을 하고 있다. 꽃줄기의 바깥에는 금년에 자랐던 2~3매의 인편이 둘러싸고 있으며, 다시 그 바깥은 똑같은 형태로 작년도의 묵은 꽃줄기와 인편이 있다. 구근은 가을에 심는 비늘줄기(有皮鱗莖)로서 히아신스나 아마릴리스와 비슷하며, 해마다 갱신되지 않고 구근의 내부에 인편이 생겨서 점차 비대된다. 모구의 생장점에서 잎은 꽃눈이 생길 때까지 계속 분화하며, 처음에 생긴 2~3매는 인편으로 남아 있고, 그후 3~4매는 지상부로 잎이 나온다. 그러므로 구근의 연간 인편 형성 수는 6~7매이다. 인편의 수명은 2~3년이다. 꽃눈이 분화하는 시기는 6~7월이며 품종에 따라 차이가 있다. 꽃눈이 분화하고 15~20일 후에는 다시 새로운 생장점이 출현하기 시작한다. 구근 내부의 인편과 인편 사이에서 옆눈(=側芽)이 형성되며, 옆눈에서 잎은 4~6월경에 4매가 형성되는데, 그 중 2매는 이듬해 봄에 지상부로 나온다. 잎은 5월경부터 생육을 멈추고 지하부가 비대하기 시작하는데, 1년 6개월이 지나면 분구된다. 모구에서 자구를 분리할 때는 구근을 수확 후 충분히 건조시킨 다음에 행한다. 구근의 수확 적기는 6월 말이다.

　모구당 분구는 연간 2~4개이며, 이와 같은 자연분구를 번식에 이용한다. 또한 인공번식법인 쌍인편법과 치핑(chipping)법이 있고, 조직배양을 이용한 바이러스 무병종구 생산도 가능하다. 실생 번식은 5~6년이 소요될 뿐 아니라, 모구와 닮은 고정된 품종이 없으므로 잘 이용하지 않는다.

수크령

Pennisetum alopecuroides (L.) spreng.

 생육 특징

　숙근성 다년생 초본으로 관엽, 관화식물이다. 키는 30~80㎝이다. 잎은 편평하고 질기며 길이 40~60㎝, 너비 0.9~1.5㎝로 약간의 털이 있고 중간쯤에서 아래로 늘어지며, 꽃나무는 원주형이고 길이 15~25㎝, 지름 약 1.5㎝ 정도로 흑자색이며 관상 가치가 있다. 소수의 대는 길이 약 0.1㎝ 정도로 잎줄기와 함께 털이 밀생하며, 일년생 가지에는 한 개의 양성 꽃과 수꽃이 달린다. 작은 꽃나무는 길이 약 0.5㎝ 정도이고, 꽃을 싸고 있는 비늘줄기의 털은 길이 2.5~2.8㎝이다. 첫째 밑동에 있는 작은 잎은 길이 약 0.1㎝ 정도로 맥이 없으며, 둘째 밑동에 있는 작은 잎은 길이 약 0.3㎝ 정도로 3~5맥이 있다. 퇴화된 밑동에 있는 작은 잎은 작은 꽃나무와 길이가 같고 양성 꽃을 둘러싸며 7맥이 있고, 양성 꽃의 밑동에 있는 작은 잎은 5맥이 있으며 외부에 있는 작은 잎과 길이가 같다. 수술은 3개이고 꽃밥은 길이 약 0.4㎝ 정도이다. 뿌리는 뿌리줄기에서 질기고 억센 뿌리가 사방으로 퍼지며 위 끝에 잎줄기와 더불어 흰색 털이 있다.

재배 및 관리 요령

● 재배 요령

1) 재배 장소
건조한 땅에서도 잘 자라고 습지에서도 비교적 잘 자란다.

2) 토양 조건
토양은 척박한 곳이나 습한 땅에서도 잘 자라는 품종이어서 어느 땅을 선택해도 좋다. 그렇지만 재배할 때는 물빠짐이 좋고 약간 습하면서 모래가 섞인 땅이 적합하다. 건조에 강하지만 너무 건조하게 되면 잎 끝이 마르고 비틀리는 경우가 생기는데, 이때는 충분히 물을 주는 것이 바람직하다. 반그늘진 곳에서는 견디지만 너무 어두운 음지에서는 생육이 좋지 못하므로 햇볕이 많이 드는 곳으로 옮기는 것이 좋다. 햇볕의 양이 풍부할수록 잘 자라며 꽃도 잘 핀다.

수크령 묘종

3) 수크령은 일반적으로 재배가 용이하고 특

별한 관리가 거의 필요없다.

● 관리 요령

마른 줄기와 이삭은 늦가을에서 초겨울까지는 단풍과 같이 주변 경관을 더 아름답게 해 주므로 충분히 조경적인 측면에서 감상한 후 늦겨울이나 이른 봄 새순이 자라기 전에 잘라 주는 것이 좋다. 3년 이상 자라 포기의 세력이 약해지면 나누어 심어 주는 것이 좋다.

번식법

삽목 또는 포기를 나누는 포기나누기를 주로 하며, 대량 증식을 위해서는 종자를 파종하여 번식한다. 삽목은 6~7월경 포기에서 굵은 마디를 마사나 시중에 판매하는 상토에 꽂고 차광과 습도 관리를 하면 쉽게 뿌리가 내린다. 포기나누기는 새순이 올라오는 봄이 가장 좋고, 그 이후에 하는 경우에는 가급적 10월 이전의 고온기에 한다. 종자 파종은 가을에 씨를 받아 냉장고에 보관 후 이듬해 봄에 뿌린다.

쑥부쟁이

Aster yomena (Kitam.) Honda

생육 특징

우리나라 각처의 산과 들에서 자라는 다년생 초본이다. 생육 환경은 반그늘 혹은 양지에서 자란다. 키는 35~50㎝ 정도이다. 잎은 길이 5~6㎝, 너비 2.5~3.5㎝로 타원형이며 잎자루가 길고 잎 끝에는 큰 톱니와 털이 있고 처음 올라온 잎은 꽃이 필 때 말라 죽는다. 꽃은 가지 끝과 원줄기 끝에 여러 송이가 달린다.

열매는 9~10월경에 달리고 종자 끝에 붉은빛이 도는 갓털이 달리며 길이 약 0.3㎝ 정도이다. 관상용으로 쓰이며, 어린순은 식용으로 쓰인다.

쑥부쟁이 꽃

재배 및 관리 요령

● 재배 요령

국화과 식물은 음지보다 양지를 좋아하며 햇빛을 받아야 꽃을 잘 피운다. 건조하면 잎이 빨리 마르는 원인이 되며, 광선이 부족하면 생육이 불량해지기 쉽다. 순자르기의 시기는 5~7월경으로 줄기의 잎 수가 6~7매가 되었을 때 3~4매를 남겨놓고 한다. 2~3회 반복하면 잔가지가 많아져 꽃 수도 많고 키도 자라지 않아 넘어지지 않는다.

● 관리 요령

토양은 모래가 많이 섞인 곳이 좋다. 햇볕 양이 부족한 반음지와 같이 그늘진 곳에 재배하면 키가 너무 자라 꽃송이도 작게 달리고 키만 웃자라므로, 외형으로 봤을 때 그다지 아름답지 못하므로 재배 조건을 잘 고려해야 한다.

국화과 식물들은 다른 식물에 비하여 강인하며 많은 거름을 필요로 한다. 따라서 거름을 줄 때는 다른 식물체의 1.2~1.5배 정도 많이 넣어 줘야 좋다. 또한 거름기가 많아 너무 자라게 될 경우는 순자르기를 하여 키를 낮추는 것도 재배의 한 방법이라 하겠다.

번식법

포기나누기는 이른 봄 새순이 올라오기 전에 하는데, 토양에 심어진 개체를 캐어 뿌리를 포함하여 여러 개로 나누어 올라오는 새순을 화단에 옮겨 심는다.

종자는 받아서 바로 화분이나 화단에 뿌린다. 뿌리지 못한 종자는 보관 후 이른 봄에 뿌리면 되는데, 이렇게 올라온 새싹은 그해에 꽃을 피우는 비율이 50% 정도로 낮기 때문에 받는 즉시 뿌리는 것이 좋다.

쑥부쟁이 묘종

옥잠화

Hosta plantaginea (Lam.) Asch.

생육 특징

중국이 원산지로, 우리나라 전국에서 널리 재배하며 다년생 초본이다. 생육 환경은 사질 양토 및 점질 양토 등 습기가 있는 토양에서 잘 자란다. 잎은 잎자루가 길며 길이 15~22㎝, 너비 10~17㎝로 녹색이고 난원형이며 끝이 갑자기 뾰족해지고 밑부분은 마치 심장처럼 생겼으며, 가장자리는 물결 모양으로 8~9쌍의 맥이 있고 밋밋하다.

꽃은 담자색이고 길이 11.5㎝ 정도로 가운데 부분부터 깔때기 모양으로 벌어지고 꽃잎이 뒤로 약간 젖혀진다. 밑뿌리는 굵다.

꽃대는 길이 40~56㎝ 정도로 더러 1m 이상 되는 것도 있고 1~2개의 얇은 막이 달리는데, 꽃은 줄기를 따라 위로 올라가며 달리고 얇은 막은 2개이며 밑의 것은 3~8㎝로 긴 달걀 모양 또는 달걀 모양 피침형이고 녹색이다.

열매는 여러 개의 씨방으로 되고 삼각상 원주형이며 길이 6.5㎝, 지름 약 0.8㎝ 정도로 밑으로 처지고, 종자는 가장자리에 날개가 있으며 10월에 익는다.

재배 및 관리 요령

● 재배 요령

옥잠화는 특별히 재배 작형이라고 할 만한 것은 없다. 주로 포기나누기에 의해 번식하고, 보통 한 번 심어서 3년 정도 연속 재배한다.

재배 장소는 되도록 배수가 잘 되고 부식질이 많은 양토질인 곳이 좋다. 잎을 잘라 이용하거나 또는 절

화의 경우는 보통 90㎝ 이랑에 2~3줄로 심되, 주간은 30㎝로 한다. 따라서 10a당 소요 묘수는 5,000~7,400주이다.

● 관리 요령

기비로서는 10a당 완숙 퇴비 3t, 완숙 닭똥 300㎏, 용성인비 200㎏을 정식 1개월 전에 전면 살포하여 잘 갈아엎고 심는다. 추비는 9월과 3월에 완숙 닭똥을 각각 100㎏씩 준다. 퇴비나 계분이 덜 썩은 것을 쓰면 백견병(白絹病)이 발생하여 전멸하는 수가 있으므로 주의한다.

정식하고 나서는 건조를 막기 위해서 짚으로 멀칭을 한다(3~4㎝ 두께). 여름의 직사광선은 잎을 해치므로 30~40%의 차광망을 치도록 한다. 특히 무늬종은 직사광선에 약하다.

번식법

번식은 실생 또는 포기나누기를 한다. 실생은 가을에 씨앗을 받아서 바로 뿌리거나 묻어 두었다가 그 이듬해 봄에 뿌린다. 포기나누기는 봄 또는 가을에 한다. 그러나 추운 지방에서는 되도록 봄에 한다. 1포기에 눈을 3~4개씩 붙여서 크게 포기나누기를 하면 이듬해부터 분화로 낼 수 있고 잎을 자르는 것도 가능하다. 잎을 자르기 위한 재배는 7~8년에 한 번씩 갈아 심는다.

옥잠화 꽃

옥잠화 묘종

원추리

Hemerocallis fulva (L.) L.

 생육 특징

우리나라 각처의 산지 계곡이나 산기슭에서 자라는 다년생 초본이다. 생육 환경은 습도가 높으면서 토양 비옥도가 높은 곳에서 자란다. 키는 50~100㎝이고, 잎은 길이 60~80㎝, 너비 1.2~2.5㎝로 밑에서 2줄로 마주나고 부채꼴이며 끝이 둥글게 뒤로 젖혀지고 흰빛이 도는 녹색이다.

꽃은 황색으로 원줄기 끝에서 짧은 가지가 갈라지고 6~8개의 꽃이 뭉쳐 달리는데, 아침에 피었다가 저녁에 시들며 계속 다른 꽃이 달린다. 열매는 9~10월경에 타원형으로 달리고, 종자는 광택이 나며 검은색이다. 관상용으로 쓰이며 어린잎은 식용, 뿌리는 약용으로 이용한다.

원추리 묘종

재배 및 관리 요령

● 재배 요령

　양지 또는 반그늘의 습기를 머금은 토양을 좋아한다. 거름을 줄 때 부엽토를 넣어 주면 생육이 좋아지고 뿌리가 잘 자라 포기가 늘어난다. 습기가 많은 곳을 좋아하고, 물빠짐이 잘 되는 토양에서는 가뭄이 심한 봄에 물을 충분히 줘야 하며, 마른 땅에서도 비교적 잘 자라나 피하는 것이 좋다. 퇴비를 포함한 비료를 많이 필요로 하는 식물이므로 밑거름으로는 10a당 3,000kg, 계분 200kg, 복합 비료 20kg을 넣고 잘 갈아 옆에서 뿌리만 묻힐 정도로 심는다. 웃거름은 꽃 피기 전과 8월 하순경에 복합 비료 10kg을 골고루 뿌린다.

● 관리 요령

　건조기인 5~6월경에는 응애 발생이 많아지므로 방제에 주의해야 한다. 꽃 피는 시기에는 꽃대에 흰색의 진딧물(뿌리혹 진딧물)이 발생하므로, 6월 하순 꽃대가 올라와 개화가 시작되기 전에 진딧물 약제를 발생 초기에 살포하면 진딧물의 발생을 억제할 수 있고 그을음병도 예방할 수 있다.

 **번식법**

● 종자 번식

　종자는 8~9월에 완전하게 익고, 종자를 받는 시기는 기상 조건에 따라 다소 차이가 있을 수 있지만 대개 10월 전에 하는 것이 좋다. 열매 꼬

원추리 꽃

투리가 완전히 말라서 벌어지기 전에 채취하는 것이 발아율이 높다. 즉, 완전히 성숙되지 않은 미숙 과일 때 채종하도록 한다. 육종을 목적으로 화분(pollen)을 저장할 경우 20℃ 저장에서는 180일 후에도 40% 이상의 화분 활력을 지니고 있다.

- **영양 번식**

포기나누기는 지상부의 잎이 모두 시든 10~11월에 하는 것이 좋다. 3~4월에 포기나누기를 했을 때는 꽃대가 약해지는 경우가 있으므로 피하는 것이 좋다.

싹을 많이 트게 할 경우에는 생장점을 제거하여 측지 발생을 유도하여 효율을 높게 할 수도 있다.

또한 조직배양에 의한 무균배양이 가능하여 생장점을 따서 배양하는데, 배지 조건은 MS배지에 sucrose 30g/L, agar 6~7g/L을 첨가하고 BA를 0.1~0.5㎎/L을 첨가하며, 배양 조건은 23℃에서 명배양한다.

- **육묘**

봄에 파종한 종자는 발아 후 1년 여 동안 기르다가 2년째에 포트에 옮겨 심거나 포장에 심는다. 용토는 배수가 잘 되는 모래가 많이 포함된 종류의 땅과 부엽을 혼합한 용토나 육묘 용토에 파종하고 양지에서 기른다.

참나리

Lilium lancifolium Thunb.

 생육 특징

　우리나라 전역에서 자라는 다년생 초본이다. 다년생의 구근 식물로 키 1~2m이다. 잎은 너비 0.5~1.5㎜, 길이 5~18㎝이며 분흰색을 띤 진녹색으로 어긋나게 달리고 피침형이며 짙은 갈색의 주아(珠芽)가 잎겨드랑이에 달린다. 주아를 땅속에 심으면 당년 또는 이듬해에 발아가 되고 인편으로도 번식한다. 비늘줄기는 지름 5~8㎝로서 둥글고 원줄기 밑에서 뿌리가 나온다.

　7~8월에 황적색 꽃이 개화하고 가지 끝과 원줄기 끝에 4~20개가 옆을 향해 달린다. 찢어진 꽃잎은 피침형 또는 넓은 피침형이며 길이 7~10㎝로서 짙은 황적색 바탕에 흑자색 점이 널리 퍼져 있고 꽃잎이 뒤로 말린다.

재배 및 관리 요령

양지의 배수가 잘 되며 비옥한 토양에서 자란다. 퇴비를 많이 넣어 주면 줄기가 지나치게 자라 구근의 양분이 너무 많이 소모되므로 적당량을 넣어야 한다.

한편으로 백합과 식물은 바이러스의 감염에 매우 취약하여 바이러스에 감염된 묘는 즉시 폐기하여야 한다.

보통의 관수 관리가 필요하며, 습기가 있고 보수력이 있으면서도 배수가 잘 되며 유기질 함유량이 많아 수분기를 함유할 수 있는 토양이 좋다. 퇴비를 덮어 주는 시기는 이른 봄 싹이 나오기 전이나 줄기가 시들고 양분이 구근으로 내려가는 가을이다. 좋은 꽃과 구근이 많이 성숙되기를 원한다면 꽃이 피기 전에 액비를 2~3 차례 전초에 살포해 주면 꽃 수도 많아지고 잎과 줄기 사이에 달리는 주아도 굵어진다.

참나리 종자

절화를 목적으로 재배할 때는 생육에 따라 쓰러지지 않도록 절화망을 2~3겹으로 쳐 주고 거름을 많이 주어 키가 1m 이상 자라도록 해야 한다. 반면, 키를 작게 하려면 생육 억제제인 uniconazole의 농도를 25㎎/L로 뿌려 준다.

병해로는 잎마름병, 역병, 탄저병, 푸른곰팡이병 등이 발생한다. 방제법으로는 동일한 장소에 여러 번 이 품종을 심는 것을 피하고, 심을 구근은 건전한 것을 이용하고 수확 직후 및 심기 전에 살균제에 담궈 구근을 소독한다.

충해로는 백합관총채벌레, 목화진딧물, 뿌리응애, 국화잎선충, 바이러스병 등이 있다. 이를 방제하기 위해서는 채취한 구근을 43℃에 30~60분간 온탕 처리해야 하고, 구근에 상처가 생기지 않도록 관리하는 것이 중요하다. 노지에서 겨울을 나는데, 이는 저온 처리에 의해 휴면이 타파되기 때문이다. 참나리는 새로 순이 돋아 나오고 꽃눈이 형성되는 시기에 온도가 지나치게 높으면 새순에 블래스팅 현상(충분히 발달한 꽃봉오리가 꽃이 피기 전에 고사하는 것)이 발생할 수 있으므로 주의한다.

참나리 묘종

 번식법

• 종자 번식

참나리는 9~10월경에 종자를 받아 바로 뿌리거나 냉장고에 보관 후 이듬해 봄에 뿌린다. 종자 발아율은 매우 높은 편이고, 파종상에 뿌린 후 습도를 잘 유지시켜야 발아율이 높게 나타난다. 처음 새순이 올라올 때는 약하게 올라오지만 뽑아 보면 작은 구근이 형성되어 있고 뿌리는 길게 뻗어 있다.

• 영양 번식

가을에 줄기가 시들고 난 후 10월경에 구근을 나누거나 구근에 붙어 있는 작은 인편을 떼어서 삽목한다. 구근이 자연적으로 분구되며, 인위적으로 나눌 때는 싹을 중심으로 나누어 심는다. 꽃이 피어 있거나 줄기가 싱싱하게 살아 있는 7월에는 줄기의 잎겨드랑이 부위에 달

리는 주아를 수확하여 심으면 좋은데, 이는 주아에 이미 뿌리가 내린 상태로 달려 있어 심기만 하면 되기 때문이다. 이렇게 심은 것은 이듬해 새로운 개체가 생성되는데, 종자 번식에 비해 개화구 생산 기간이 단축된다.

• 육묘

주아나 인편 번식에 의한 어린 묘의 육성은 큰 문제가 없으나, 종자를 파종하여 육성한 어린 묘는 3~4년을 길러야 꽃을 피울 수 있는 개화주로 육성할 수 있다.

육묘 용토는 모래가 많이 섞여 있는 토양에 시중에서 판매하는 피트모스나 육묘 상토를 섞어서 사용하고, 지상부가 고사하여 없어지면 어린 구근을 캐내 습기를 많이 함유한 충전재를 채워 저온에 저장하고 새로운 싹이 올라오기 시작하면 다시 포장에 심어 구근을 키운다.

창포
Acorus calamus L.

 생육 특징

우리나라 전역의 호수나 연못가의 습지에서 나는 다년생 초본이다. 생육 환경은 햇볕이 드는 곳의 물웅덩이나 물이 잘 빠지지 않는 습지에서 잘 자란다. 키는 약 70㎝ 정도이다. 잎은 뿌리 끝에서 촘촘히 나오고 길이 약 70㎝, 너비 1~2㎝이며 가운데 뚜렷한 선이 있다.

꽃은 원기둥 모양으로 잎 사이에서 비스듬히 옆으로 올라오며 흰색이다.

열매는 7~8월경에 달리고 긴 타원형으로 붉은색이다. 주로 관상용으로 쓰이며, 뿌리는 약용으로 쓰인다.

창포 묘종

재배 및 관리 요령

● 재배 요령

우리나라 전역에서 재배 가능하지만, 겨울이 추운 중북부 이북에서는 월동 시 비닐이나 억새 등의 줄기를 이용하여 덮어 줘야 하기 때문에 재배는 월동이 가능한 중남부 지역이 유리하다.

습하거나 작은 웅덩이와 같은 곳에서 잘 자라므로 물이 잘 빠지지 않고 부식질이 많은 곳에서 재배한다. 물빠짐이 좋은 모래가 많은 땅에서는 생육이 극히 불량하다.

심는 시기는 비교적 따뜻한 4월 중순~5월 상순이 적합하다. 심는 시기를 너무 일찍 심으면 물이 얼거나 또는 땅이 얼어 냉해를 받기 쉽고, 너무 늦게 심으면 잎이 너무 많이 전개되어 뿌리줄기의 영양이 많이 소모되어 생육이 불량해진다.

심을 땅은 너비 90~100㎝의 두둑을 만들고 30㎝ 간격으로 6~7㎝ 깊이의 골을 판다. 포기와 포기 사이 간격을 20~25㎝로 하여 땅과 수평이 되도록 심는데, 이때 잎이 땅에 묻히지 않도록 하고 뿌리줄기의 잔뿌리를 땅속에 잘 넣어야 한다.

창포 꽃

유기물이 많은 토양을 좋아하므로 밑거름으로 10a당 잘 썩은 퇴비 3,000kg, 깻묵 50kg 및 부엽토 200kg을 준다. 이렇게 유기물을 많이 넣은 퇴비를 사용하면 토양의 습기를 잘 유지시켜 주므로 뿌리의 발육이 좋아 수량을 높일 수 있다. 화학 비료만으로 재배하면 수량 및 품질이 떨어진다. 추가로 비료를 주는 것은 매년 5월 초에 10a당 질소 4kg, 인산 2kg, 칼리 6kg을 뿌려 준다.

- **관리 요령**

습기가 많은 물가의 반그늘진 곳에서 자라는 식물로, 항상 습기가 유지되어야 생육이 좋다. 따라서 일반 재배에도 해를 가릴 수 있는 처리를 해 주면 수량을 더욱 높일 수 있다. 반그늘 조건을 만들어 주는 방법으로는 높이를 1.0~1.2m로 하고 50~75%의 차광망을 설치하는데, 이렇게 하면 토양의 수분 유지와 해가림 효과로 수량이 26~30% 정도 늘어난다.

토양 공기의 유통을 원활하게 하기 위하여 중간에 다시 토양을 경운할겸 김매기를 하고, 겨울 동안에는 동해와 서릿발 피해를 방지하고 얼음이 녹을 때 수분을 유지시켜 주기 위하여 볏짚이나 낙엽 같은 것을 5㎝ 정도의 두께로 덮어 주고 이듬해 봄 4월 초에 걷어 준다.

향이 강하기 때문인지 해충에 의한 피해는 없다. 다만 생육이 부진한 겨울과 이른 봄에 반점이 나타나는 경우가 있지만, 이는 봄철 생육이 진전되면 차츰 없어지므로 크게 문제되지 않는다.

번식법

발육이 왕성한 2~3년생의 새로 뻗은 뿌리줄기를 1개씩 포기나누기 방법으로 번식한다. 새로 뿌리가 내리는 것이 늦어 번식률이 낮으므로 재배하고자 할 때는 번식 방법에 대한 검토가 필요하다.

층꽃나무

Caryoteris incana (Thunb. ex Houtt) Miq.

 **생육 특징**

경상도, 전라도 및 제주도를 제외한 남해안 및 남부 섬 지방에서 자라는 다년생 초본이다. 생육 환경은 반그늘 혹은 양지의 물빠짐이 좋은 돌틈이나 경사지에서 자란다.

키는 30~60㎝이다. 잎은 길이 2.5~8㎝, 너비 1.5~3㎝로 표면은 짙은 녹색에 털이 있고 뒷면은 회흰색으로 촘촘히 털이 있으며 가장자리는 5~10개씩의 톱니가 있는 타원형이다.

꽃은 자줏빛이 도는 푸른색이며 길이 0.5~0.6㎝로 겉에 털이 있고 잎겨드랑이에 돌아가며 계단 형식으로 핀다.

열매는 10~11월경에 맺어 갈색으로 변하며 안에는 검게 익은 종자가 들어 있다.

관상용으로 쓰이고, 꽃을 포함한 전초는 약용으로 쓰인다.

재배 및 관리 요령

● 재배 요령

돌 틈이나 물빠짐이 좋은 화단에 심는다. 실내에서 키워도 좋은 식물이다. 잎이 매우 부드럽고 꽃 피는 기간이 길기 때문에 관상용으로도 좋다. 물은 2~3일 간격으로 준다.

층꽃나무 묘종

● 관리 요령

생명력이 강한 식물이라 재배가 용이하며, 너무 비옥한 토양에서 재배하면 급속하게 성장하여 당년에 개화하고 죽어 버리므로, 최대한 척박하고 건조한 조건에서 재배해야 여러해살이풀로 이용이 가능하다.

번식법

11월에 받은 종자는 종이에 싸서 냉장 보관 후 이듬해 봄 화단에 뿌리고, 포기나누기는 가을이나 이른 봄에 한다. 뿌리 발육이 왕성하기 때문에 종자 발아 후 옮겨심기를 해야 한다.

털머위

Farfugium japonicum (L.) Kitam

 생육 특징

    우리나라 남부와 제주도, 울릉도 해안에서 나는 상록 다년생 초본이다. 생육 환경은 양지 혹은 반그늘의 따뜻하고 물빠짐이 좋은 곳에서 자란다. 키는 30~50㎝이다. 잎은 길이 4~15㎝, 너비 6~30㎝로 광택이 많이 난다. 꽃은 황색이며 길이 30~75㎝로 포가 있으며, 가지 끝에 지름 4~6㎝ 정도 되는 꽃이 한 개씩 달려서 전체적으로 큰 무리를 이룬다. 열매는 11~12월경에 맺고 흑갈색이며 길이 0.8~1.1㎝로 갓털이 있다.

    본래 남부지방에 주로 생육하는 식물이나 중부지방에서도 재배 가능하다. 자생지에서는 상록성이나, 중부지방에서는 개화 시기가 10월 말 정도로 약간 늦어지고, 겨울철에 지상부가 고사하며 이듬해 봄에 새로운 잎이 나온다. 그러나 중부지방에서도 겨울철에 적당한 재료로 멀칭해 주면 상록으로 월동이 가능하다. 낙엽수림 하부 등지에 식재하여 겨울철의 차고 건조한 바람을 막아 주고 적절한 습기를 유지해 주는 것이 필요하다. 관상용으로 쓰이고 잎자루는 식용, 잎은 약용으로 쓰인다.

재배 및 관리 요령

화분이나 화단에 심는다. 잎이 상록성으로, 조경용으로 많이 이용되고 있으며, 중부 이북에서는 잘 자라지 않는다.

번식법

번식은 종자 번식이나 포기나누기로 한다. 대량 생산할 때는 종자를 받아 파종하여 실생묘를 생산하는 것이 좋으나, 그 해에 꽃이 피지 않는 단점이 있으므로 빨리 개화묘를 생산하고자 할 때는 포기나누기를 한다.

● 실생묘 생산

이 품종은 늦가을에 꽃이 피고 종자가 결실되므로 종자의 충실도는 다른 품종에 비해 떨어지는 편이다. 따라서 종자를 받은 후 충실하게 잘 익은 종자를 선별하여 골라 파종해야 한다. 종자 발아 조건은

털머위 묘종

어두운 조건보다 밝은 조건에서 발아가 잘 되는 호광성(광을 좋아하는 성질)으로 종자 파종 후 종자가 깊게 들어가는 것을 피해야 한다.

종자는 약간의 휴면성이 있어 받고 바로 뿌리는 것보다 30일 정도 저온에서 보관하거나 호르몬제인 지베렐린 50㎎/L 액에 담근 후 뿌리는 것이 좋다. 균일한 묘를 대량으로 생산하기 위해서는 상자나 플러그판에 파종하는 것이 좋다.

• 포기나누기

조기에 개화묘를 생산하기 위해서는 포기나누기를 한다. 특히 원예종으로 인기가 많은 무늬종은 종자를 받아 어린 묘를 얻었을 때 잎에 있는 반점이 없어지는 경우도 있어 영양 번식을 하는 것이 바람직하다. 포기나누기는 이른 봄 뿌리가 충실한 것들을 중심으로 2~3주가 한 포기가 되도록 심어 준다.

좋은 묘를 많이 생산하려면 전년도에 퇴비 및 비료 등을 잘해 주는 것이 중요하다.

29 하늘매발톱

Aquilegia japonica Nakai & H. Hara

 생육 특징

우리나라 각처의 산에서 자라는 다년생 초본이다. 생육 환경은 양지나 반그늘의 비옥한 토양에서 자란다. 키는 약 1m 정도이다. 잎은 길이 5~7㎝, 너비 6~8㎝로 2~3갈래로 깊게 갈라지고 뒷면은 분흰색이다. 꽃은 흰색, 연분홍색 등이고 가지 끝에서 아래를 향해 달린다. 꽃잎 끝부분은 5갈래로 매발톱처럼 꼬부라져 있으며, 꽃봉오리 때는 아래를 향하지만 꽃이 피면서 점점 하늘을 보며 씨가 맺히면 하늘을 향해 있다. 열매는 7~8월경에 달리고, 종자는 검은색으로 광택이 많이 나고 씨방에 많이 들어 있다.

재배 및 관리 요령

● 재배 요령

낙엽활엽수의 나뭇잎이 떨어져 부엽질이 매우 좋은 곳에 심거나, 일반 토양에서는 물빠짐이 좋고 햇볕이 잘 드는 곳에 심는다. 이른 봄에는 물을 충분히 주지만, 여름에 물을 많이 주게 되면 쉽게 뿌리가 상하는 경우가 있으므로 여름에는 물을 가능하면 주지 않는 것이 좋다. 또한 일반 토양에 심을 때는 퇴비를 충분히 넣어 줘야 포기가 크고 생육에 좋다. 생육은 양지, 반음지, 음지의 어느 조건에서도 가능지만 음지보다는 반음지나 양지가 생육이 좋다. 하지만 양지에 심었을 경우는 봄과 여름에 진딧물과 같은 충에 의한 피해가 발생하므로 주의해야 한다.

또한 비닐로 멀칭을 하면 수분 증발과 잡초 방제에 효과를 보여 충실한 개체를 얻을 수 있다.

이 품종은 햇볕의 양이 적으면 웃자라고 꽃 색이 뚜렷하게 나타나지 못하는 특성이 있다. 습기가 적당히 있는 환경이 좋으나 물빠짐이 좋지 못할 경우는 뿌리가 썩으므로 주의해서 관리해야 하며, 마른 땅에서도 비교적 잘 견디지만 키가 작아지는 단점이 있다.

비료는 3월 하순부터 7월까지 월 2~3회 정도 시중에 판매되는 복합 비료를 1,000배 액으로 타서 잎에 뿌려 주고, 화분에 재배할 때에는 고형으로 된 유기질 비료를 화분 주위에 적당량을 놓아 주어도 좋다. 하지만 여름 고온기에 비료를 잎에 뿌리면 잎이 타는 현상이 생기므로 뿌리지 않는다.

- **관리 요령**

뿌리가 약해 달팽이류와 거세미, 나방 등이 붙어 있는 경우가 많은데, 이런 충들이 달라붙으면 바로 살충제를 뿌리거나 화분 주위에 석회를 뿌려 병충해를 미리 막는다. 꽃이 피기 전후에 2~3회 정도 진딧물 약을 뿌려 주어 진딧물을 방제한다.

고온다습한 여름에는 뿌리가 부패되거나 줄기썩음병이 발생될 우려가 있으므로 경사지나 물빠짐이 좋은 곳에서 재배한다.

번식법

- **종자 번식**

종자 발아가 잘 되는 식물로서 초여름에 핀 꽃이 지고 1~2개월 정도 지나면 종자가 성숙한다. 봄에 종자를 뿌리려면 건조 저장하였다가 종자를 뿌리는데, 발아 적온은 15℃ 정도가 알맞다. 종자 색깔이 엷은 다갈색이 되면 6월 말부터 8월 초에 종자를 받아 즉시 파종하며, 파종 후 1~2주일쯤 지난 후에 발아한다. 종자가 발아되어 어린순이 올라오면 습기가 많은 곳을 피하고 바람이 잘 통하는 곳에 둬야 한다. 새순이 올라 온 후 물을 많이 주게 되면 새순이 잘록병에 걸려 주변이 모두 고사하는 현상이 발생한다. 이런 현상이 생기면 바로 그 파종상을 들어내고 옮겨심기를 하는 것이 좋다. 그렇지 않으면 전체 묘에 잘록병이 번져 새순을 하나도 얻지 못하는 경우가 생기기 때문이다.

파종상은 물빠짐이 좋은 마사토에 본엽이 2~3매 정도 나오면 엷은 액비를 줘서 뿌리 발육을 왕성하게 한다. 다음해 봄에 정식하여 관리하면 꽃을 피우며, 6월 이전 파종 시에는 이듬해에 꽃을 볼 수가 있다. 하늘매발톱은 저온 처리 없이 그해에 발아가 가능하다. 따라서 바로 파종하기 어려운 경우에만 저장하며, 저장 기간이 길수록 종자 발아율은 떨어진다.

- **영양 번식**

생장 중인 줄기를 잘라서 삽목하면 발근이 되지만 증식 효율이 좋지 않다. 2~3년에 한 번씩 포기나누기를 할 수가 있고, 이른 봄이나 가을에 분갈이 할 때는 눈(芽)을 붙여서 나눈다.

- **육묘**

육묘 시에 1일 1회 15분의 저면 관수가 우량묘 생산에 도움이 되며, 포트묘는 양지에서 재배하는 것이 튼튼한 개체를 양성할 수가 있다.

하늘매발톱 묘종